本研究获得河北省高校百名优秀创新人才支持计划（Ⅲ）

资助（编号：SLRC2017013）

光明社科文库

武术建设与发展论纲

——以民间普及推广为视角

马　剑◎著

光明日报出版社

图书在版编目（CIP）数据

武术建设与发展论纲：以民间普及推广为视角 ／ 马
剑著 . -- 北京：光明日报出版社，2021.9
ISBN 978 - 7 - 5194 - 6239 - 0

Ⅰ.①武… Ⅱ.①马… Ⅲ.①武术—传统文化—体系
建设—研究—中国 Ⅳ.①G852

中国版本图书馆 CIP 数据核字（2021）第 160743 号

武术建设与发展论纲：以民间普及推广为视角
WUSHU JIANSHE YU FAZHAN LUNGANG：YI MINJIAN PUJI TUIGUANG WEI SHIJIAO

著　　者：马　剑

责任编辑：黄　莺　　　　　　　　　　责任校对：刘文文
封面设计：中联华文　　　　　　　　　责任印制：曹　诤

出版发行：光明日报出版社
地　　址：北京市西城区永安路 106 号，100050
电　　话：010 - 63169890（咨询），010 - 63131930（邮购）
传　　真：010 - 63131930
网　　址：http://book.gmw.cn
E - mail：gmrbcbs@gmw.cn
法律顾问：北京市兰台律师事务所龚柳方律师

印　　刷：三河市华东印刷有限公司
装　　订：三河市华东印刷有限公司
本书如有破损、缺页、装订错误，请与本社联系调换，电话：010 - 63131930

开　　本：170mm×240mm
字　　数：201 千字　　　　　　　　　印　　张：16
版　　次：2022 年 1 月第 1 版　　　　印　　次：2022 年 1 月第 1 次印刷
书　　号：ISBN 978 - 7 - 5194 - 6239 - 0
定　　价：95.00 元

序

　　早在六年前我就开始了此项研究。根据武术的发展现状，这项研究直至现在依然具有非常现实与深远的意义。武术普及推广之关键在于民间的活力。放眼四海，正如文中所写，武术在我国民间普及与推广处于冰火两重天的境地。一方面，我们在大街小巷所见之武术培训机构并非我们期待的那样热火朝天，而韩国的跆拳道馆却常被学生家长青睐；另一方面，太极拳作为武术的一个拳种，备受世界瞩目，成为家喻户晓的高雅健身之品。正是由此出发，引发了后续的一系列思考，武术在当代中国民间普及推广中究竟遇到了什么样的问题及困难？其关键的症结在哪里？是推动武术普及工作的外力不足，还是武术自身的内生性动力较弱？如果从全面分析的视角，内外二因均构成武术在中国民间普及推广的动力。但分析问题的主次矛盾之后，武术自身存在的内生性动力更是武术在当前中国民间普及推广中的主要矛盾。何以这般？武术是中国优秀的传统文化，其核心功能及价值被国人所熟知，但为何没有异国之武技对于少年儿童那般具有魅力？武术，基于其几千年的历史积淀，具有厚重的文化内涵。也正是这种厚重的文化内蕴及其丰富的技术内容，使得它更注重对内在内涵的探索与挖掘，较之轻于外在形式之表达。恰恰在当代快餐式文化当道之际，博大精深文化品味之追求逐步让位于其华在表的形式渲染。这与当代社会之浮躁风气有一种珠联璧合之效应。当武术蕴含的博大精深内容接受人们碎片化的时间管理之时，武术的博大精深却显得那样苍白无力。而显于形式上的表达似乎更应时代之景，再加之异国他乡那种新鲜，必然席卷当代人们的脑海而迟迟不肯退潮。

　　推而论之，推动武术在当代的普及推广，其核心就是要加强武术自身本体的建设，逐步适应当代社会及市场的发展需求，才能推动武术自身的进步与发展。这也就是我们所说的武术现代化。武术自身需要进行哪些方面的改革，才能更适应当代社会的发展需求？那必先考察当代社会对体育运动的需求特征——简洁、动感、外显、个性，同时挖掘自身存在的不足。基于这样一个总基调，该研究将武术发展与国家命运及时代发展特征相结合，在梳理武术普及推广的历史经验与不足的基础上，试图解决武术面临的最大问题——技术内容复杂不易上手，并结合不同年龄阶段身心发展特征提出一个整体传承方案。同时，在武术运动的外显层面加强武术礼仪建设、在武术服饰方面提出标准化与多样化以彰显习武人的不同个性追求。

　　基于这样的研究过程，本研究首开先河提出"印象武术"这一概念对于实现"中国梦"具有内隐性文化力量作用。同时基于历史梳理与中外比较，提出武术在当代中国普及推广遇到的瓶颈——武术内容问题、武术市场问题、武术观念问题、武术价值问题等。由此，系统地梳理出武术在当代中国民间普及推广的功能及价值，进一步确立武术在当代社会的地位及作用。最后提出具有创新性意义的在不同年龄阶段普及推广武术的传承方案。方案的亮点则是针对不同年龄阶段选择不同武术技术内容，同时强调传习程序应当从感性的格斗逐步过渡至具有艺术化欣赏的套路式演练，即演武与用武相结合。结合时代发展特征，将当前不受武术人重视的武术仪式化表达以及武术服饰标准化等问题和盘托出。

　　在此需要特别指出的是，本研究提出的不同年龄阶段的武术传承方案只是众多传承方案中的一个案例，它具有示范指导性意义，但它并不是唯一方案。

　　最后，我要感谢我的研究生，他们用硕士学位论文证实针对不同年龄段的武术传习方案的可行性，包括李萌的《基于普及与推广视域下幼儿阶段武术传习方案的实验研究》（2016）、李玉的《儿童武术传习方案的设计与实验研究——以四年级小学生为例》（2018）、李伟光的《基于普及与推广视域下少年阶段武术传习方案的实验研究》（2016）、宋亚洲的《普及与推广视域下大学生武术传习方案的实验研究——以形意拳为例》（2019）、赵改秀的《普及与推广视域下中老年人武术传习方案设计与应用研究——以太极拳为例》（2020）。同时，我还要特别感谢我的研究生王信扬、李伟光二位同学，他们对此研究给予了支持与帮助。

马　剑

2021 年 1 月 31 日

目 录
CONTENTS

导　论

何为"民间"，其实质意义是在市场化机制运行背景下，由政府制定相关政策作为主导，由民间组织或个体作为推行主体而构成的一种空间。从概念的角度，"民间"顾名思义，指的是民众方面，相对于"官方"或者"政府"对举而出，更有一种社会层面的意义所在。普及推广视域下，是指一种背景或者内在的动机与目的，即在中国民间开展武术的普及与推广。由此，这将引入另一个更为深层的话题，时代背景是推动社会发展的主题，更是武术大发展的支撑平台。在当代中国，武术在民间的普及与推广必须充分依托时代背景。在中国的新时代背景下，实现"中国梦"、完成中华民族的伟大复兴是我国在这一时期的主旋律。中华民族的伟大复兴必须依靠国家综合实力的提升，它需要汇聚社会各个方面的力量。"体育强国"的国家发展战略正是于此时在体育界吹响了号角，它为体育人绘制了一幅宏伟的蓝图与画卷。在这样的历史发展机遇期，武术找到了自身的立足之点。中华民族伟大复兴需要中华文化软实力，体育强国之路需要人民大众整体身体素质的增强。武术是中华民族的优秀文化遗产，它是中国传统文化的一个经典代表，蕴含丰富的中国传统文化思想。同时，武术还是一项中华民族传统体育运动，通过内外兼修的功法练习，能够增强体质，是中国人民古老的强身健体之术。在民国时期，武术被中国民主革命伟大先行者孙中山喻为"强国强种"之利器——"盖以从来振起体育之技击术，为务于强种保国有莫大之关系"。时至今日，"中国梦""体育强国"成为当代中国的国家发展战略。在这一历史背景下，武术在中国民间的普及与推广，关键在于自身本体的建设。同时，我们必须清醒意识到，只有与国家命运与发展紧密相连，武术在民间的普及与发展才会有更加广阔的空间。

一、选题依据

作为优秀的中华民族传统文化遗产，武术根植于民间，只有在民间才能找到其生机与活力的源泉；作为中华民族传统体育项目，武术承载着培育和弘扬中华民族精神的重任，并在建设体育强国进程中将会起到积极的推进作用。在这千载难逢的历史机遇下，从学理上厘清武术民间普及与推广过程中的本体建设理论及方略，不仅能够丰富武术文化建设理论，而且对实现"中国梦""体育强国梦"将发挥出具有中国元素的推进作用，更能够为国家体育总局进一步开展武术普及推广工作提供理论依据和实践操作参考。

二、研究目的与意义

（一）研究目的

站在国家战略发展的高度，在梳理武术民间普及推广的历史进程及反思存在的问题基础上，建立一套武术在当代社会的价值体系，探索出一条能够促进在中国民间普及推广的当代武术建设路径及核心系统。具体目标如下：

1. 论绎武术之于国家发展的地位及作用。
2. 阐明武术在当代社会普及推广之瓶颈。

3. 建立一套武术在当代的社会价值体系。

4. 建立一种利于民间普及推广的武术传承策略。

5. 建立一种武术礼仪规范及其仪式化表达。

6. 建立一种武术服饰标准的发展范式。

其中，第四点"建立一种利于民间普及推广的武术传承策略"是本研究的核心及重点，着力解决在不同年龄阶段的武术传承内容及传承程序。

（二）研究意义

1. 为武术助力国家战略发展及在当代社会的价值与意义提供哲学视角的理论支撑及依据

当前，国家提出"文化强国""体育强国""健康中国"等系列国家发展战略，武术作为中国优秀的传统文化，凝聚了古人圣贤的智慧，其"印象武术"概念的建立对于助推"文化强国"战略的实现具有鲜明的特色与力量；武术作为中国古老的军事武艺技能遗产以及具有中国特色的民族传统体育项目，其倡导的尚武精神和尚武崇德、身心一统的价值追求，富有中国元素的独特竞技与健身基因，在世界体育舞台展示出了超凡的优势，对于实现"体育强国""健康中国"之伟大梦想，将提供独具文化魅力的运动实践载体。与此同时，本文建构起的明德守礼、铸魂立魄、行健护身、开慧审美、团结合作等价值标定将对于进一步确立武术在当代社会的意义与价值，完善武术在当代社会的理论体系具有理论参考价值。

2. 为促进武术在当代社会的普及推广提供一条可供借鉴或参考的建设路径及其配套的系统性手段与办法

面对当前民间普及推广存在的关键性问题，研究提出的武术自身建设中的传承内容及程序，以及武术礼仪与武术服饰等，是一套系统性的武术建设与发展策略，对于推进武术在当代社会的普及推广将会提供一条具有实践指导意义与价值的路径及方法。

三、研究对象与方法

（一）研究对象

有一类人文社会科学研究，其研究对象与研究内容往往交叉融合在一起，很难像自然科学那样，将二者划分出一道明确界限而区分得清清楚楚。这主要受人文社会科学研究既抽象又具体且广泛的研究特征所制约。因此，社会科学研究才提出与研究对象相对应的另一个概念——分析单位。本书研究对象较为复杂，从宏观角度而言，它指向于武术建设与发展方略。具体而言，它主要涉及三个方面，即武术普及推广策略、武术礼仪、武术服饰，其他方面涉及相关对象均围绕此三方面展开。

（二）研究方法

1. 文献资料法

以中国知网为数据源，以篇名词"武术"＋"普及"＋"推广"作为联合检索词，检索出171篇论文，筛出23篇供分析研究；以篇名词"武术"＋"建设"作为联合检索词，检索出309篇论文，筛出27篇供分析研究；以篇名词"武术"＋"体育强国"作为联合检索词，检索出31篇论文，筛出22篇供分析研究；以篇名词"武术"＋"发展"＋"战略"（主题词）作为联合检索词，检索出317篇论文，筛出53篇供分析研究，进一步梳理出我国当前武术普及与发展状况及存在的主要问题。同时，查阅与本课题相关研究的书籍以及报道，掌握有关本课题研究的现状与进展，为本课题研究提供了背景资料、理论支撑及研究思路。

2. 专家访谈方法

访谈相关武术领域专家（从事武术工作15年以上，对武术民间普及与推广工作具有较深刻认识与较高造诣），确立在中国民间普及与推广背景下武术建设要素指标，以及相关本体建设方略建议。

3. 实验法①

实验目的：对预先设计出的各年龄阶段的武术传承方案进行实验验证，确定方案的可行性。

（1）实验对象

——幼儿时期：裕华区第四幼儿园大一班和大三班，实验班 33 人，对照班 30 人。

——少儿时期：北京师范大学石家庄附属学校小学 2014 级 7 班 44 名同学为对照组，8 班 45 名学生为实验组。由于学生转学，研究期间 8 班脱落 1 人。

——青少时期：河北师范大学附属中学以初一直升 1 班和 2 班作为实验对象，其中 1 班为实验班，2 班为对照班。两班人数均为 33 人，且都是男女混合班。

——青年时期：河北医科大学 2017 级本科武术选修课程 4 个班。其中，1 班 28 名学生和 2 班 26 名学生为实验组，3 班 28 名学生和 4 班 28 名学生为对照组。

——中老年时期：石家庄市藏龙福地社区居民，年龄不超过 45 岁且近半年无重大疾病的 29 位中老年人为实验对象。未设立对照组，开展实验前后的数据比较，以及实验后自愿转入后续学习的比较分析。

在实验前，对实验组与对照组人员均进行齐性检验，以确保两组人员的同质性。

_____

① 说明：本系列实验在我的指导下，由我的研究生完成。具体实验过程及相关研究可见他们的学位论文，包括：李萌的《基于普及与推广视域下幼儿阶段武术传习方案的实验研究》（2016）、李玉的《儿童武术传习方案的设计与实验研究——以四年级小学生为例》（2018）、李伟光的《基于普及与推广视域下少年阶段武术传习方案的实验研究》（2016）、宋亚洲的《普及与推广视域下大学生武术传习方案的实验研究——以形意拳为例》（2019）、赵改秀的《普及与推广视域下中老年人武术传习方案设计与应用研究——以太极拳为例》（2020）。

（2）实验时间

——武术在幼儿时期的传承：2015 年 11 月—2016 年 1 月

——武术在少儿时期的传承：2017 年 4 月—2018 年 1 月

——武术在少年时期的传承：2015 年 3 月—2016 年 1 月

——武术在青年时期的传承：2018 年 9 月—12 月

——武术在中老年时期的传承：2019 年 7 月—12 月

（3）实验设计

依据不同年龄阶段的身心发展特点，制定出适合于幼儿、少儿、少年、青年、中老年五个年龄段的武术传习内容、传习程序等案例。将此案例与当前常规性教授内容、教授程序进行比较分析，以确定研究之案例为更适宜武术普及推广之手段与办法。对于中老年时期的武术传承方案，按照民间自发的市场运行机制，持续观察两个阶段接续可能性，考察实验方案是否可持续延伸。

（4）实验控制

在系列实验过程中，实验采取单盲实验法，即教授教师了解实验目的及方案，实验对象不清楚实验过程。教师掌握实验方案是基于实验过程中需要实验组教师充分理解实验方案核心理念，而达到这项要求须经过较长时间的严格训练及反复论证。一般教师不易满足此项要求。基于这种现实情况，在实验过程中，讲授教师在方案设计中除教授的武术内容、教授的程序与对照组不一致之外，其他方面保持二组一致性。在教授时间之外，提示被教授者不再练习与本研究内容相关的武术动作，尽最大可能保持日常生活状态的稳定性。

4. 比较分析法

与跆拳道的国民教育、日本的剑道国民教育情况进行比较研究，探寻当前武术民间普及与推广遇到的障碍。主要比较要素有：国家政策、教授内容、表现形式、礼仪和服饰。从理论结合实践的角度，构建出体育强国精神指导下的武术民间普及与推广的本体建设方略。

四、文献综述

伴随我国市场经济体制改革的深化，国内学界对武术普及与推广的研究给予高度关注，尤其是 2000 年以后相关研究大量出现，这些研究主要从宏观视角探索了武术的普及与推广，例如《对中国武术运动普及与推广的思考》（2007）提出武术普及与推广应从娃娃抓起，武术界人士应注重传统套路整理与研究，并加快市场化开发等。① 《传统武术的推广模式构建与比较分析》（2013）提出了四种传统武术推广模式，即学校教育推广模式、体育竞赛推广模式、社会化健身竞赛推广模式、名家名拳推广模式。② 《中国武术的推广路径与前景分析》（2005）指出武术推广应走大众健身与竞技博击两条路线③，《论奥运后武术项目的推广与普及》（2009）武术的普及与推广在学校、武校、大众等领域均存在多重问题，建议加快武术运动的普及与推广，一方面要靠政府的大力支持，另一方面要走市场化的产业发展之路。④

值得关注的是，目前已经有研究从体育强国视角探寻武术普及与推广问题，例如《体育强国视域下的武术发展方略》（2012）指出在体育强国战略指导下武术发展路径为，提炼武术文化的丰富内涵、发挥武术健身的独特功效、改革竞技武术的表现形态、建设完备的武术产业体系、加大武

---

① 周玉芳，孟少华，申国卿，等. 对中国武术运动普及与推广的思考［J］. 北京体育大学学报，2007（01）：27-29.
② 周丽娟. 传统武术的推广模式构建与比较分析［J］. 山东体育学院学报，2013（04）：27-30.
③ 李莉. 中国武术的推广路径与前景分析［J］. 中国体育科技，2005（06）：63-66.
④ 王艳. 论奥运后武术项目的推广与普及［J］. 首都体育学院学报，2009（03）：317-321.

术教育实施力度等。① 也有学者从民间角度研讨武术普及与推广，例如《非物质文化遗产视角下我国民间武术的开发》（2008）认为民间武术文化遗产开发应当培育武术传承人，开发民间武术文化表现形式及文化活动空间，开展学校的民间武术教育等。② 在此基础上结合武术本体深入研究武术普及与推广报道虽少但也零星可见，例如《少林武术文化品牌的培育与推广》（2012）提出少林武术文化品牌推广的内容主要包括禅文化的传播（少林问禅活动）、武文化的传播（少林武僧团的巡回表演）和禅武文化的传播（禅宗少林. 音乐大典）。③

此外，关于借鉴韩国跆拳道的推广构建武术发展也有较为深入的报道，如《论跆拳道运动的推广策略对我国武术发展的启示》（2008）指出跆拳道运动的组织有序、教学独特、层次分明设段位、崇礼尚德、规则规范值得借鉴，并提出武术发展应发挥民族特色、立足本土社会化、进一步科学化。④

以上研究多关注武术普及与推广的宏观战略与路径，并且强调以外力推动武术普及与推广的策略，但缺乏相对细化的具体操作，尤其是缺乏以内力驱动武术普及与推广的方略，即武术本体建设方略。基于此，本书通过梳理民国以来武术普及与推广的历史，并结合当前实现"中国梦"与走"体育强国"之路的时代背景，分析当代武术普及与推广过程中所遇瓶颈问题，并着力探讨武术普及与推广的突破口以及武术自身建设的方略。

---

① 郭玉成，李守培. 体育强国视域下的武术发展方略 [J]. 上海体育学院学报，2012（02）：54 – 58.

② 陈永辉，白晋湘. 非物质文化遗产视角下我国民间武术的开发 [J]. 沈阳体育学院学报，2008（06）：118 – 120.

③ 李世宏，王岗，邱丕相. 少林武术文化品牌的培育与推广 [J]. 成都体育学院学报，2012（05）：57 – 59.

④ 杨海琴，雷鸣. 论跆拳道运动的推广策略对我国武术发展的启示 [J]. 西北师范大学学报（自然科学版），2008（01）：109 – 112.

第一章　印象武术助力实现"中国梦"

"印象武术",简而言之就是一种文化符号,它象征着一个民族——中华民族、象征着一个国家——中国,更象征着一种人文追求与向往——"尚武崇德"。从文化角度来看,"印象武术"是指经验武术之后,主体经过提炼而形成的一种文化认知概观。这种认知概观既是一种抽象的,又是一种具象的。说它是抽象,它将上升到一种精神等意识形态层面,即它是威武能够振奋国民的一种精神、铸就钢铁意志与品质的训练手段;说它是具象的,它将接入地气进入一种动作等技术及物质层面,它展现的是一种强壮身体、拼搏向上的威武格斗动作,抑或是中和柔美的太极动作,也可是一种武术服饰、一种武术器械。由此可以看出,"印象武术"是中国传统文化的一种特有符号,它蕴含中国传统哲学、中国古典军事学、中国传统伦理、中国传统美学、中国传统医学等丰富思想,同时它也反映了武术人的一种人生观、价值观、世界观。

一、一种力量:印象武术

"印象武术"在精神层面还具有一种民族激励的作用,赋予了中华民族一种奋进的力量。回顾武术发展史,自清末民初以来,武术人的豪迈壮举，着实让国人振奋，激励国人砥砺前行。

以国家为基点，从外部环境的视角来看，在 19 世纪 70 年代，中国武术以李小龙武打电影为媒介，将中国功夫的威武不屈、刚强有力展现给了世界人民。由此，它改变了中国人被西洋人蔑视的形象，向世界传递了一种中国力量。直到现在，各国仍在沿用"中国功夫"这个词语以代武术之义，可见当时李小龙的中国功夫给世人留下了不可磨灭的印象。进入 21 世纪，人们将关注的焦点逐步转移至健康，并试图运用现代体育运动的方式来促进身体健康。在运动爱好者不断探索运动健康之路的过程中，他们惊奇地发现，在神秘的东方——中国，孕育了一个让世界人喜爱的运动——太极运动。在习练太极拳械运动的过程中，练习者开始体悟太极运动带给他们的健康与快乐，同时他们又深深感受到了这种运动内含一种东方古典神韵美。"印象武术"又有了一个新的标志，即，它不仅是一种体育运动，还是一种艺术。

从我国的内部环境来看，留给国人的印象武术可以追溯至中国文化的轴心时代——春秋战国时期。武术人的侠骨丹心，令世人感受了人间的真诚、友善与正义，同时更体会到了武术人对中国传统文化仁、义、礼、智、信、勇的向往与追求。荆轲在河北易水与燕太子丹别离之际的那句"风萧萧兮易水寒，壮士一去兮不复还"，慷慨悲歌，荡气回肠。清末民初，帝国列强侵略我国，一批所谓西洋大力士藐视中华民族，认为我们软弱可欺，在我国摆设擂台，并口出狂言，称我国人为"东亚病夫"，不堪一击。此时，正是中华武林英雄，在民族大义面前，他们勇登擂台，击败西洋力士，洗刷东亚病夫之耻辱，扬我国威、壮我国魂。走到现代，武术又以一种崭新的面貌呈现给世人。武术将体育运动与艺术审美完美结合，绘制了一幅巨大的武术表演艺术画卷，春晚的舞台武术艺术表演威武勇猛与一般柔美性舞台艺术表演形成鲜明的对比，让人回味无穷；大型国际武术节上万人的集体展演，场面壮观、气势震撼；大型实景武术主题演出，将现实与理想完美融合，让人们在虚幻的真实中享受历史穿越、享受人间的真善美。

这种印象武术就是一种力量，这种力量无形、无象，却深入人心，沁人心脾。

第一节 尚武精神：实现"中国梦"的一根脊梁

一、"中国梦"熔铸民族意志与灵魂

"中国梦"的实现，并非一帆风顺，一定是不平凡的，它一定要克服种种困难与艰险。正如习近平总书记所言，"实现中国梦，必须要进行伟大的斗争"。因此，"中国梦"的实现，是凝聚中华民族而实施的一个奋斗过程。这个奋斗过程犹如一个熔炉，它锤炼了中华民族的灵魂，最终铸就起中华民族坚强的意志与品质。正是这个伟大的梦想，指引人民不畏艰难险阻，在拼搏与竞争中锤炼意志、在锤炼意志中不断为了实现梦想而前行。

二、"尚武精神"止于竞争与拼搏

"尚武"在中国由来已久，自春秋战国时期，各诸侯王国十分重视武力储备，在民间形成了一股尚武之风。《管子·小匡》就有齐桓公问于地方官吏："于子之乡，有拳勇、股肱之力、筋骨秀出于众者，有则以告。有而不以告，谓之蔽才，其罪五。"《庄子·说剑》开篇就说："昔赵文王喜剑，剑士夹门而客三千余人，日夜相击于前，死伤者岁百余人，好

之不厌。"① 古之圣贤之所以高度重视尚武，虽直接目的为保家卫国，但其更为重要的意涵是培养国民一种尚武精神。尚武精神可以理解为敢于面对现实困难，勇于拼搏、勇于竞争而努力实现理想目标的一种内在的意志品质。这种尚武精神是一种意志的锻炼与考量，是培养人们一种勇于向前、敢于竞争的拼搏精神。简而言之，尚武就是敢于竞争、敢于拼搏的一种精神。在国难当头之际，孙中山先生专门题写"尚武精神"四个大字以示祝贺精武会建会 10 周年，他将"尚武精神"与竞争、拼搏紧密相连，并警示国民保持这种竞争意识，才能适者生存。

　　"尚武精神"讲究的是竞争与拼搏，而竞争与拼搏往往是与对手进行比较。但这种"尚武精神"，即竞争与拼搏也是有序的，是在一种公正公平环境中的有序竞争、有序拼搏。在当代，我们更需要这种"尚武精神"。由此，可以看出"尚武精神"内含公平、正义与有序。

　　"尚武精神"虽然代表着一种竞争意识、拼搏意识，但它并不是一种争强好战、无事生非的强盗意识、霸权意识。这种竞争与拼搏的精神是在和平共处环境中的一种自我有意识的提升过程，或者说是一种自我激励的过程。孙中山在《精武本纪·序》中这样写道："我国民族平和之民族也，吾人初入以黩武善战策，我同胞然处竞争激烈之时代，不知求自卫之道则不适于生存。"② 如果换用另一种方式来表达，"尚武精神"内含"不用扬鞭自奋蹄"的自我激励精神，也就是《周易》中的自强不息的精神。

三、从"尚武"到中国崛起

　　纵观历史，我国的历朝历代无不以尚武而兴邦。《墨子·尚贤》子墨子言曰："譬若欲众其国之善射御之士者，必将富之、贵之、敬之、誉之，

---

　　① 庄子. 周苏平，张克平注释. 南华经 [M]. 西安：三秦出版社，1995：441.
　　② 陈铁生. 精武本纪 [M]. 上海：精武体育会，1919：1.

然后国之善射御之士，将可得而众也。况又有贤良之士，厚乎德行，辩乎言谈，博乎道术者乎！此固国家之珍而社稷之佐也，亦必且富之、贵之、敬之、誉之，然后国之良士，亦将可得而众也。"我们是炎黄子孙、华夏儿女，殊不知炎、黄、蚩尤在华北地区的三次战役为建立古老的中国奠定了坚实的基础。春秋战国之时，秦能够并六国而建立大一统的帝国，与秦国民风尚武具有密切关系。《汉书·贾邹枚路传第二十一》就有记载"秦之时，羞文学，好武勇，贱仁义之士，贵治狱之吏"。① 由秦至汉，民风尚武更是盛况空前。这种尚武之风可由陈汤与甘延寿上疏朝廷之"明犯强汉者，虽远必诛"之语让人振聋发聩。他在上疏中是这样说的："郅支单于惨毒行于民，大恶通于天。臣延寿、臣汤将义兵，行天诛，赖陛下神灵，阴阳并应，天气精明，陷陈克敌，斩郅支首及名王以下。宜悬头槁街蛮夷邸间，以示万里，明犯强汉者，虽远必诛。"② 汉朝推崇尚武精神还可从霍去病将军身上窥其一斑。霍去病虽为武帝亲戚，但他骁勇善战，有胆气，不贪图享受。《史记》是这样描述的："……善骑射，再从大将军，受诏与壮士，为剽姚校尉，与轻勇骑八百直弃大军数百里赴利，斩捕首虏过当。""骠骑将军为人少言不泄，有气敢任……天子为治第，令骠骑视之，对曰：'匈奴未灭，无以家为也。'"③ 唐代是一个推崇尚武精神至巅峰的朝代。中国历史上第一个正式施行武举制的就是唐朝。《通典》记载有："长安二年（公元702年），教人习武艺，其后每岁如明经、进士之法，行乡饮酒礼，送于兵部。"④ 在唐代不仅武人治武，文人也尚武，其中诗仙李白则是其中的一位典范，李白不仅是诗人，还是一位侠客。在李白诗句中有诸多与武相关的诗句，让人为之振奋。其中《侠客行》中描述侠客的"十步杀

---

① （汉）班固撰，（唐）颜师古注. 汉书 [M]. 北京：中华书局，1962：2369.
② （汉）班固撰，（唐）颜师古注. 汉书 [M]. 北京：中华书局，1962：3015.
③ （西汉）司马迁. 韩兆琦译注. 史记 [M]. 北京：中华书局，2007：347，361.
④ （唐）杜佑. 通典 [M]. 北京：中华书局，1988：354.

一人，千里不留行。事了拂衣去，深藏身与名……纵死侠骨香，不惭世上英"，生动描写了一位赵国侠客豪情壮志、侠骨丹心。

盛唐之后，我国武风渐微，国威也逐渐势下，但尚武精神一直为国人追忆。如果说唐重武，那么相对而言宋则重文。即使如此，宋代诗人梅尧臣《高阳关射亭》仍道出了尚武精神对于国家兴盛的重要意义。其诗句有"星弧射狼夜夜张，角弓备寇不可忘。将军屯师古关下，不尚武力何由强。日与官兵来会此，弓须射硬箭射长。更如羿中九乌毙，独见杲杲明扶桑。"清末民初之际，在国人寻找洗刷百年耻辱的原因时，梁启超的《中国之武士道精神》道出了个中缘由。"中国民族之武，其最初之天性也。中国民族之不武，则第二之天性也，此第二之天性，谁造之，曰时势造之，地势造之，人力造之……我族之有霸国，始于春秋，寻常称五霸，谓霸主也……此诸国者，皆数百年间我民族之代表也，而推其致霸之由，其始皆缘与他族杂处，日相压迫，相侵略，非刻刻振厉，无以图存，自不得不取军国主义，以尚武为精神。其始不过自保之谋，其后乃养成进取之力，诸霸国之起源，皆赖是也。"① 孙中山先生作为近现代的革命先驱，高度关切中国国民的尚武精神与国家和平与富强的必然关系。他在精武本纪序言中写道："我国民族平和之民族也，吾人初入以黩武善战策，我同胞然处竞争激烈之时代，不知求自卫之道则不适于生存……精武体育会成立既十年，其成绩甚多。识者称为体魄修养术专门研究之学会，盖以振起从来体育之技击术，为务于强种保国有莫大之关系。推而言之，则民族所以致力于世界平和之一基础！"②

---

① 梁启超. 饮冰室专集之二十四［M］. 上海：中华书局，1937：17－23.
② 陈铁生. 精武本纪［M］. 上海：精武体育会，1919：1.

第二节 尚武崇德：实现"中国梦"的一种境界

一、尚武崇德：武术人追求的境界

"尚武崇德"自古以来一直是武术人的精神追求与向往。正如前文所言，就其对手而言尚武是敢于竞争；就其自身而言尚武就是不断自省而激励自我；就其整体环境而言，尚武就是有序竞争、公平竞争；就其运动本质而言，武术是以攻防动作为载体，习武人尚武，勇于拼搏、敢于竞争，这是其本业，无可非议。但习武之人偏偏在习武之前要懂得"德之为贵"的要义，似有让人费解之意。武术谚语中有"未曾学艺先学礼，未曾习武先习德"。武术人须以德为先，其关键在于武术从本体上是一种人体攻防的技击术。这种技击术对于人类而言，它好似一把双刃剑，既可以用之为善，也可用之为恶。如何将武术这一把技击术的双刃剑用以为善，习武人励其实践之经验而索其一道，即以德治武。这也就是说，武从其表象是为野蛮，那么武术人用德武装其身，使武在其德的引领下为之所用，以致使武成为善。这是尚武崇德之缘由一。

如果逃开"武"之技击术，从习武者为人之道视角，武术人追求的"尚武崇德"的精神向往，实质就是我国古人圣贤们一直在追求的"内圣外王"境界。"所谓'内圣'首先表现为善的德行，而善又以广义的人道精神为其内容。原始儒学以'仁'为核心……所谓'外王'，是指治国平天下的事功。"① 武术人习武先习德，正对应了古人追求"内圣"的本义。

---

① 张岱年，方克立主编. 中国文化概论（第2版）[M]. 北京：北京师范大学出版社，2004：322-324.

武术人尚武，虽其本义是一种对勇于拼搏、敢于竞争精神的追求，但其内化了一种意志品质，实则也是一种修身的方式、施行王道的一种本领，可对应"外王"。但如何真正能够做到"内圣外王"，则应是《庄子·天下》之解读："古之人其备乎！配神明，醇天地，育万物，和天下，泽及百姓，明于本数，系于末度，六通四辟，小大精粗，其运无乎不在。""是故内圣外王之道，暗而不明，郁而不发，天下之人，各为其所欲焉，以自为方。悲夫！"① 由此可以看出，无论对于武术人追求的"尚武崇德"，还是古人追求的"内圣外王"，实则都是对自我的一种完善，是修身的一个过程。所以，冯友兰在《中国哲学简史》中讲道："内圣，是就其修养的成就说；外王，是就其在社会上的功用说。"②

二、尚武崇德：中国传统哲学的境照

武术人的尚武崇德情结自古有之，体现出武术人的精神与气节。上可追溯至春秋战国时期的越女、聂政③、荆轲④等侠客，他们既有高超武艺，勇略过人，同时还有民族情怀、正义之节，令人叹为观止；下至清末民初以后为民族之大义而勇战西洋力士/东洋武士的丁发祥、霍殿阁⑤、霍元甲、王子平⑥、蔡龙云等，他们胸怀民族正义，为洗刷民族之耻贡献了绵薄之力。推究武术人的这种尚武崇德情结，其内在根源还是受中国传统文化的孕育，来自中国传统哲学思想的照耀与指引。中国传统哲学思想最根本的思想就是《周易》的阴阳学说。反观"尚武崇德"的思想内涵，何不

---

① 庄子. 周苏平，张克平注释. 南华经 [M]. 西安：三秦出版社，1995：470 – 471.
② 冯友兰. 中国哲学简史（第2版） [M]. 涂又光，译. 北京：北京大学出版社，1996：8.
③ 中国武术大辞典 [M]. 北京：人民体育出版社，1990：435 – 436.
④ 马剑. 燕赵武术 [M]. 北京：人民体育出版社，2010：16 – 17.
⑤ 马剑. 燕赵武术 [M]. 北京：人民体育出版社，2010：194 – 197.
⑥ 马剑. 燕赵武术 [M]. 北京：人民体育出版社，2010：57 – 60.

是阴阳学说的一种具体体现呢？"尚武"与"崇德"相比较而言，"尚武"更体现为武术人"外在"意志行为的修为，表达的是一种相关技艺的"动"的状态。"尚武"表达的核心是敢于竞争、勇于拼搏，它需要外显的动作行为来彰显其内隐的精神。也就是说"尚武"需要外导而内现。就其"崇德"而言，它更体现为武术人"内在"道德品行的修为，表达的则是一种有关人性的"静"的状态。我们常提到的"德性"是内在的，是看不见摸不着的，它寂籁无声，但它能够直接投射到人的行为之中，使之显现。所以，"崇德"是内隐而外现的，与"尚武"的路径正好相反。由此而来，"尚武"与"崇德"是一对相对对立的辩证统一体，"尚武"需要"崇德"来制约，而"崇德"需要"尚武"来体现。二者互有相兼，脱离任何一方，都会破坏武术人追求的境界。按照阴阳学说的一般诠释，处"外"的和主"动"的均代表了阴阳学说之"动"，处"内"的和主"静"的均代表了阴阳学说之"静"。不言而喻，"尚武崇德"体现了阴阳学说的基本思想，同时正是以武术人的习武之道践行了中国传统哲学的根本思想——阴阳学说。

三、尚武崇德："中国梦"的一个缩影

"中国梦"的目标就是实现中华民族的伟大复兴。何以复兴，它需要依靠亿万人民不懈之努力与奋斗，才能在两个一百年之际，逐步顺利实现。中国有句俗语"打铁还须自身硬"，实现中国梦需要国家坚强的综合实力支撑，更需要每个国民卓越素质与品质的贡献。"国之将兴，匹夫有责。"作为国民之己任，则需要将自身打造成为一个完善的人。何为完善之人，早在春秋战国时期，我国儒家鼻祖孔子就已给出答案——文武兼备。《史记·孔子世家》载有："臣闻有文事者必有武备，有武事者必有文

备。古者诸侯出疆，必具官以从。请具左右司马。"① 虽然孔子在此说的并非构建一个完善之人应该具有之品质，但从治国之一隅则可推列出国民修身须文武兼备之重要。

不仅如此，查看我国古人圣贤，其修身理念无一不是坚持了"文武兼备"的思想。可以说，自宋朝以前，我国国风以尚武为基础，有文者必以武备。上文所言的孔子，虽不以尚武著称于世，但其历史真身则是文武兼备。《礼记·射义》载有："孔子射于矍相之圃，盖观者如堵墙。"② 同时孔子对射箭技术还有独到见解，他说："射者何以射？何以听？循声而发，发而不失正鹄者，其唯贤者乎！若夫不肖之人，则彼将安能以中？"③ 由此可以看出，孔子在当时是非常擅射的。此外，《吕氏春秋·慎大》曾指出"孔子之劲，举国门之关，而不肯以力闻"。④

中华民族伟大复兴的内在根源是中华儿女的复兴，体现出每一位中国人民的综合素养的提升。这就回归到了"文武兼备"的完善人生的梦想。

---

① （汉）司马迁. 史记 ［M］. 北京：中华书局，1959：1915.
② 杨天宇撰，礼记译注 ［M］. 上海：上海古籍出版社，1997：1079.
③ 杨天宇撰，礼记译注 ［M］. 上海：上海古籍出版社，1997：1083.
④ 张双棣，等译注. 吕氏春秋 ［M］. 北京：中华书局，2007：132.

第二章 武术在民间普及推广之史海钩沉与当代反思

第一节 民国期间武术在民间的兴起

自民国以来，中国由君主专制国家转入民主共和国家，人民的生活开始发生深刻的变革。但由于深陷清末时期帝国列强侵略的深重灾难之中，国人内心深处滋生的巨大民族危机之阴霾依然没有消散。此时期，"强国强种"之声在中华大地此起彼伏，一浪胜似一浪高。受数千年中华文化滋润的武术，在此时又焕发出昔日在冷兵器时代战场上金戈铁马般的威武，将其化作铸就钢铁身躯与意志、锤炼不畏艰难险阻而奋勇拼搏精神的校场。此时，民间发展起来一个强有力的武术组织——精武体育会。1910年，河北静海人霍元甲（1869—1910）到沪欲与在报纸公开与国人较量的英国力士奥皮音比武，但奥皮音因惧怕霍元甲而违约——不战而逃。此事一出，国人振奋。霍元甲借此之机，与友人共同创办"精武体育会"。精武体育会创会的宗旨为："以技击为根本，以武德为皈依，辅以有益之学科，正当之游艺。健全拓都，普及淑身淑世。"① 作为精武体育会会旗的"三星旗"分别用红、蓝、黄三色饰星，三星寓意为博爱、自由、平等，其后又延伸为德、智、体之意。"建会之后，精武体育会得到迅速发展。自 1911 年开始在国内建立分会，1919 年开始向南洋发展，1921 年后在东南亚各国陆续建立分会。经统计，国内外精武体育会有 57 个，会员约 40 万人。"② 由此可见，在精武体育会的组织与推动下，武术不仅在国内得到了极大普及，而且还传播到了国外。不仅如此，在普及推广方面，精武体育会打破了长年留存于武术传承过程中的陋习——门户之见，倡导各拳各派之武术。其传授的武术不仅有单练的各种拳术器械套路，例如潭腿、工力拳、达摩剑、八卦刀等，还包含对练套路，例如大刀战枪、双刀战枪、枪对枪等。同时，精武会还开设文化课程、文体活动、兵式体操。其中文化课程包括国文、英文、国画、国医等，文体活动包括足球、网球、篮球、铅球、铁饼、标枪等内容。值得一提的是，在刚刚打破君主专制体制，国民对男尊女卑的遗风依然十分浓烈的情况下，精武体育会就已经开始教授女子学练武艺，专门设有女学班，例如女子模范团、爱国女学学生班、上海崇德女学技击班、南洋女子师范学校班等③。从精武体育会发展的史实来看，以精武体育总会所在地上海为代表的各分会所在地相对武术普及推广效果较为显著，极大地促进了武术在全国的普及，对后学发扬武术也起到了积极的推动作用。

武术社团作为普及推广武术的集散地，对于推动武术在民间的发展起到了至关重要的作用。上海地区各类武术社团较多，"据不完全统计，30 年代前后，上海较大的民间拳社就达 30 多个"④。其中影响较大的有由吴

---

① 陈铁生. 精武本纪［M］. 上海：精武体育会，1919：2.
② 李佩弦. 精武体育会简史［J］. 体育文史，1983（01）：34.
③ 陈铁生. 精武本纪［M］. 上海：精武体育会，1919：47，65，68，70.
④ 中国近代体育史编辑委员会. 中国近代体育史［M］. 北京：人民体育出版社，1985：267.

志青发起创立的中华武术会，曾组织过上海国技表演大会，初期会员达千余人，20世纪30年代常为三五百人。还有致柔拳社，由杨氏太极拳传人杨澄甫的学生陈微明于1926年创办，主要传播太极拳、八卦拳及养生术，至1935年共训练学生千余人。① 除上海地区的武术社团组织之外，北京也是民间武术社团集中地区，经不完全查阅统计，北京约有武术社团25家②。其中最为著名的武术社团就是1912年11月由武术界著名人士许禹生与郭志云、葛馨吾、延曼生、伊见思、杨季子等人携手共同建立的北京体育研究社。③ 该社宗旨为"以提倡尚武精神，养成健全国民，并专事研究中国旧有武术，使成系统"。其主要贡献为"推动了武术纳入学校正式课程，改革武术教学方法，提倡研究武术，促进学术发展"。④ 此时期前后，天津也成立了许多武术社团组织，并在国内具有相当高的知名度，其中以中华武士会最有名气。1912年，中华武士会由李存义、卞月亭、冯国璋等人在天津创立。该会宗旨为传习中国固有之武术，锻炼国民之体魄。该会功能与职责为以形意拳剑术为主，其他技术随时逐渐加入。⑤ 此外，孙禄堂在河北建立的蒲阳拳社、马良在济南建立的山东武术传习所、张石麟和宋铭之在青岛建立的"中华武术会"等一批武术社团组织均为武术在国内的普及推广做出了积极的贡献。

---

① 中国近代体育史编辑委员会. 中国近代体育史［M］. 北京：人民体育出版社，1985：267 - 268.
② 林伯原. 中国近代体育史资料［M］. 成都：四川教育出版社，1988：340.
③ 中国武术百科全书编纂委员会. 中国武术百科全书［M］. 北京：中国大百科全书出版社，1998：380.
④ 吴绪. 北京体育研究社与近代中国武术的发展［J］. 体育文化导刊，1990（06）：34 - 37.
⑤ 成都体育学院体育史研究所. 中国近代体育史资料［M］. 成都：四川教育出版社，1988：342.

第二节 中华人民共和国成立初至改革开放时期 武术在民间的起伏

1949 年中华人民共和国成立之后，国家领导人对民族传统体育给予了高度重视，尤其对武术运动的发展给予了极大的关注。在新中国成立之后的 10 余年时间，武术运动发展呈现繁荣发展的趋势。就在新中国成立之初，1949 年 10 月，中央人民政府副主席朱德在中华全国体育总会的筹备会议上提出："要广泛地采用民间原有的许多体育形式。"① 1950 年，中华全国体育总会专门召开武术座谈会，讨论如何在全国发展武术的问题。"在政府的倡导下，这项活动在工人、民众和学生中很快得到了开展。天津市一些棉纺织厂、铁路和建筑单位建立了武术队。山西太原市郊区有二十多个村子的青年民众经常在晚上练武术。哈尔滨工业大学有几百名学生坚持武术锻炼。"② 1952 年，全国体育总会第二届代表大会指出："对于那些为大众所熟悉和爱好的武术、摔跤、石锁、沙袋、举石担、骑马、跳绳等必须予以重视，并加以改进，去掉其不科学的部分，使之成为广泛开展一般大众中的体育活动的有效形式之一。"③ 武术在民间得到迅速发展。1953 年 11 月 8—12 日，全国民族形式体育表演及竞赛大会在天津举行。来自华北、华中、东北、西北、西南、华南、内蒙古自治区等 6 个行政区和 1 个自治区，以及中国人民解放军、火车头体育协会十几个民族 380 名

---

① 国家体委武术研究院. 中国武术史［M］. 北京：人民体育出版社，1997：361 – 362.
② 林柏原. 中国武术史［M］. 中国台北市：五洲出版社，1996：473.
③ 国家体委政策研究室. 体育运动文件选编（1949 – 1981）［M］. 北京：人民体育出版社，1982：167.

运动员参加了此次大会。在武术运动方面，运动员表演了 10 余种武术拳术套路和丰富多样的器械套路、对练等，同时还进行了散手、短兵等武术对抗性项目。会议期间，时任政务院副总理兼国家体委主任贺龙发表了重要讲话，他指出："民间流传的武术套路是很多的，不仅汉族有，各少数民族都有，这是要花费力气去发掘的。"① 这给予体育界及武术界人士极大的鼓舞，也为未来武术发展指明方向与道路。借此之机，武术本应开始大发展。但受不法之人利用武术开展危害社会安全的影响，1955 年，全国体育工作会议提出暂时收紧武术运动在全国的开展。会议指出："只有在中央体委成立的武术研究社，厂矿、企业、学校、部队和机关中原有的武术锻炼小组应加以整顿，没有的暂不建立。农村中坚持停止发展。社会上的一些拳社、武术联谊会等组织必须停止发展。"② 由此，武术运动发展犹如昙花一现，迅速萎缩甚至停滞。

在此之后，1956 年春，刘少奇与国家体委负责人谈话时指出："要加强研究、改革武术气功等我国的传统体育项目，研究其科学价值，采取各种方法传授推广。"③ 其后，武术运动在全国的普及与推广开始出现转机。1957 年，国家体委发布的《关于 1956 年体育工作总结及 1957 年工作的要求》指出："武术是我们民族文化遗产的一部分，我们应当根据政府对民族文化遗产的方针来对待武术工作，同时作为一个运动项目继续推行……今后，不论工人、农民、学生或机关干部，凡是爱好武术的，都可以像其他项目一样，自愿地组成锻炼小组或单独进行锻炼。"由此，武术又走出低谷，像雨后春笋般在全国各地活跃起来。自 1956 年以后，在国家体委组

---

① 国家体委武术研究院. 中国武术史 [M]. 北京：人民体育出版社，1997：361 - 362.
② 国家体委政策研究室. 体育运动文件选编（1949 - 1981）[M]. 北京：人民体育出版社，1982：24.
③ 习云太. 中国武术史 [M]. 北京：人民体育出版社，1985：193.

织的武术专家带领下，以人民体育出版社为龙头的各级出版社相继出版了《简化太极拳》（1958）、《太极拳运动一（一、二、三）》（1958）、《初级长拳》（1962），以及系列甲组、乙组长拳、刀、枪、剑、棍等套路书籍。此外，武术专家及民间武术拳师也相继出版了相关武术专著，例如杨澄浦的《太极拳体用全书》（1957）、唐豪的《八段锦》（1957）、蔡龙云的《一路华拳》（1957）和《武术运动基本训练》（1958）、蓝素贞的《绵拳》（1957）、姜容樵的《八卦掌》（1963）、顾留馨的《怎样练习简化太极拳》（1963）、沈家桢的《陈式太极拳》（1964）等系列武术书籍极大促进了武术在全国的宣传与普及。1956年，教育部也颁布实施了新中国第一部全国通用的《中小学体育教学大纲》，其中就有相关武术内容的规定。在其后的学校体育工作中，武术运动项目又不断得到了推广与发展。1961年，在国家进一步修订1956年的体育教学大纲并编印出版了《全国大、中、小学体育教学大纲》，该大纲明确规定了武术运动在体育课中的具体内容与学时。大纲规定武术教学内容为：小学（三年级以后）武术基本功、基本动作、组合动作、武术操、初级拳；中学初级长拳第二路、青年拳、青年拳对练等。特别值得一提的是，1958年8月，国家体委在青岛召开全国体育学院院长座谈会之后，北京体育学院、上海体育学院相继成立武术系，对于民间练习武术具有较大的促进作用，为众多武术习练者提供了一条升学之路。20世纪50年代末，仅河北武术之乡沧州，其群众性武术活动得到迅速发展，建立了70多个武术活动的站、点。保定市成立了群众武术研究会。衡水地区的深县、安平、武强、饶阳四个县相继成立了7处群众武术骨干培训站。① 由河北部分市县武术运动发展现状可窥全国武术普及推广之势。此外，国家体委组织全国知名武术专家编写出版的《武术》

---

① 刘万春. 河北武术［M］. 北京：北京体育学院出版社，1992：246.

（1961）教材对于武术的普及与推广起到了重要的指导作用。当时，武术呈现蒸蒸日上的发展势头。

1966—1976 年，武术再次进入发展低谷，几乎处于停滞状态。此时，社会出现了民间习武人搁置武术而不碰，武术拳师不敢教授武术、武术器械被收缴、武术书籍被损坏等现象。而与此相对的另一番景象是，国家大力倡导"样板武术"，有"毛主席语录拳""忠字拳""《敬祝毛主席万寿无疆》太极拳"等于此时得到广泛的传播与推广。"周总理每次带着元首来参观，最后必须要练毛主席语录拳（我失骄杨君失柳，杨柳轻飏直上重霄九）。"① 还有武术拳师将日常生活中运用的生产工具，创编了镰刀、铁锤、扁担、步枪、扫帚、铁锨等武术器械套路。例如，张文广老先生在"文革"期间被下放到山西屯留国家体委"五七干校"进行劳动。劳动期间，他曾创编铁锨套路，并教授当地孩子武术。其后，在接受工人阶级再教育时，张文广又创编了大小铁锤套路，并在天安门广场举行的"十一"庆祝晚会上表演。② 在某种程度上，这也是对武术的一种创新与发展。

1972 年，在周恩来总理的指示下，武术运动才开始在国内复苏。1974年，国家单独组织武术代表团出访美国。武术运动在国内的普及与推广活动逐步又恢复起来。

---

① 张路平等. 门惠丰教授访谈录 ［J］. 北京体育大学学报，2018（04）：134.
② 张文广. 我的武术生涯 ［M］. 北京：北京体育大学出版社，2002：162–168.

第三节　改革开放后武术在民间发展两重天

一、武术在民间发展之辉煌

1978 年 12 月 18—22 日，中国共产党第十一届中央委员会第三次全体会议在北京召开，标志着"文化大革命"的结束，中国"改革开放"正式开始。借全国改革之春风，武术运动在全国的普及与推广也进入了春天。为了挽回十年浩劫给武术带来的巨大损失，同时为快速抢救由于身怀绝艺的拳师相继故去而逐渐逝去的中国优秀武术文化遗产，国家体委于 1979 年及时制定政策并发布了《关于发掘整理武术遗产的通知》。通知要求"各地体委一定要对武术的继承、发掘、研究、整理工作给予足够重视，有号召，有要求，有措施，做出成果。"[1] 在此通知的要求下，国家体委专门组成武术调研组分赴山西、陕西、四川、河北等 13 个省市及自治区开展了考察工作，并于同年 5 月在广西南宁组织了全国武术观摩交流大会。"来自全国 29 个省、市、自治区和香港、澳门等特别行政区 284 名运动员表演了各种流派的拳术达 510 项之多。"[2] 1982 年 11 月 7 日第一次全国武术工作会议提出"大力开展群众性武术活动，坚持普及和提高相结合"，同时提出"挖掘、整理武术遗产的工作，是当务之急，是迫在眉睫的事"。[3] 正是在此精神的指导下，1983—1986 年，在国家体委武术挖掘整理领导小组的指导下，各地体委成立武术挖掘整理小组，开展了声势浩大的全国武术

---

① 习云太. 中国武术史 [M]. 北京：人民体育出版社，1985：195.
② 习云太. 中国武术史 [M]. 北京：人民体育出版社，1985：196.
③ 徐才. 徐才武术文集 [M]. 北京：人民体育出版社，1995：11.

挖掘整理工作。全国 8000 余名武术专职工作者和武术业余爱好者参与此次全国武术挖掘整理工作，耗资 100 多万元，这在侧面起到了推动武术运动在全国的普及与推广的良好作用。经过 3 年的全国武术挖掘整理工作，工作组总结整理出的"源流有序、拳理清晰、风格独特、自成体系"的 129个武术拳种，以及依托武术挖掘整理工作相继出版了《浙江拳械录》（1988）、《四川武术大全》（1989）、《广东武术史》（1989 年）、《沧州武术志》（1991）、《中国武术拳械录》（1993）、《湖北武术史》（1994）等武术专业书籍。全国武术挖掘整理工作及形成的相关成果对于传播中国传统武术文化、促进武术运动在全国的普及推广，具有极大的推动作用。在此段时期内，人民的业余文化生活又开始活跃起来，武术活动也借机在全国各地遍地开花。"据 1981 年统计，北京市有 161 个太极拳辅导站，参加活动的有 5 万多人；各区和人民文化宫开办了武术训练班或武术馆，有26000 多人参加学习和锻炼；著名的高等学府北京大学成立了武术协会，并把成立协会这一天定为武术节。上海市有 130 多个武术活动站，470 个活动点，每天约 6 万人参加锻炼。河南省有 300 个武术辅导站，每天也有6 万多人参加活动。一些有武术传统的县、乡，参加武术锻炼的人显著增多。不少过去没有武术活动的县、乡也开展起来。湖南省东安县 48 万人口有 21 万人经常参加武术活动，有 90% 的小学成立了武术队。陈氏太极拳发源地河南温县陈家沟有 70% 的人会打拳。在素有武术传统的河北沧州境内，习武者达数 10 万人。"① 武术运动在全国呈现一片繁荣之景。

在 20 世纪 80 年代的中国改革开放浪潮推动下，我国优秀武术运动员李连杰等主演的《少林寺》于 1982 年 1 月 21 日在我国香港公映，其后在我国大陆公映，掀起了一场全国人民群众习练武术的热潮。少林寺也曾一

---

① 林柏原. 中国武术史 [M]. 中国台北市：五洲出版社，1996：491.

度成为众多青少年获得武林真功夫的梦想圣地。也就在此之后，应武术热潮之需，全国各地纷纷建立各级各类武术馆校。"据不完全统计，随着群众性武术活动的深入开展，各地建立的各种形式的武术馆（校）、站、社就有一万多个，入校习武的青、少年、儿童有几百万人。各种形式的辅导站、教拳点数以万计。全国参加武术活动的群众（包括以武术作为健身锻炼的人）六千万人。"① 可见，武术运动在全国的普及开展可谓盛况空前。值得一提的是，此时期创建的部分武术馆校与90年代以后创办的武术馆校在运行机制上存在本质性区别，其表现的显著性特点则为非营利性，以义务教拳形式开展。仅以河北沧州为例，1983年创建精英武馆、1988年创建的大高河武馆和传统八极拳武馆、1989年创建的精英武术社，以及1948年建立马子扎拳房和1965年建立的高家口拳房等武术拳社（馆）均为义务授艺不取报酬。② 归纳这种武术社（馆）非营利性经营模式的根源有二。其一，此时期人民刚刚从"文化大革命"的禁锢中走出来，对于丰富业余文化生活的渴望十分迫切，亟须弥补内心之中的文化空虚，还未来得及考虑如何更好地运营与开发。其二，人们还深处计划经济时代的藩篱之中，国家还未推行市场经济体制。在这种国家政策的背景下，人们的经营思想还没有完全解放。

20世纪90年代以后，伴随中国改革开放的深入开展，以及邓小平在1992年南方谈话之后，彻底解放了人们的思想束缚，使得中国人民能够甩开膀子大胆开展了市场经济。此时，武术运动在民间的普及与推广活动，主要由民间的武术馆校承担起来。据不完全统计，截至2000年左右，"全国有各种武术组织（包括武术馆、校、院、社、研究会、辅导站等）达

---

① 国家体委武术研究院. 中国武术史［M］. 北京：人民体育出版社，1997：409.
② 《沧州武术志》编纂委员会. 沧州武术志［M］. 石家庄：河北人民出版社，1991：215-220.

12000 家。"① 武术馆校的规模也呈逐年扩大态势，"此时期山东省武术馆校 500 人以上的有 73 所，1000 人以上的有 11 所。""河南省登封塔沟武术学校的在校生达到了 7000 人。"② 自 1949 年新中国成立之后，如果就武术运动在全国的发展规模及发展热度而言，20 世纪 90 年代至 21 世纪初的 10 年，为武术运动在全国普及与推广最为火热时期。这可以从国家体育总局武术运动管理中心于 1995 年连续出台的两个文件《关于经营性武术馆校的管理规定》《关于开展全国百家名武术馆校评选活动的通知》可以看出一定的端倪。

此时期，国外的武术发展如同国内一般如火如荼。20 世纪 80 年代中期，"美国风行中国武术，纽约就有四十多个武馆，授武术者多为中国人……参加习武的青年百分之六十都是美国人"③ 1993 年以后，"保守估算，仅在美国，就有不少于 500 万人在学习中国武术，而且这个数字正以每年 12% 左右的速度递增，习武者中年龄最大的 70 多岁，最小的才 4 岁。"④

此时，武术中的另一枝花朵也绽放出异彩。太极拳运动以其缓慢匀速、圆活连贯、连绵不断、气势恢宏、动作舒展为主要运动特点，特别适合现代社会中老人追求健康与休闲娱乐之需求，深受众多国人喜爱。"20 世纪下半叶后，太极拳进入了从规范化向多样化发展时期，迎来了社会化和国际化发展的大好局面。"⑤ 1978 年 11 月 16 日，时任国务院副总理的邓小平应日本国会议员代表访华团团长、日本众议院副议长三宅正一请

---

① 王国琪，任海，黄凌海，等. 我国武术馆校之研究 [J]. 体育科学，2001（06）：24－27.
② 王国琪，任海，黄凌海，等. 我国武术馆校之研究 [J]. 体育科学，2001（06）：24－27.
③ 晓阳. 美国风行武术，太极拳将上太空 [J]. 体育博览，1985（11）：44.
④ 贺俊. 内外兼修. 侠之大者——记美国环保科技国际集团董事、美国国家武术总会主席吴廷贵 [J]. 国际人才交流，2007（07）：26－27.
⑤ 康戈武. 全面梳理太极拳发展脉络 [J]. 中华武术，2001（03）：5－9.

求，题写了"太极拳好"，不仅鼓舞了日本太极拳爱好者，而且加快促进了太极拳在世界的传播与发展。此后，太极拳在世界各地逐渐为各国人民所接受。"1987 年 4 月 26 日，由 60 个团体加盟的'日本武术太极拳联盟'正式成立。"① 之后"其注册会员已达 1000 万人，其中大多数参与太极拳传习。"② 21 世纪初，在美国的韩宁，专门研究中国武术史，曾经谈到武术的发展感慨万千："在美国，学太极拳的人现在非常多，有人是学太极拳的技术，有人是学《易经》的。"③ 太极拳及太极拳承载的中国传统文化就这样被广泛地传播到了世界各国。转视国内，此时期，太极拳运动在全国各地掀起了太极拳练习热，在不同的节庆日举行的巨大规模的太极拳活动在九州大地此起彼伏。最早开展太极拳万人表演的大型活动始于 1998 年的北京天安门广场万人演练太极拳。1998 年 10 月 15 日，来自海内外的近万名太极拳爱好者会集天安门广场，举行规模空前的太极拳表演，以纪念邓小平题词"太极拳好"20 周年和中国武术协会成立 40 周年。④ 在此之后，每逢满约 10 年之时，全国各地则掀起形式多样的万人演示太极拳的节庆活动，规模一次比一次大，其中以 2009 年和 2018 年两次周年性纪念活动最为隆重。2009 年河北沧州、贵州等省市开展了万人表演太极拳大型展演活动，其中北京于全国首个"全民健身日"在北京鸟巢体育场前开展了 3 万多名群众参加的太极拳展示活动。"在世界吉尼斯总部认证官员的见证下共有 33996 人完成表演，打破了吉尼斯世界纪录，"⑤ 打破了在 2004

---

① 李自力. 关于日本武术太极拳联盟成立过程和发展的研究 [J]. 少林与太极（中州体育），2011（12）：41 -43.

② 康戈武. 全面梳理太极拳发展脉络 [J]. 中华武术，2001（03）：5 -9.

③ 徐才，等. 21 世纪太极拳文化的继承与发展 [J]. 体育学刊，2004（5）：2.

④ 王霞光. 秋高气爽　惠风和畅　天安门广场万人表演太极拳 [N]. 人民日报，1998 -10 -16（08）.

⑤ 金硕. 全民健身日. 北京 3 万人表演太极拳 [N]. 人民日报海外版，2009 -08 -10（01）.

年 4 月 1 日河南洛阳第 22 届牡丹节开幕式上的 30648 人的吉尼斯世界纪录。① 2018 年，内蒙古呼和浩特市、甘肃省平凉市、辽宁大连市、四川茂县、新疆莎车县、江西鹰潭市等地举行了万人太极拳健身演练活动。特别值得一提的是，2015 年 10 月 18 日，焦作市倡议发起的"共享太极共享健康"世界百万太极拳爱好者共同演练活动把全球普及推广太极拳推到历史性顶点，真正彰显出中国传统太极拳运动及文化备受世界各国人民喜爱与欢迎。"这一天，在美国纽约、法国巴黎、澳大利亚墨尔本及北京、上海、深圳等国内外 50 多座城市，10 万余名不同肤色、不同语言、不同年龄的太极拳习练者进行了集中演练，更有百万太极拳爱好者在各地分散演练，共同诠释着健康的理念。"② 据相关数据统计，"全世界的太极拳习练者多达 3 亿之众，太极拳已成为世界上参与人数最多的武术运动和健身活动项目。"③ 可以说，在 21 世纪的今天，武术中的太极拳运动及太极文化已经走进世界各国人民的生活，走进千家万户，成为当今全球时尚运动文化之一。

从研究学者对太极运动及文化的关注度及相关研究来看，太极拳运动及文化的发展状况与中国的改革开放以及邓小平题词存在密切联系。以题名"太极"为索引词，时间范围限定为 1921 年 1 月 1 日至 1978 年 12 月 31 日，在中国知网检索论文，共计检索到与太极运动密切相关的论文 5 篇，其中 2 篇从自然科学角度探索太极拳运动对人体健康及相关疾病的研究，2 篇从哲学角度探索太极图理论，另 1 篇与太极运动无关。以相同检索策略检索到 1979 年 1 月 1 日至 1999 年 12 月 31 日的 20 年时间里期刊或辑刊论文 683 篇、2000 年 1 月 1 日至 2019 年 12 月 31 日的 19 年的期刊或

① 董伟. 万人太极拳表演破吉尼斯纪录 [N]. 中国青年报，2009 – 08 – 13 (06).
② 李建华. 全球百万"拳友"同练太极拳 [N]. 河南日报，2015 – 10 – 19 (01).
③ 李建华. 全球百万"拳友"同练太极拳 [N]. 河南日报，2015 – 10 – 19 (01).

辑刊论文 5129 篇。从有关太极的研究文献量，以及中国知网的年度数据分析，可以清晰看出，关于太极相关研究自中国的改革开放以来，研究人员对相关太极研究兴趣呈现显著性递增趋势，同时，从另一侧面反映出太极拳运动及太极文化逐渐被人民大众普遍接受与认可。现在可以做这样一个基本的结论，即太极运动以及太极文化已经成为当今世界各国的一种新兴时尚体育运动以及令人向往的一种思想文化。

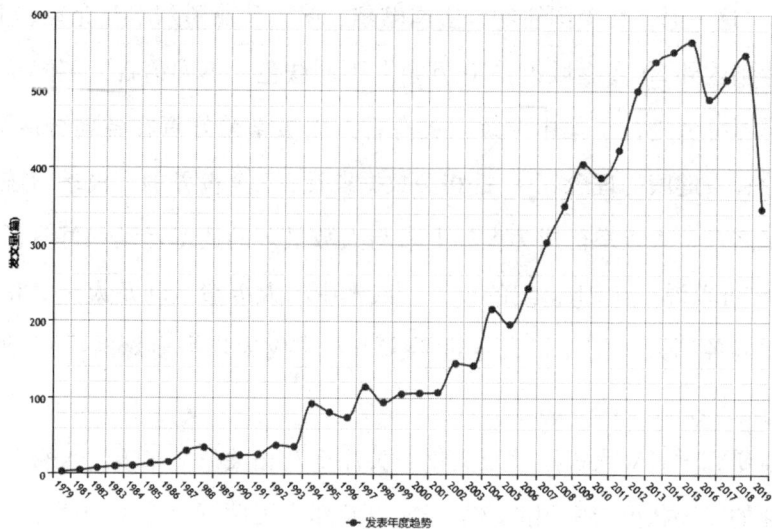

图 2-1　1979—2019 年相关"太极"研究论文年度发文量趋势图

二、武术在民间发展之低迷

进入 21 世纪，伴随国家经济的快速发展、人们追求更高的文化生活品位，以及武术馆校存在的自身建设及办学规范等若干问题，武术馆校开始迅速大量萎缩，过去红极一时、遍布大街小巷的武术馆校，由于生源不足及其办学质量不高等问题，像秋风扫落叶般关门歇业。此种景象好似民国期间中国镖局的极度凄凉之境。这也提示相关武术人士，开办武术馆校必须遵循市场经济规律，既要抓住客户——生源，同时还要紧跟时代步伐，牢牢抓住自身办学质量这一重要关口。

1. 武术馆校发展逐步退潮

正如前文所述，中国武术馆校在 20 世纪 80 年代中后期如井喷般在中国大地遍地开花，但这种盛况空前之景在延续 20 年左右之后又以初始崛起的速度，如大海退潮般迅速淡出中国的大街小巷、车站枢纽、电视宣传广告等大众视野。2001 年，国家体育总局武术运动管理中心副主任王国琪带领科研人员开展了一次大型的全国武术馆校调研。通过对河南、山东、安徽、河北等的 40 多个不同层次和类型的具有代表性的武术馆进行问卷调查、走访座谈、实地考察等，该课题组得出一个与当时武术馆校发展火热景象相反的内在危机警示。该课题组不仅提出当时武术馆校发展表现出突出的一面，即"主体意识强，责任明确；组织制度健全，封闭管理有力；办学条件改善，办学渠道多样；文武教学兼修，学生全面发展"，更指出，国家武术运动管理中心已经清醒地意识到武术馆校发展已经进入了高度危险期，其中 2 条致命性问题在于"武术馆校审核、审批不规范，发展失控；武术馆校的名称不规范，虚假广告严重"。① 当一个事物的发展失去了应有的控制，尤其存在严重的虚假问题，充分反映出内在的诚信体系已经完全垮塌、外在的运行没有既定秩序，这个事物也就将走向灭亡。为了规避这些问题，使武术馆校能够可持续地健康成长，2000 年 7 月 27 日，公安部、教育部、国家体育总局三个部门联合颁布了《关于加强各类武术学校及习武场所管理的通知》（公通字〔2000〕62 号）。这从一个侧面说明全国武术馆校发展在当时已经开始走下坡路。在接下来的 10 年发展过程中，全国武术馆校的发展并未按照国家体育总局武术运动管理中心想要的方向迈进，却形成令人忧虑的武术馆校退潮之势。"当前，中国民办武术

---

① 王国琪，任海，黄凌海，等. 我国武术馆校之研究［J］. 体育科学，2001，21（06）：24 - 27.

学校暴露出了规模与效益之间相互矛盾的突出问题，以至于使得民办武术学校滑入了办学效益和教学质量得不到切实保证的危险境地。然而，由于民办武校无节制或盲目地办学，使得骤然增加的民办武术学校蕴含了一些亟待解决的问题，诸如办学目的模糊、办学硬件疲软、教学软件不硬、教育质量下滑、生源恶性竞争，加之政府职能部门多头审批及多头管理等因素，使得武校形象在人们的心目中逐年降低，由此导致的后果则是求学者人数逐年减少而学校倒闭数量却逐年增加。"① 以武风浓郁的登封为例，在一份登封民间武术发展的调查研究中发现，登封民间武社的数量在1985年至2005年的20年间呈现下降趋势，猩猩怪和舞狮两大武社由11家降至6家。② 以山东省武术馆校为例，从鼎盛时期的381所46万名生源减少至2010年的297所18万的生源数量。探究山东武术馆校生源不断下降的主要原因可归纳为四个方面，即学生就业没有方向、社会对武术馆校的认同度小、缺乏管理和师资力量薄弱等。③ 从学术研究的角度来看武术馆校在中国发展进程中的被关注度，也能得到相似的答案。以"武术"与"馆校"作为联合检索词，检索时限置于1979年1月1日至2020年3月8日，共在中国知网检索到129篇相关文献，其中以2005年至2010年间发文量最大，每年发文在8~12篇，自2010年以后基本呈现逐年递减。这与前面所述全国武术馆校出现急剧萎缩的状态的吻合度是非常高的。

---

① 马学智. 中国民办武术学校可持续发展研究 [D]. 北京：北京体育大学，2010：6，4.
② 王龙飞. 传承与超越：武术在登封 [M]. 开封：河南大学出版社，2016：72-73.
③ 王军建. 山东省武术馆校生源现状调查与研究 [D]. 石家庄：河北师范大学，2010：19-21.

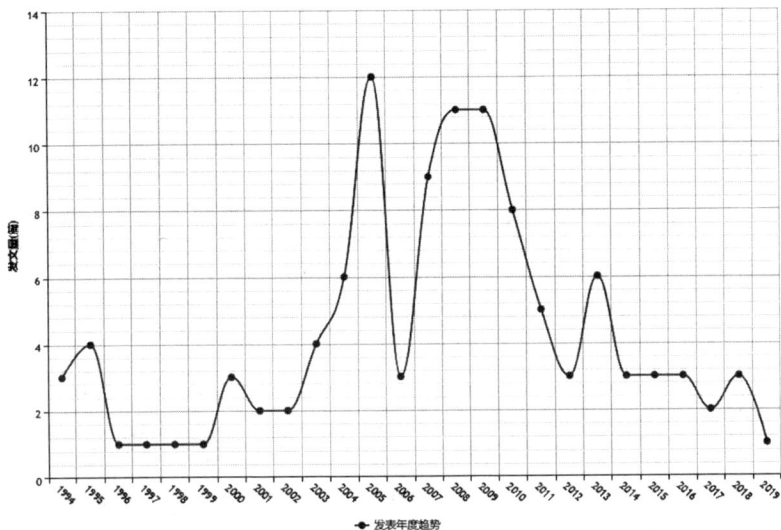

图 2-2　1979—2020 年间以"武术"和"馆校"为篇名词发文量示意图

2. 武术搏击赛事节目起伏无根

追溯中国武术市场化经营开发历史，"中国武术散打王争霸赛"堪称以市场化模式运作的中国第一个武术搏击类电视节目。该项赛事节目始于2000 年 3 月 25 日，由国家体育总局武术运动管理中心、北京国武体育交流有限责任公司、湖南电视台三方合作运营，首场比赛在北京奥林匹克体育中心中国武术协会散打馆开办，该年度总决赛在湖南长沙。中国武术散打王争霸赛"是国家体育总局武术运动管理中心在散打竞赛体制改革方面的重要举措，是对中国武术散打项目职业化、市场化改革的试验"。① 该赛事以体育部门组织的中国武术散打比赛为基础，以企业经营为推动、电视转播节目为媒介，打开了武术赛事走向市场运营的一扇窗，引起武术界、企业界、媒体界以及广大武术搏击爱好者的极大兴趣与高度关注。《人民

---

① 王霞光. 首届中国武术散打王争霸赛将推出［N］. 人民日报，2000-01-13（08）.

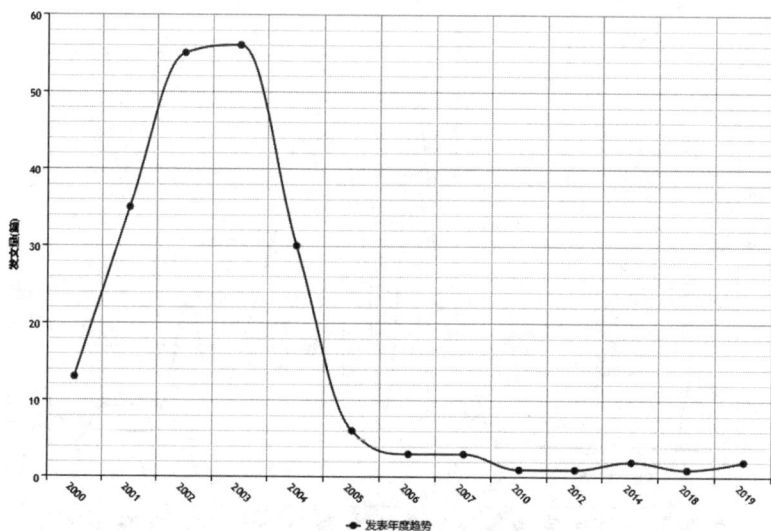

图 2-3　2000—2020 年有关"散打王"的研究论文年刊载量发展示意图

日报》为此也于 2000 年 1 月 13 日发出预告式新闻，足以说明当时中国武术散打王争霸赛备受世人关注。为了增强该项赛事的欣赏性，赛事组织与承办方将灯光、音响、舞美等电视、电影、戏剧、晚会制作中的手段与方法充分融入比赛之中。可以说，当时的中国武术散打王争霸赛既是武术散打的全国最高水平赛事，又是一档百姓喜闻乐见的电视节目。但遗憾的是，如此令国人向往的武术赛事，走过了非常不平坦的一段艰难之路，仅仅持续了 3 年，就出现了经济等多方面危机。"2003 年是（该项）赛事最为关键的一年，然而就在这关键一年里，由于赛事市场在经营过程中出现问题，使整个赛事突然陷入低谷，赛事品牌含金量大打折扣，市场前景一片迷茫。"① 这也可以从有关"中国散打王争霸赛"相关研究的热度窥其赛事温度。以"散打王"为篇名词在 CNKI 网站搜索 2000 年 1 月 1 日至今的所有文献，发现 2003 年有关此方面的研究进入顶点，达到年刊量 56 篇，

---

① 向武云. 中国武术散打王争霸赛市场运行内部因素与现存问题之研究 [D]. 北京：北京体育大学，2004：9.

其后此类研究数量呈现断崖式下降，至 2005 年进入个位数量级，充分显示出该项赛事几乎走出了武术研究学者的视野。虽然 2017 年"中国武术散打王争霸赛"再次整装复苏，改版升级为"世界超级散打王争霸赛"，启动之时声势浩大，但又是昙花一现，仅维持了一年，又消逝于电视舞台之中。这可以从其后展开的相关赛事活动情况得到相关佐证。

在 2003 年"中国武术散打王争霸赛"风潮过后，又一中国武术搏击类电视节目——"武林风"横空出世。该电视节目由河南电视台主播，在汲取"中国武术散打王争霸赛"的经验与教训之后，高度重视了节目受众的感受与体验，由此创造了中国武术搏击类电视节目的新辉煌。该节目自 2004 年开始创建至今已经走过了 17 年时间，在风风雨雨之中，观众们既看到了它的独到精彩之处，又看到了该节目背后运营的艰辛。2010 年 11 月 13 日"武林风"走进美国拉斯维加斯，加快了中国本土的武术格斗赛事向国际化方向发展。① 2016 年，武林风效仿当今世界搏击类赛事时尚模式——八角笼格斗，推出视觉效果更为暴烈的孪生兄弟"武林笼中对"，将武林风又推向了一个高点。直到 2020 年，"武林风"与"武林笼中对"在中国的搏击类赛事电视节目中仍然活跃于电视舞台，显示出较强的运营实力。就目前的运营来看，武林风将其节目打向了世界舞台，并持续推进 17 年时间，可谓难能可贵，堪称中国武术搏击类赛事的一朵奇葩，也为中国武术搏击争得了一定的地位与尊严。2014 年 1 月中国武术搏击电视节目市场又杀出一匹黑马——昆仑决。此赛事将自由搏击与综合格斗相结合，建立了 3 个品牌赛事，即昆仑决自由搏击冠军赛、昆仑决综合格斗冠军赛，还有以业余格斗为主的城市英雄俱乐部联赛，后续又丰富了赛事品牌。可以说，"昆仑决"在开始初创品牌时，就将其自身定位于世界品牌，所以

① 苏奕敏. WMA 消亡与《武林风》热播对武术斗赛事节目发展的启示 [D]. 武汉：武汉体育学院，2016：15.

在其自身网站推广中将"昆仑决"阐释为"昆仑决世界极限格斗系列赛,英文名 Kunlun Fight,直译为昆仑决"①。在向世界推广方面,自"昆仑决"推出赛事之后的当年 4 月 15 日便将武术搏击赛事推向美国。到目前为止,"昆仑决"依然在电视舞台中保持着活力。但从赛事的运营来看,"昆仑决"也存在式微之象,就其顶级品牌"世界格斗冠军赛",从 2014 年刚起步时的 15 期比赛,到随后 2015 年 23 期比赛进入顶点,之后逐年下降,至 2019 年的 14 期比赛进入最低谷。

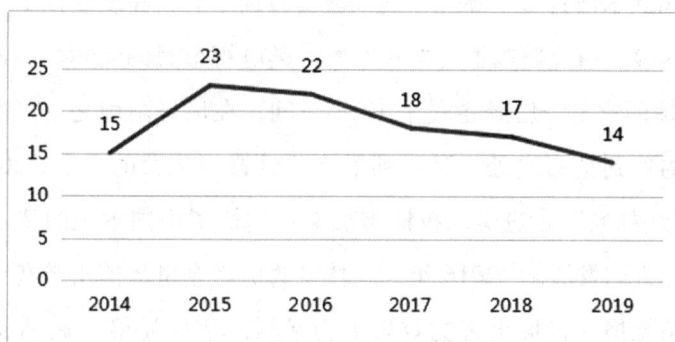

图 2-4　昆仑决世界格斗冠军赛期数年度完整示意图

再看"武林传奇"(Legend Fighting Championship),该赛事为香港首个职业综合格斗(Mixed Martial Arts)大赛,于 2010 年 1 月 11 日登陆香港举办第 1 期,但仅仅维持了 3 年的时间,以 2013 年 4 月 27 日的第 11 期赛事而宣告终结。虽然该档赛事在 2016 年东山再起,但到 2019 年 12 月 28 日在澳门举办"武林传奇十四",从再次举办赛事以来的总次数来看,其依然没有产生更大的影响力。

除此以外,在全国各大武术搏击类电视赛事中,还有一档曾经令国人兴奋并在中国大地掀起风波的武术搏击类电视节目——"武林大会"。

---

① 资料来源于昆仑决官方网站 http://www.kunlunjue.com.

2007 年 3 月 6 日，中央电视台第五套开始推出一个新的栏目"武林大会"。虽然这是中国大学生体育协会、中央电视台体育节目中心主办，中视体育推广有限公司承办和制作的一个大型武术专题赛事节目，① 但其意义已经远远超出节目制作人的初衷——"我们节目中'拳霸天下'收视率不错，但那是外国的节目，中华传统武术博大精深，我们觉得如果能很好地展现它，收视率会更高。"② "武林大会"的设计与播出已经不仅仅是电视台等有关部门关注的收视率问题，更重要的是它在不经意间尝试深入探索我国武术界专业人员一直都在思考的有关武术对抗形式发展的问题。经过一年左右的酝酿，节目创作者以"还原真实武林，传承功夫精髓"作为"武林大会"播出宗旨，在实际操作的过程中，打出了"无拳套、无级别、无演绎"的宣传口号。在这样的理念支配下，"武林大会"是否展现出了武术之博大精深风采，体现出具有中华民族特色的人体运动文化？"国内有各式各样的武术比赛，但都是表演的形式，可以说基本上没有竞技的成分在里面，但武术的真正内涵就是'打'……"，"武林大会的口号是'还原真实武林'，突出的是一个'打'字，绝不用花拳绣腿做节目，甚至歌舞表演也不会在节目中出现。"③ 由此可见，"打"已经构成了"武林大会"的灵魂及精髓，通过"打"的形式，"武林大会"试图还原真实武林，展现中国功夫魅力。在这样的逻辑思维指导下，"武林大会"必然要为"打"提供一个可操作的手段，即用"无拳套、无级别、无演绎"来"还原真实武林，传承功夫精髓"。

国人对武术的整体概念一般来自武侠影视、武侠小说或者武术表演，人们往往通过艺术加工处理后的武术动作来认识武术中的攻防对抗技能，

---

① 孙亮. 中视体育牵手奥康集团打造康龙"武林大会"——当民族的力量凝聚在一起 [EB/QL]. 央视国际，2007 – 11 – 1.

② 祁海琳. 武林大会 谁的江湖 [EB/QL]. 央视国际，2007 – 5 – 21.

③ 祁海琳. 武林大会 谁的江湖 [EB/QL]. 央视国际，2007 – 5 – 21.

而很少从自己身边的习武人的"生活"中感受武术对抗的生动。正是由于这种艺术化的攻防技能给众多的国人留下了极为美好而又深刻的印象,武术对抗才呈现出了一种神秘,逐渐脱离人们的现实生活而趋于神圣化。人们意象中的武术对抗场景往往是对搏双方均赤手空拳,经过势均力敌的较量之后,代表正义的一方最终获得胜利。这种胜利并非一种纯技能的胜利,它更是在儒家思想"仁、义、礼、信、勇"的影射下的一种"德"的胜利。在这种强烈的中华民族文化熏陶下,武林大会提出的"无拳套、无级别、无演绎"是符合中国文化价值取向的。这正如江和平所言"中国武术就应该用自己制定的规则,不一定非套用国际惯例……"① 就实践而言,"无拳套"必然会给对手带来更大的伤害,因此规则以限制击打头部作为制约。在其他徒手对抗运动中,凡要求手戴拳套的对抗运动往往不限制击打头部,就是基于这种逻辑判断。"无级别"是"武林大会"的一个亮点,它向竞技体育公平竞争的观念提出了挑战。"无级别"意味着对搏双方基础条件并不在同一水平上,但他们依然要通过以力量、速度、反应为一体的技能论胜负。这如同赛跑运动员起点并不在同一条起跑线上,但他们还要比试谁先到达终点。由此可以看出,武林大会注重的是一种搏斗的结果,而弱化了训练过程中的技能积累。所以,观众在现场中较少看到技术含金量较高的对抗过程。"无演绎"的提出并非"武林大会"独创,它早已践行于当今的武术散手比赛中,但"武林大会"与武术散手运动存在不同的理念。"武林大会"欲通过纯朴而又无修饰的对搏技能来还原武术本来的面貌,武术散手则直接追求人体徒手对搏的极限技能,前者是以"打"来证明武术的存在,而后者则以存在的武术而对搏。因此"还原真实武林"成为问题的关键。真实的武林是什么,换言之,武术本来的面貌

---

① 祁海琳. 武林大会　谁的江湖 [EB/QL]. 央视国际,2007 – 5 – 21.

究竟是什么样的？依据"武林大会"的逻辑，真实的武林则是"武林大会"的"无演绎"之"打"，严谨而言，此"武林"非武林全部，而意指对抗，即"武林大会"展现出来的"打"就是武林人之间的真实格斗。但武林的这种真实并不具有唯一性，自20世纪80年代以来，一直在我国开展的武术散手运动同样是真实的武林。尽管这项运动尚需进一步完善与发展，但其真实性的存在是不能抹杀的。武术人需警醒，这种"真实"并非指现实生活中的打斗，它与现实生活中的打斗具有一定的距离。在现实生活的对搏中，我们很难看到搏斗者摆出某一个拳种的基本姿势，并且运用单一拳种的招法来打败对手。除散手规则限制之外，现实生活中的搏斗与武术散手中的格斗在本义上是没有差异的，观众可以在武术散手运动中找到现实生活中搏斗的影子。由于这种"影子"的存在，武术散手的格斗在雅的层面略显不足，从而遭到了众多武术人以及国人的指责。"散打，从它一开始出现，就受到了来自'传统'方面的非议。诸如'这不是中国武术'啦！'是拳击加腿'啦！'不伦不类'啦！……"① "武术如果仅仅是停留在一般的角斗上，仅仅局限于搏打厮杀，那么，武术依然蜕变不成一种能够登上大雅之堂的具有典雅性的、饱含人文精神之文化艺术精品。"武术对抗中的搏斗应当在现实生活厮杀的基础上经过提炼抽象而成，它应当以"雅"的形式表现生活中人体攻防技能。

"还原真实武林"与"传承功夫精髓"对举而出，真实的武林意味着功夫的精髓。"武林大会"一直强调"无演绎"的对抗形式，其初衷在于创作者认为纯朴对抗既是真实的武林，同时还代表了功夫的精髓。然而，中国功夫的精髓不仅包括人体之间的纯朴对抗技能，同时还包括人体攻防的艺术表现技能。从武术传承的历史以及武术与世界武技的比较而言，武

---

① 古柏. 关于武术散打及其发展的思考——首届深圳国际武术擂台邀请赛观后感 [J]. 武魂, 1989 (1): 2.

术最具有民族魅力的运动形式恰恰不是武术的纯朴比武形式，而正是那种所谓"花拳绣腿"的演武——武术套路。试想，没有武术套路的存在，武术还能称其为武术吗？国人经常会陷入一种思维的误区，常伴随于左右的事物往往不够珍惜，端午节在我国源远流长，国人过久了便没有感觉，而当韩国的江陵端午祭被联合国教科文组织正式确定为"人类口头和非物质遗产代表作"之时，国人对端午节才知道珍惜。国人看久了武术套路之后便熟视无睹，而不将本应是国宝的武术套路视为国宝。然而，当我们透过费孝通先生的"文化自觉"理论（"文化自觉是一个艰巨的过程，首先要认识自己的文化，理解所接触到的多种文化，才有条件在这个已经在形成中的多元文化的世界里确立自己的位置，经过自主的适应，和其他文化一起，取长补短，共同建立一个有共同认可的基本秩序和一套各种文化能和平共处，各抒所长，联手发展的共处守则"①），将武术套路置于世界武林的大舞台之中，武术套路的魅力才得到充分的绽放，武术的中华性才得到充分的体现。

武术的本质属性是人体攻防运动，即攻防动作和攻防劲力的融合，人体攻防动作与攻防劲力堪称武术的灵魂与精髓。因此，攻防动作与"打"之间必然存在某种联系，但攻防动作并不等同于"武林大会"所言的"打"，"打"并不是武术的本质属性，它只是武术的一种外在表现形式。武术所能表现的"打"不仅有散手形式的"打"，而且还有套路形式的"打"、推手形式的"打"以及持兵械形式的"打"。"武林大会"的"打"归属于散手形式的"打"，"武林大会"的创作者将其突出表现的意义在于他们将散手形式看作武术的最完美的运动形式。但从武术健康发展的角度看，多种运动形式的共同前进才是武术彰显中华民族文化特色的基本理

---

① 费孝通. 反思·对话·文化自觉［J］. 北京大学学报（哲学社会科学版），1997（3）：15－22.

念。另外，如果依武林人追求武术境界的层次学说（"从人体攻防的角度，'术境'是人体攻防的'真'，而'艺境'里的人体攻防与真实保持了一定的距离。'哲境'与人体攻防之间的距离更为遥远，它不仅超越了术，而且还超越了人世间的庸俗，它是宇宙万物按照应该的'理'而运行的世界……武术中的'术境'更是接近于自然而存的世界，而'艺境'与'哲境'则更属于精神世界的创造"①），单纯散手形式的"打"也仅仅是"武术术境"之物，处于一种低层次的武学追求。如果进一步提升武术境界，武林人应当将自己的理念上升到"武术艺境"或者更高的"武术哲境"之中。

"武林大会"的创作者认为"武术拳种有一百多个，相互之间进行比赛比较困难，而分门派（注：应为流派）、拳种进行比赛则具有很强的可操作性，这使得这个方案最终胜出"。"各门派（注：应为流派）之间风格、规则、套路及擅长的器械都各不相同……因此无法在同一个平台下按照相同的规则比较强弱……"理论而言，相同拳种之间或者不同拳种之间的对抗并不存在问题，这在"武林大会"之前，武林人也多曾做过尝试，例如在河北曾举行过形意拳对抗、山东举行过螳螂拳对抗，但其难度在于双方在对抗中除对峙姿势能够体现本拳种运动风格之外，在较量过程中观众则无法欣赏到双方运用拳种招法进行对搏的风格，因此才呈现出了令人遗憾的场面："平心而论，这次比赛不能算是精彩。运动员在场上使用的技术多是崩拳，因为崩拳和拳击的直拳类似，最直截了当。由于不准击头，因此，在场上，就只看到运动员互相锤击胸腹，技术单调；由于出界判负，所以，运动员都企图把对方推出界外，场上经常出现互相推搡、纠缠、倒地的现象。传说中的'发人丈外''打人如挂画'的干脆利落的形

---

① 马剑，邱丕相. 武术境界论［J］. 体育学刊，2007，（5）：68 - 72.

意拳的搏击功夫，没能在赛场上出现。"① 造成理论对抗过程与实践对抗过程产生较大的差异，其根源在于两者具有不同的目标价值，实践者无法实现原本在两条独立轨道运行的演武与比武的完美融合，即人们所言的拳种风格更多地表现为一种演练风格而非"打"的风格。从"武林大会"的比试现场来看，对搏双方虽然源自同一拳种，但在打法风格方面仍然未能较好地体现拳种的技法特点，即便是出现了一点拳种的技击打法，也只是零星闪现，并非贯串整场比赛。电视观众所能看到的普遍现象则是一方依靠自身绝对力量的优势将对手摔倒在擂台上或者将对手推出擂台下，甚至有些选手在整场比赛中基本没有体现本拳种的招法特点，而更多依靠摔法取得胜利，然而摔法往往不是此拳种的优势击打方法。因此，从拳法攻防意义的角度来看，相同拳种的同场竞技与不同拳种的同场竞技应当给予肯定，如果否定不同拳种的同场竞技，其实质也就否定了每个拳种所内含的攻防价值。然而，不同拳种的同场竞技容易掀起"门派"之争的弊端，阻止这种意识倾向的发生比较难以操作等技术问题而言，其意义更为深远。

　　"武林大会"创作者在实际运作节目的过程中，采用了擂台比武的竞技体育模式。这种模式的选取与武术发展的历史和组织者密切相连。一方面，从狭义的范畴而言，武术属于中华民族传统体育运动项目，② 而运动水平的高低必然需要通过竞技的手段加以区别判断，竞技是运动发展的先锋；另一方面，中央电视台是我国最具有权威性的传播机构，虽然它关注的焦点是"收视率"，但它所播出的内容具有一定的示范性和指导性。擂台比武的竞技体育模式不仅直接体现了竞技体育的特点，同时它还兼容了"收视率"问题。擂台比武的最大特点为擂主永恒，保持擂主的身份必然

---

① 龚建新. 传统武术揭开神秘的面纱 [J]. 中华武术，2002（12）：2 - 3.
② 马剑，邱丕相. 广义语境下武术概念的解读及定义 [J]. 上海体育学院学报，2007，（4）：44.

要接受源源不断的挑战，在挑战与卫冕之中，擂主将被悬置，而悬置的结果将吸引观众对擂主的关注。因此，电视擂台比武是武术竞技、"收视率"与武林人完美结合的一种有效模式。目前的"武林大会"处于运作初期，其"收视率"依靠的是国人对武术神秘的好奇。当"武林大会"运转一段时期之后，它将面临"收视率"的挑战，长期低水平的技艺表现，必然冲淡国人对其产生的兴趣。同时，如果"武林大会"不能及时转换机制，昔日的某拳种擂主不再接受挑战，擂主的形象将会在观众兴奋之后逐渐淡化。然而，在"武林大会"运作中期，擂主将成为"收视率"主要影响因素，因此，如何培育擂主，如何挑战擂主则就成为"武林大会"生死存亡的核心问题。美国的 NBA 选择了中国的姚明，其实质意义在于 NBA 在中国树立一个篮球擂主姚明。如果 NBA 中没有中国人出现，没有中国人的篮球擂主，它在中国市场的关注度将会打折扣。

在后续的运营发展过程中，"武林大会"的确表现出动力不足之象，其用原汁原味的中国功夫展现几千年的中华武术独有的魅力的美好愿景之路却走得非常艰难。其间，武林大会几次调整内部战略结构，不断寻找能够适应观众品位的武术搏击模式，实则已经表现出内在运行的焦虑与不安。在起步运营 4 年后的 2011 年 2 月 17 日，武林大会与康比特公司联袂改版原有"武林大会"以"无拳套、无级别、无演绎"的格斗理念在传统武术擂台上展现武术搏击技能的模式转变为以"WMA 中国武术职业联赛"（WUSHU MASTERS ASSOCIATION，2008 年 12 月 30 日成立）为平台的限制性武术半自由搏击模式。这一联袂改版，从外在表现上是一种品牌运作的升级打造，但从内在思想初衷方面实则意味着武林大会坚守的传统武术"无拳套、无级别、无演绎"格斗理念的终结、还原真实传统武术梦想舞台的彻底倒塌。此次通过嫁接"WMA 中国武术职业联赛"，武林大会并没有摆脱困境。2 年之后，武林大会再次走上探索外援之路。2013 年 2 月 5

日，武林大会又另辟蹊径，开发出了中英对抗赛，也就是中华武术对西洋功夫，试图通过中外打法的结合模式激发赛事的运营活力。接下来，武术大会彻底抛弃武术招数打法模式，转为自由搏击，其后又引入当今世界非常流行的综合格斗模式。武林大会可谓尝遍当今徒手格斗对抗中的各类主流打法模式，但仍未找到最适合自己的舞台。2018 年 1 月 2 日的"武林大会"却成为不知下期何时再见的武林大会最后守候者。"武林大会"至此进入停播状态，国人为之叹息。

3. 竞技武术套路比赛不接地气

在 20 多年的中国武术竞技赛场，一直都存在"叫好，但不叫座"的尴尬局面。1999 年 9 月 15 日，1999 年全国武术锦标赛在武汉举行。《中华武术》杂志记者龚建新借此之机专门进行了采访调查，并在《中华武术》杂志发表了题为"武术为什么叫好不叫座"的采访实录。作为一名武术行业中的资深记者，他指出武术竞赛叫好但不叫座"是一个老问题——全国武术（套路）锦标赛观众寥寥无几，运动员、教练员人数比看台上的观众还多，可谓'无人喝彩'。"同时他也指出"全国武术锦标赛没人爱看，这确实是一个不用争论的事实。"[1] 在其接受采访的普通体育爱好者、武术专业学生等对武术竞赛不了解，甚至武术专业人士也认为这种表演并没有太多的可欣赏性，其中山西省武术教练王爱珍道出了一部分内在真实原因。她认为武术竞赛"不仅观众觉得没意思，就是我们这些搞武术的，也有的认为现在的套路比赛没什么观赏性，太单调了。一是没有新东西，二是现在的武术确实没以前好看了，三是竞技武术比赛和武术表演是两回事。"[2] 纵观世界各类体育竞赛发展，如果没有观众的欣赏，那么这种竞赛就无法获得市场的认可，其外在发展道路必然会遇到种种阻力而最终走向消亡。

---

① 龚建新. 武术为什么叫好不叫座 [J]. 中华武术, 1999 (11)：6-8.
② 龚建新. 武术为什么叫好不叫座 [J]. 中华武术, 1999 (11)：6-8.

在一项有关我国著名武术之乡沧州地区武术套路竞赛市场方面的调查研究中发现，在被调查的对象中认为沧州武术竞赛观众比较少的占47%、很少的占27%，普遍认为总体观众较少的达到71%，① 这从一个侧面充分反映出武术竞赛市场缺乏足够的活力与内在的吸引力。

4. 学校武术"雷声大、雨点小"

改革开放之后，中国的经济发展发生了天翻地覆的变化，同时也带给学校教育更为广阔的视野和新鲜的教育理念。如前文所述，全国的专门性武术学校在21世纪以前声势浩大，发展极为迅速，在全国遍地开花。但在普通的大中小学校中，武术运动普及与推广的力度远远弱于武术专门学校。在此时期，从国家层面来看，国家对武术运动的普及与推广给予高度的重视。时任国务委员李铁映在主抓国家教育工作期间多次指示强调"要把武术等民族传统体育纳入各级学校的正规教育"，1990年3月12日，国家教委与国家体委联合颁布实施《学校体育工作条例》（国家体育运动委员会令第11号），其中第四条专门提出要"重视继承和发扬民族传统体育"。自1992年国家又将武术纳入九年义务教育体系中的体育教学大纲之后，国家教委又陆续将武术列为高中体育必修教学内容、普通高等院校选修教学内容。至此，武术在全国的普及与推广工作正可谓"万事俱备，只欠东风"，亟待各级各类学校落实推进。但全国各级学校在普及推广武术运动方面，出现了"上热下冷"的状态。探究其内在的实质性原因，可从当时国家教委大力解决针对学校武术发展中的具体问题提出的意见窥其一斑。国家教委提出的第一条意见就是"提高和加深认识，把武术列入工作日程"。② 这足以说明当时各基层学校对开展武术运动的重视程度及认识还

① 许伟. 沧州地区武术套路竞赛市场现状与发展对策研究［D］. 石家庄：河北师范大学，2011：15.
② 曲宗湖，王文成. 加快学校武术运动的发展［J］. 中华武术，1995（04）：5－7.

与国家方针政策存在较大的差距，大多数学校还没有把武术正式列入其体育教育工作日程之中。国家及教委等高层领导如此重视学校武术教育，但基层学校武术的发展却仍然止步不前，在这庞大的系统工程中必然存在环节性工作缺位的现象。1997 年，吕韶均在一份调查研究报告中得出这样的一个结论：学校武术发展一直处于一种"名存实亡"的状态，主要原因是师资和教材缺乏问题没有彻底得到解决。① 在 2008 年出版发行的《我国中小学武术教育改革与发展的研究》报告中指出，我国中小学校开展武术运动的情况并不乐观，在调查的全国 7 大地区 252 所普通中小学校中，有 70.3% 的学校没有开设武术课，并且有些学校通过开设跆拳道等运动项目代替武术运动，进而阻碍了武术在学校的发展。② 从上述国家与研究学者对学校武术发展的相关调查研究可以看出，制约学校武术发展的并非简单的一两个单维因素，它实际是大的系统化推进工程中各子系统传动动力乏力甚至缺失，进而造成链条整体推进动力不足。为了进一步推进学校武术的发展，2010 年，教育部办公厅与国家体育总局办公厅将武术操作为一个推进抓手联合发布了《教育部办公厅 国家体育总局办公厅关于推广实施〈全国中小学生系列武术健身操〉的通知》（教体艺厅〔2010〕8 号）。但在具体的实施过程中，各级各类学校对其积极性并不高，在启动的第一、二年略有推动之外，其后逐渐悄无声息，至今持续开展武术操的学校已不多见。2013 年中国教育报发表题为《如何让武术真正走进校园》的评论，再次提出课程设置与师资缺乏是短板。同时受访的教育部相关部门负责人认为："由于'怎么做'和'教什么'的问题没有解决，因此武术进校园

---

① 吕韶钧，彭芳. 学校武术课程的改革与建议［J］. 北京体育大学学报，1997（04）：54－58.
② 国家体育总局武术研究院. 我国中小学武术教育改革与发展的研究［M］. 北京：高等教育出版社，2008：1－3.

工作只是在一部分地区和学校开展，远没有达到普及的程度。"① 2014 年，中国体育报又刊发了题为《武术怎样阔步进校园》的文章②，特别提出相关武术操与武术段位制套路内容的教学策略问题。这足以说明直至 2014 年时，全国学校武术的普及与推广尚没有形成合力并走上正常发展之路。2017 年，教育部体育卫生与教育司司长王登峰专门提出"以学校武术教育助力国运昌盛与国脉传承"思想，同时提出一个设想："如果青少年喜欢上武术，经常习练武术，经常参加武术比赛，不正是中华传统文化潜移默化的教育过程吗？"这也不难看出，学校武术在当今的发展仍然处于较为低迷状态，有待后起创新途径与方法大力推进。

第四节　当代武术面临的发展危机与国家形象再塑

一、当代武术面临的发展危机

1. 印象武术的扑朔迷离

武术概念在不同的主体之中呈现出的认知及具体形象因人而异，甚至大相径庭。印象武术在此尤为突出。普通国民往往是将武侠小说抑或武打影视作品中艺术化了的武术形象与现实中的武术相混淆，进而形成一种观念，认为武术是一种高深莫测之功夫，上能飞檐走壁、踏树飞翔，下能蜻蜓点水、迎湖漂行。由此，凡遇习武之人，便心怀好奇而发问"你能打几人"等如此不能作答之问。然而，当怀着美好憧憬走进武术套路，扑面而来的却是抻筋拔骨、踢腿、翻腰等系列枯燥的基本功与基本动作，格斗的

---

① 李小伟. 如何让武术真正走进校园 [J]. 中国教育报. 2013 – 12 – 25 (03).
② 姜霞. 武术怎样阔步进校园 [N]. 中国体育报，2014 – 09 – 05 (06).

踪影已经消失得无影无踪。另有进入武术散打者，虽所见之格斗之真实，但那种发人丈外、迅雷不及掩耳之势显得遥不可及。再走入神秘的民间武术，拳师在说招之间虽显示出天下无敌之势，但极少过招较量，以试高下。最真实的印象武术莫过于武术学者。然而不同学派所存异见俨然不逊于民间。何故？当代武术所宣传的外显形象与内在本质配位不合。武术本质实则并不神秘，它就是"人体间攻防招法运用与攻防劲力运化的过程"①，简洁的武术本质与人们多样的印象武术在相互碰撞的过程中，尤其夹杂着一些具有神秘色彩的武术印象，必然产生各类心理成像，例如茫然、无奈、退缩，或是探究等，进而对武术的发展制造了一道门槛，必然对武术的普及与推广产生一定的外缘性阻力。从深层角度来看，武术概念的长期游离与模糊往往成为事物瓦解的肇始与起源，也是事物分崩离析的开端。因此，武术的这种扑朔迷离印象，将为武术作为一种中华民族传统文化的复兴深深埋下深层危机之种。

2. 武术传承传播的"误语"

武术与太极拳、武术与散打、武术与套路、中国功夫与武术等两两之间是何种关系。这个看似极为简单的命题，在普通人的概念之中却将其看作两种不同的并列体育运动项目，即武术与太极拳是两个不同的运动项目，武术与散打是两个不同的运动项目。实则武术与太极拳、散打是包含与被包含的关系。这种误语现象甚至出现在国家出台的相关文件之中。武术传播误语如果出现在个人或者是一小部分非主流群体之间的非正式交流用词，对武术的影响可能并无大碍。但如果出现在正式的媒体或者场合，不仅说明这种误语已非偶然存在，同时再通过误语的以讹传讹式的传播，而加强此误语"合法性"的存在记忆。经过长时间的沉淀，这种武术误语

---

① 马剑，邱丕相. 广义语境下武术概念的解读及定义［J］. 上海体育学院学报，2007（4）：44.

可能成为人们的一种约定俗成而无法改变的用语。由此，二者之间产生分裂也就成为必然而不利于武术本有特征的正向发展。特别值得注意的是，当前太极拳、武术套路、武术散打已经有了自己独立发展的平台与空间，在武术误语的助力下，更加促进以综合整体性著称的武术的解体。武术本有的大一统形象也就不复存在。如此一来，最能彰显武术中华民族特征的内外兼修、形神兼备的特色将逐步消失。

3. 武术仪式化程序的敷衍与异化

《诗经·周颂·我将》中有"仪式刑文王之典，日靖四方。伊嘏文王，既右飨之。我其夙夜，畏天之威，于时保之"。① 仪式能给人们带来威严和敬畏。武术自古以来，极为重视礼仪及其程序。在武术礼仪中最为隆重而庄严的莫过于拜师礼仪，有一套非常详细且要求繁多的规矩。例如行三叩九拜之大礼，并有同行威望人士见证，不愧为师徒如父子。当代武术有关拜师礼已鲜见，偶有民间拳师收徒应用。目前，仅存并流行于当代的，只有"抱拳礼"。该礼虽已成为武术人的行礼习惯，但在日常行为中，也表现出敷衍之意，内含真诚之心似有荡然无存之感。且反思，当老师站于学生面前，行武术礼仪程序是什么？是否有严格的规范要求？在何种场合应当行武术的抱拳礼抑或是其他礼仪等。这些关于武术礼仪规范尚有较大空间进行挖掘开发。甚至在一些武术竞技场上，抱拳礼似已异化成为武术本身的一种动作，转瞬即逝，作为礼仪的那种庄重仪式感荡然无存。武术自古以来崇尚武德，而德必须有相应的礼仪外显以配伍，才能使其相得益彰。当代科技文明社会，人们的生活节奏加快，武术内涵的武德已经内化于习武者内心并成行于日常生活之中，而非显于当下的仪式。此时，越是注重仪式化的行为方式越被人们关注与聚焦，而隐于生活之中的武德墨守

---

① 吴兆基. 诗经 [M]. 北京：宗教文化出版社，2001：313.

却往往被众人忽略。久而久之,"酒香不怕巷子深"的陈规旧律在当代已非主流。现实中韩国跆拳道的仪式感显于武术,对于众人而言,煞有礼仪文明盛于武术之感。面对韩国与日本武技运动项目发展,从制礼视角,武术应当反思当代发展困惑及潜藏于内在的制礼之危机。

4. 武术传承传播中的市场化意识缺乏

自古以来,长期受自给自足自然经济的制约及影响,同时受中国传统文化思想的浸润,武术人常以重义轻利的武德修养而自谦。由此而来,重利者则为武术人所不齿,遭人唾弃。然而,当代社会是以高度的分工合作密集型生产为基础的市场化经济社会。其最基本的生存方式则是在市场平台上,通过分工合作、交换劳动而获得生存发展所需物资及能量供给。尤其当代社会,物质产品极为丰富,信息获取触手可及,面对众多的可选择的场域下,如何顺应市场规则、争取广大消费者成为当代适者生存的基本规律。回望武术的过去,长期以中国优秀传统文化而著称,追求"正统"与"正宗"的因循守旧思想与当代市场经济社会似有一种隔阂。尤其在当代,武术传习的教范模式从武术套路中可窥其一斑。先是抻筋拔骨,而后是系列的基本功与基本动作,最后是武术套路演练,此种武术运动员专门训练体系却照搬于民间业余传习,并俨然成为社会武术馆校的教范模式。从市场调查来看,彼岸的跆拳道馆如火如荼地经营着,然而此岸武术馆除个别之外却显得不尽如人意。何为?当代武术传习非以受业者为中心而规划教范方案,始终以长者之尊威规训受业者。但传统文化留传下来的此种"威严"遇到当代以自由、兴趣、主观感受为主导取向的消费者却黯然失色。武术作为市场中的一种产品,其特色是内含中国优秀的传统文化,除此之外,其内含技击动作运动不局限于武术,其消费者可选择的武技运动非常丰富。昔日的唯我独尊已成为过去,当代必须放眼世界。一味抱守中国传统,却忽略市场中的主体消费者以及对面的竞争者,在市场洪流的推动下，很难不被冲垮。反观自身，也不乏成功之举，太极拳风靡于世界中老年人群。但是否见到竞技训练体系之缩影？且又为何常见于青少年儿童？长此以往，危机之势已显于立足之道。

二、武术的国家形象再塑造

"武术具有构建中国国家形象的特征，是其重要的组成部分。"① 从另一个角度而言，武术的国家形象实则可以用武术的国标形象来代替。换言之，武术国家形象的再塑造须由国家权威部门发布而统一颁布实施，并使全国上下武术人必须遵循的基本章法。由此来看，武术的国家形象不仅是一种理念，更重要的是体现出一种实践。

1. 承载中华民族风格的尚武精神再塑造

武术不仅是一项体育运动，更是一种传统文化，承载着具有中华民族风格特色的尚武精神。这种精神既包含"强身健体、自强不息、敢于面对现实、勇于拼搏与竞争的精神"，② 同时包含内外合一、形神兼备的中华民族精神。而这些精神的实现是要依托具体运动的实践。作为一种身体运动的中华民族文化，武术以其打练结合运动形式而展开。此打练结合有三种形式，即格斗对抗之打、武术套路之练，再包含有介于二者之间的对练。三种运动形式综合体现出中华民族风格的尚武精神。格斗对抗形式之打更侧重体现出敢于面对现实、勇于拼搏与竞争精神；武术套路之练更侧重于体现出中华民族特有风格与精神，即内外合一、形神兼备的精神，同时又彰显出强身健体与自强不息；而介于两者之间的对练则更侧重于为二者之间搭建一座桥梁，起到一种和合之功效。此为完美的一种尚武之境。由于武术套路与武术对练的存在，才更彰显出中华民族风格的尚武精神。为

---

① 郭玉成，等. 中国武术与国家形象 [M]. 北京：高等教育出版社，2005：10.
② 蔡仲林，周之华. 武术（第3版）[M]. 北京：高等教育出版社，2015：75.

此，要想将承载中华民族风格的尚武精神进行再塑造，必须将实践中的三种运动形式相统一，形成一个系统性运动，才能真正树立武术独特的中华民族风格的尚武精神形象。

2. 习武核心价值理念的再塑造

我们为什么要习练武术，这个看似非常简单的命题却是当代武术发展亟待再澄清的一种追求理念。可能有国人或者学者提出疑问，练习武术难道不是为了强身健体、防身自卫、娱乐欣赏吗？是的，这些答案并没有错，但这仅仅是习武追求的核心理念与价值的一部分。武术自古以来一直与中国古代军事战争相伴随，其内含的核心价值理念必然为防身自卫，这也是习武最为表象的一种价值理念。但透过此价值，在贯通武术发展的整个历史过程中，自明清以来，武术核心价值理念开始发生革命性变化。"拳法似无预于大战之技，然活动手足，惯勤肢体，此为初学入艺之门也。"① 太极拳创拳始祖陈王廷在其遗诗中写道"到而今年老残喘，只落得黄庭一卷随身伴，闷来时造拳，忙来时耕田，教下些弟子儿孙成龙成虎任方便"。② 其后，形意拳又提出"拳无拳，意无意，无意之中是真意"。由此，可以看出，练习武术是将技击与强身健体、修身养性融为一体。在此，需要为武术正名。武术是一种修身之文化，习武不仅可以强身健体、防身自卫，其根本价值理念在于修身直至养性。所以形意拳一代宗师曾提出形意拳练法三层道理，即"练精化气、练气化神、练神还虚"。③ 武术人习练武术也经历了四重境界，即从无知的"然境"进入人体攻防的"术境"，进而转入理想与艺术并发的人体攻防"艺境"，最后至照亮人生意义

---

① （明）戚继光. 马明达点校. 纪效新书 [M]. 北京：人民体育出版社，1988：307.
② 唐豪. 行健斋随笔 唐豪太极少林考 [M]. 太原：山西科学技术出版社，2008：23.
③ 姜容樵. 形意母拳 [M]. 太原：山西科学技术出版社，2003：10.

和社会、宇宙真理的"哲境"。①

3. 武德精神内涵的再标定

从实用技术角度而言，武术是一种技击术，具有双刃剑作用。因此，武术人自古以来以高度重视武德精神塑造而著称于世。所以拳谚有"文以评心，武以观德"之说。武德是一个具有非常宽泛含义的概念，它泛指"武坛共同信仰的一种言行准则"。② 过去武德包含见义勇为、除暴安良、谦和忍让，以及一日为师终身为父之说。时至今日，武德内含的精神经过千百年流变，并伴随社会发生发展而与时俱进才能不断发扬光大、长胜而不衰。那么，武德精神在当代的意义须结合时代特征而重新标定，使其焕发出新的生机与活力。就武术本身特有的武德与时代精神要求来看，当代的武德精神可以围绕"尚武、崇德、尊礼、重文"的中国传统文化思想为核心，展开重设与再标定。最终使世人对武德精神的要求有一个清晰明确的概念。

4. 武术服饰与礼仪的挖掘及再呈现

武德是对武术人内在思想与道德境界的约律，而武术礼仪则是将内化于心的准则与要求外显于行为文化。由此，武术的德与礼，由表及里达到内外的和谐统一。因此，武术人不仅高度重视武德，而且高度重视武礼。拳谚专门有"未曾学艺先学礼，未曾习武先习德"。武术礼仪的表达往往离不开极为显性表达的服饰来配合。没有任何一种庄严的礼仪规范而穿着随意的服饰。由此也可以发现，服饰本身也是武术礼仪的重要组成成分。就当代武术的发展需求来说，武术人需要重塑当代武礼之形象，使之放射出具有中华民族文化底蕴的独特武术礼仪文化。国家需要重塑重大武术场

---

① 马剑，邱丕相. 武术境界论 [J]. 体育学刊，2007（05）：68 – 72.
② 康戈武. 中国武术实用大全 [M]. 北京：中华书局，2014：677.

合的武术礼仪规范与程序要求，使每一个习武之人能够按照此统一范式整齐划一地执行。至此，武术在规范的武术礼仪操作下，更加彰显其高雅而富有传统文化底蕴。

5. 大众习武进阶标准化再厘定

当代，习武进阶最为规范的莫过于运动员技术等级标准。这是通过严格的规范性比赛来评判武术运动员的等级标准。然而这种评判仅限于竞赛场上的非常有限的武术竞技项目。除此以外，虽然这种评判标准较为客观准确，但它所涉及的对象较为狭窄，仅限于运动员群体。种种原因催生了中国武术段位制。中国武术段位制针对的是最广大的习武群体，其受众面广。但中国武术段位制仍存在三方面的不足，即"中国武术段位制价值取向仍然缺乏聚焦点、中国武术段位制分系列进行考评的理论依据有待进一步完善、同一段位仍然存在不同层次的技术水平"①。要想使武术获得可持续发展，习武进阶路径及其标准必须清晰可判，才能吸引更多习武者，按照进阶路径不断努力奋进，而不断获得提升并得到认证。因此，以大众群体为受众，全面厘定习武进阶的标准，让每一位武术人的心中都树立起清晰可见的进步阶梯。武术未来的发展，才真正获得重生！

武术国家形象的再塑造，并非完全依靠政府或者武术组织就可完全树立起来。它必须依托每位武术人对再塑造的武术国家形象的认可与践行，并经过长时期积淀，最终才能真正成为国家形象而显于世间。

---

① 马剑. 一种发展武术的准则秩序——基于中国武术段位制运行机制的比较解读[J]. 北京体育大学学报，2016，39（05）：12－17，23.

56

第三章 韩日武技发展对武术在中国民间普及推广的启示

第一节 跆拳道在中国民间异军突起

一、突出"礼仪"教化，保持与儒家文化的一致性

韩国地处半岛，与中国山水相连、共为唇齿。韩国在历史发展的长河中深受中国儒家文化熏陶。近现代，在东方文明与西方文明的碰撞中，在传统文化与现代文化的交融中，韩国既接受了现代文化的洗礼，也保留了儒家文化中传统伦理教育的核心思想。跆拳道运动在儒家文化的沃土上生根发芽，因此具备了儒家文化属性。在韩国文化输出的战略背景下，跆拳道作为一种文化现象，在中国民间的推广中扮演排头兵的角色，加之国家层面大力支持，这就赋予了跆拳道一种特殊使命，它代表韩国文化，以儒家文化为精神内核，改变中国向韩国输出文化的历史惯性，在传统文化现代化的进程中，转为韩国积极向中国输出，而跆拳道运动能够成功输入中

国民间最关键的因素是保持了与儒家文化的一致性。

　　同属东方文化体系，中国文化与韩国文化有着极强的相似性，历史上的韩国积极学习和吸收儒家文化并对其进行本土化改造。跆拳道是韩国文化标志之一，在韩国被尊崇为国技。在跆拳道的形成与发展中，同样也着重吸收儒家文化，并把儒家文化作为跆拳道文化精神的核心指导思想，在此基础上形成了跆拳道技术体系。跆拳道在中国民间的推广最重要的是与儒家文化思想保持了一致。从跆拳道文化精神内涵看，跆拳道运动是基于生存意识本能而形成的技击之术，从起初的动作形式的攻防到精神上的修炼，其中所蕴含的自我本能意识和自我精神上的反省体现了儒家文化的内倾性。从进一步的精神追求看，跆拳道运动首先把自己看成"对手"，首要任务是战胜自己，在训练中不断克服肉体上的疲劳、伤痛，培养自己坚韧不拔的品质，同时在与对手的对抗中，要不断地克服自身弱点和磨炼自己的胆量，培养自身的统率力和胆识①。如此，习练者通过长期磨炼的性格特征形成了强大的自信，而这种强大的自信支撑习练者在面对困难时又产生了毫无动摇的坚定信念。这种坚定的信念会共生出巨大的忍耐力和凝聚力，随着时间推移逐渐激发高尚的爱国主义精神。从跆拳道运动文化礼仪执行来看，跆拳道基本礼仪精神强调"以礼始，以礼终"，习练者在训练与比赛中要向对手、教练员、裁判员严格执行鞠躬礼，甚至在日常生活中也要把鞠躬礼作为向教练或长辈问候的方式。保持良好的外在形象，道馆内统一道服，以跆拳道技术动作为手段培养习练者的"礼仪、廉耻、忍耐、克己、百折不屈"，在自我思想的斗争过程中不断克服心理上的懒惰和生理上的疼痛，达到控制不良情绪的目的②。文化精神对习练者的熏陶

---

　　① 武勇成. 从微观角度解析现代跆拳道运动的推广策略［J］. 广州体育学院学报，2009，29（04）：47-50.

　　② 崔秉珍. 论中国武术的国际化发展［D］. 上海：上海体育学院，2009：35-58.

和指引，让习练者在练习一招一式中散发着奋发向上、努力进取、克己为人的阳光健康形象。经过对儒家文化思想的吸收，跆拳道形成了自身独特的文化精神内涵，在具体的文化礼仪执行中，儒家教化对习练者的指引，形成了一种文武兼备的跆拳道运动气质。

综上可看出跆拳道礼仪"教化"具有儒家文化属性，跆拳道运动的形成与发展受到了儒家文化影响，跆拳道文化精神内涵保持了与儒家文化思想的一致性。这种一致性，使跆拳道来到中国后，中国民众自然降低了戒备之心，甚至产生了亲近感，尤其跆拳道所宣扬的"礼仪"的价值观和外在"礼仪"形式的严格执行，更是得到了中国民众的认可，走进中国的大门自然是轻而易举。

二、时尚化与符号化的包装，增强青少年群体对跆拳道文化的认同

根据市场经济规律，跆拳道运动对文化价值和技术体系进行了时尚化与符号化的处理和包装。从推广策略上，把受众目标锁定在中国青少年人群。年轻化的受众群体对外来事物，尤其是新鲜和时尚的事物反应迅速且容易接受，基于青少年的性格特点与文化精神接受度，跆拳道运动设计出了一套吸引青少年群体的练习方式和礼仪执行要求。跆拳道运动在训练实践中，讲究"呐喊发声"，不追求最大肌肉力量，而是强调身体的灵敏性、速度和战术的变化[①]。同时，简单实用、技击性强的动作表达，团体训练配合发声，增强了青少年对学习效果的自我满足和训练场面的震撼；其次，道馆是跆拳道上课的地方，环境十分精致。色彩斑斓的环境装饰、精美的训练器材、统一的白色道服、庄重的国旗与霸气的标语横幅，让习练者情不自禁地产生一种时尚感和使命感。在此环境中学习跆拳道运动，让

---

① 杨海琴，雷鸣. 论跆拳道运动的推广策略对我国武术发展的启示 [J]. 西北师范大学学报（自然科学版），2008（01）：109 - 112.

习练者感到这不仅是一种身体训练，也是一种精神上的休闲娱乐和修身养性。以上说明，无论是训练的观赏性还是服装和道馆的精美感，迎合了青少年的喜好特点，是跆拳道运动针对青少年人群进行的时尚化处理和包装。

从传播学上讲，符号互动特别强调社会交流中精神方面的互动①。跆拳道是一种文化，在推广中被赋予了某种文化精神内容符号，更多的是向青少年传递跆拳道的文化精神内涵和技术体系。通过以跆拳道为载体进行的文化精神符号互动，加快了青少年对跆拳道运动的了解。从跆拳道精神文化符号看，跆拳道把重要技术以深奥的中国传统文化内涵为标识。比如，在品势中，太极一至八章的动作含义是以阴阳八卦而命名。以太极一至三章为例：太极一章是跆拳道入门技术，卦象：乾，含义：初始、根源，太极二章，卦象：兑，含义：外柔、内刚，太极三章，卦象：离，含义：热情、光明②。以太极而命名的品势，动作创编又融入阴阳八卦，这种对技术动作的命名超越国界与中国传统文化进行符号式互动交流，这为跆拳道运动披上了一件"中国文化"的外衣；从跆拳道技术符号看，跆拳道不断完善表演体系，促进了跆拳道表演技术的发展。在表演中，华丽的炫酷技术动作与极高难度的转体腿法组合，震撼的击打木板的功力表演，吸引了中国青少年群体的眼球。值得注意的是，跆拳道在保留了自身技击属性的基础上，融合了很多大众文化元素，比如现代街舞、传统舞蹈、打击乐等，再配合绚丽的灯光和 LED 舞台灯光及跌宕起伏的故事表演情节，营造出了极强的视觉效果，这对跆拳道运动起到了极佳的宣传效果；在与学员和家长的符号互动交流中，运用互联网技术和平台传播跆拳道已很常

---

① 厉爽. 跆拳道运动的中国本土化及其传播特征研究 [D]. 苏州：苏州大学，2019：26.

② 武勇成. 从微观角度解析现代跆拳道运动的推广策略 [J]. 广州体育学院学报，2009，29（04）：47－50.

见，如视频拍摄、照片记录、多媒体展示等，记录学员的成长，给学员贴上励志、勇敢、懂礼貌的标签，以励志成长故事为线索，通过多媒体技术传递给家长和学员，再配合音乐、声音、故事的运用，营造出了一种"跆拳道"式的独特教育。

基于以上分析，跆拳道运动保持儒家文化属性，顺利进入中国后，把目标群体锁定在中国的青少年，依据传播学的原理，围绕青少年的性格和喜好特点，跆拳道对文化精神内涵与技术体系的推广进行了时尚化与符号化处理，让中国青少年群体对跆拳道文化产生了认同，这为跆拳道运动在中国民间的推广扫除了文化相斥的障碍。

三、简单、技击性强的传习内容及合理的段位晋升，激发青少年群体学习兴趣

跆拳道运动形式主要表现在防御和攻击，主要技术包含单人练习：品势、腿法、打靶与击破、特技，双人练习：对抗。在单人练习中，品势从太极一章至八章，所有品势都不超过 30 个动作，均是由单一的攻防动作构成。腿法以踢为主，后来演化出了双飞踢和旋风踢。在掌握腿法后，进行打靶练习，在水平进一步提升后，进行击打木板练习①；随着练习时间延长和技术的不断提升，习练者动作掌握越来越娴熟，身体素质有了提高，便可以把腿法结合腾空、转体、空翻等动作进行演练。基于上，单人练习内容简单，动作攻防体系单一，容易掌握，在训练方法上结合打靶和击破，让学员体验动作招式击打之快感，单人练习内容设计对快速激发青少年学习兴趣具有良好的效果。对抗训练中，通过双人对抗检验单人练习效果，这会促使更多的青少年参与到对抗训练中。值得注意的是：双人对抗

---

① 武勇成. 从微观角度解析现代跆拳道运动的推广策略［J］. 广州体育学院学报，2009，29（04）：47－50.

的技击动作均是单人技击动作的延续，对抗所用的动作均在单人练习动作范围内，单人练习与双人对抗相互促进，形成了一个完整的跆拳道运动的练习阶梯体系。跆拳道运动既可单练又可对练对抗，练习门槛低，动作简单且积极性强，可快速激发中国青少年的学习兴趣。

跆拳道运动在中国民间能否被青少年群体接受和喜欢，兴趣是很重要的因素。从学习兴趣发展规律看，延续持久的兴趣比激发兴趣更为关键。简单、技击性强的入门技术内容比较容易激发青少年学习兴趣，但围绕技术的评判规则和段位晋升则是保持持久学习兴趣的内在动力。从跆拳道的规则来看，在双人对抗中，准确有力的击中对方得分部位即可得分。看出，双人对抗评判直观准确、操作性强。从练习者角度看，规则的标准化在练习中容易操作，降低了双人对抗练习的评价难度，实则在鼓励习练者多加练习。从跆拳道段位制的设置来看，包括十级九段四品，入段之前称为级，从十级到一级对应腰带颜色分别是：白带、白黄、黄、黄绿、绿、绿蓝、蓝、蓝红、红、红黑带，级别越低水平越高①。入段之后，统一变成黑带，用腰带上的数字表示段位高低，段位越高水平越高。这样的段位设置水平从低到高，内容从简到繁，遵循了学习进阶的一般规律，体现了段位晋升的合理性。对于跆拳道的晋级和晋段考评内容，无论在什么地方参加评比，内容都是统一的，体现了评判的统一性和可操作性。无论是比赛规则的直观性和段位设置的合理性，减少了练习者对比赛和段位晋升公平性的质疑，使段位晋升更有意义，某种程度上会不断激励习练者追求更高段位，让习练者在追求更高段位的同时形成终身锻炼意识。

基于此，围绕着学习兴趣的发展，跆拳道运动门槛低且简单实用的动作表达是激发中国青少年群体学习兴趣的关键内容，直观的评判规则与合

---

① 李守培，郭玉成. 中国武术与日本空手道、韩国跆拳道段位制标准化水平比较研究 [J]. 体育科学，2015，35（08）：86–91.

理的段位晋升是中国青少年群体保持学习兴趣的内在动力。

四、连锁经营模式在中国民间快速扩张

跆拳道运动除了对自身文化精神内涵和技术体系建设外，其市场经营和推广逻辑同样值得关注。对于连锁经营模式，首先厘清其一般概念内涵，其后审视跆拳道运动历史向中国民间推广的路线，分析连锁经营模式与跆拳道运动向中国民间扩张在逻辑上的相似点，从而总结归纳出跆拳道运动扩张的逻辑。连锁经营是一种商业经营模式，在餐饮业较为流行，是指经营同类商品或服务的若干公司，在总部的领导下，通过规范化经营、实现规模效益的经营模式和组织形式，连锁店主要结构体系是总部＋分店，总店与分店实现信息共享且保持一致，总部对分店实行统一的管理、统一的企业形象和统一的商品和服务①。从品牌的市场占有率角度看，连锁店是一个有效的品牌扩张方式，通过不断的分店加入，在商标、商品与服务、管理与运营模式、经营装修等方面保持一致，提高了市场的辨识度和认可度，同时又可快速提高市场占有率。比如：麦当劳与肯德基引入连锁经营模式后，迅速在中国快餐业中占有了一席之地，便是一个成功的案例。

跆拳道运动在中国民间的推广中，根据中国民众需求，尤其是青少年群体的需求，进行了"中国式"改造，因此在中国民间形成了一定规模，并得到了中国民众的认可。与中国武术相比，一般都会用跆拳道的价值体系和技术体系与中国武术进行对比，却忽视了跆拳道运动在中国民间的品牌扩张逻辑。跆拳道运动在中国民间的扩张虽然与连锁品牌扩张逻辑并非完全一致，但印有连锁经营模式的痕迹。跆拳道在韩国被称为"国技"，

---

① 郑飞飞．民办教育培训机构连锁管理模式研究［D］．南昌：江西师范大学，2018：9.

在扩张中，无论是官方和民间都扮演着重要角色，这为跆拳道全方位向中国民间扩张提供了动力和活力。韩国成立了官方审批段位制的唯一官方机构——国技院，其职能主要包括制定跆拳道发展决策、全球推广并与各个国家建立分部推广跆拳道运动等①。跆拳道馆是向中国民间扩张的基地，也是快速占领中国市场的关键。道馆是传习跆拳道的场所，大大小小的道馆遍布在中国各地，吸引了大批跆拳道的爱好者，在中国构成了巨大的传播网络。在传播网络搭建后，优秀的传播者作为推广跆拳道的重要媒介，是跆拳道运动在中国成功推广的关键因素。韩国十分重视跆拳道的人才培养，使其作为跆拳道文化与技术的传播者。国技院设立了专门部门培养技术过硬和理论丰富的跆拳道人才，通过跆拳道人才把跆拳道文化精神、技术体系、道馆经营、发展理念等带到中国。同时国技院通过开设不同类别教育示范课程和举行各类培训，提升中国跆拳道运动指导者的能力，这些中国跆拳道指导者在学到先进的教学和管理经验后，在中国开展广泛的传播工作。受到韩国官方认可的民间组织，代表韩国跆拳道在中国民间频繁进行交流学习活动，也促进了跆拳道在中国的发展。因此看出，跆拳道运动在中国民间的推理逻辑脉络与连锁经营模式有相似之处。国技院扮演着"总部"角色，中国道馆的经营受到国技院及韩国民间跆拳道组织的指导，技术体系和考核体系与官方国技院保持一致，并根据官方和民间的指导，完善中国道馆的运营。为保证中国民众学到正宗的跆拳道，中国跆拳道馆经营与韩国跆拳道馆官方要求保持一致，这在一定程度上扮演了一个"分店"角色。

基于以上可以看出，连锁品牌推广与跆拳道在中国民间扩张，在逻辑上具有一定的相似性，跆拳道作为韩国的国技，国家层面大力支持与跆拳

---

① 邹文龙. 论跆拳道的推广策略对中国武术发展的启示 [D]. 西安：陕西师范大学，2014：11－28.

道自身运动技术体系、考核体系的标准化，实则扮演了"总部"角色。以道馆为基础，优秀的传播者为媒介，官方与中国民间跆拳道组织共同推动了跆拳道馆的建设与发展。实则让中国道馆扮演了一个"分店"的角色。

第二节　空手道在中国民间悄然兴起

一、侧重"道"传播，融入中国民间文化

从空手道起源考察，空手道运动从中国福建流传到日本，经日本本土化改造后返回中国民间进行推广。空手道形成与发展的历史轨迹得出：空手道运动吸收了中国传统文化，尤其是儒家文化与佛教文化，在东方文化背景下形成了一种独特的武技文化——现代空手道。在空手道运动向中国民间推广的过程中，其推广逻辑侧重文化精神价值的传播，以期融入中国民间文化，从而达到推广最大覆盖面的效果。基于古代中国强大的文化辐射力，空手道的"道"与中国民间文化在内涵上具有某些相似性，这就为融入中国民间文化提供了可能性。

空手道是日本武技之一，从核心文化层角度看，其在吸收了中国传统文化的基础上，同时也传承了日本武道的核心文化，所以空手道的文化精神内涵十分丰富，在推广中形成了立足于"道"的设计思路。空手道的"道"是在日本武道理念的基础上孕育的。从日本纲领性的武道文化指导文本：《武道的理念》《武道宪章》和《儿童武道宪章》中得出：武道目的是通过武技来锻炼身心、磨炼人格、增长见识从而达到育成有为人物①。

----

① 杜杰. 中国武术与日本武道之比较研究 [D]. 北京：北京体育大学，2013：71 - 72.

看出，空手道把精神修炼提升放在第一位，技术作为手段放在第二位。空手道把原本来自生存本能意识与动物或人争斗的"野蛮之技"进行了"文化"改造，形成了空手道文化。基于日本现代武道背景，空手道发展丰富了自身"道"的内涵：重视礼仪修为、追求人生境界，坚持以和为贵，其中强调精神层面的追求，对于习练者完善自身性格起到了明显作用，这就为空手道融入中国民间文化奠定了基础。与人体技术动作诸多限制相比，空手道的内涵理念传播速度更快，范围更广。世界经济文化不断相融，东方文化中不同理念思想也在相互碰撞与融合。空手道文化精神内涵——果敢、勇敢、大度、博爱、自信、机智、冷静，同时修炼自我控制的意志和崇高的精神信念，进入中国后，与中国学校教育理念契合一致，迅速得到了相关部门的重视，有力保障了空手道在学校的推广。经济快速发展，人们不断追求物质满足，中国民众生活节奏加快，生活压力变大，产生了精神缺失和迷茫之感。在工作之外，中国民众呼唤一种精神抚慰或寻找一种精神激励的方法，从而希望战胜在生活中所遇到的困难。空手道侧重"道"的推广，或许能够满足中国民众的情感需求。儒家文化"刚强有为、自强不息"的追求和超越，是为"刚"，佛家文化"禅宗之学"无相无体的修炼，是为"柔"。所以，空手道的精神文化内涵有了对不同事物的包容性和不同年龄段人群的覆盖性。体现在：儒家"教化"对中国青年群体的覆盖，佛家"境界"对中年与老年的群体的包含，"道"的传播比技术传播覆盖面更广、更具优势①。

基于上，空手道起源于中国福建，吸收了儒家文化和佛家文化，所以空手道的文化精神内涵与中国民间文化具有相似性，尤其是空手道运动的教育性得到了我国有关部门的认可，形成从上而下的推广形式，极大地扩

---

① 郭玉成. 跆拳道、空手道、柔道传播对武术传播的启示［J］. 上海体育学院学报，2004（02）：44-48.

大了受众面。与技术推广的有限性相比，注重传"道"效率更高，全面覆盖了中国青少年、中年和老年群体。从最终结果看，空手道文化来到中国后没有产生水土不服的现象，而是融入了中国民间文化。

二、"君子之拳"高雅气质，增强中国民众对空手道文化认同

世界武技起源于人生存本能意识的打斗，在不断发展中追求最接近实战效果似乎是世界武技比较功夫高低的重要指标，把战胜对方作为提升技术的目标。东方文明体系下，空手道运动却以文化精神建设为主，极致追求一种精神上的自我修炼和超越，技术只是提升精神层次的手段。换句话说，在空手道运动中，自己是最大的敌人。所以，在空手道的运动体系中，礼仪素养贯彻始终，处处体现习练者的君子风范和高尚的道德情操。与世界其他武技不同，"君子之拳"形象的建设，与中国民众在文化精神交流互动中产生互动交流，增强了中国民众对空手道文化的认同。

从空手道文化内核角度看，空手道运动主张："残心"与"寸止"。"残心"体现在与对手搏斗中，始终保持警惕，延续打击意识，从参加对抗双方角度讲，增加了对比赛的思想重视度和专注度①。"残心"并非强调"残"，而是强调精神上重视和练习的投入。在对抗中主张点到为止，即"寸止"精神的体现。无论空手道比赛规则如何改变，对人体薄弱环节还是点到为止，打完迅速回收。与其他武技接近于真实打斗相比，空手道削减了"野蛮"的对抗元素，安全性高，同时，"残心"的强调，保证了习练者参加格斗的重视度和格斗的精彩度。"寸止"体现了击打者的修养气质，展现了君子风范，这种气质无疑让中国民众产生了好感。在空手道训练中，有着严格的礼仪教育和具体的礼节执行规定。其礼语"OSU"，

---

① 王家忠. 文化回归与自信：论空手道在中国高校的开展 [J]. 安徽师范大学学报（自然科学版），2019, 42（01）：80－83.

代表耐性、尊重和感激。进入道馆时、行礼时、训练时等一些重要节点习练者发 OSU，提醒自己：对自己、教练员与其他学员表示尊重和感激；提醒自己：在面对极限挑战的时候，要有忍耐和不屈不挠的精神；提醒自己：要拼尽全力去训练①。具体礼仪动作包含：立式礼（鞠躬礼）、坐礼（跪拜礼），展现了日本独特而鲜明的武道礼仪文化。空手道运动通过对练习者长期的礼仪文化教育和熏陶，完善了习练者的性格特征，培养了爱国主义精神和民族责任感。在道馆训练中，严格执行礼仪行为，让习练者保持刻苦、谦虚、恭敬、忍让的训练态度，并且严格执行礼仪行为且拓展到日常生活中，因此形成了空手道礼仪体系化和执行的规范化。

　　基于以上，空手道运动文化在继承日本武道精神的前提下，吸收了中国的儒家文化和佛教的禅宗思想，追求武道精神是最终目的，这便是空手道"君子之拳"气质的核心来源，"寸止"即是体现。从具体礼仪动作看，道馆严格执行要求，并将其扩展到日常的生活的执行。习练者发 OSU，是一种很好地对习练者进行礼仪教育的手段，更是一种直观的精神文化理念的表达。所以，空手道运动的技术设计显示习练者的君子之风，极大地增强了空手道运动的文化高雅气质，让中国民众对空手道文化产生了认同。

三、安全、简单和型与组手不分离的技术内容设计，激发中国民众学习兴趣

　　兴趣，是选择或者学习一个运动项目的内在动机，也是一个体育运动项目最终被接受和认可的关键因素。对于如何激发和保持习练者的兴趣，项目技术内容是决定性因素。在东方文化背景下的武技中，跆拳道与空手技术体系十分相似，都是以赤手格斗为展现形式，包含个人招数演练和双

---

① 王宇新，高亮. 日本"武技"国际化传播的经验及启示［J］. 体育文化导刊，2017（12）：32 – 36.

人对抗。从实战比赛形式和内容来看，空手道采用不接触的格斗形式，实战中危险性的技术动作禁止使用，规则主张"寸止"，即点到为止。随着空手道比赛规则的完善与发展，"寸止"体现在限制对人体薄弱和要害部位发力，对躯干部位可以发力①。所以，与其他武技相比，空手道运动规则使实战对抗处在一个相对安全的环境下进行，这样的规则保证了不会打击习练者的兴趣。从技术内容层面，空手道运动是如何激发和保持习练者的兴趣呢？空手道运动技术内容如下：

礼：立式礼、坐礼等

基本站势：平行立、闭足立、八字立、结立、前屈立、后屈立、骑马立、后交叉立、猫足立、V字立、三战立、半月立、四股立、鸳足立

基本步法：滑步、前刺步、侧步、并步、上步、扯步

基本拳法：直拳、侧击拳、勾拳、转身鞭拳

基本肘法：摆肘、挑肘、砸肘

基本掌法：手刀、背刀、底掌、熊掌

基本指法：贯手，二指贯手、鸳手、虎口

基本足技：虎趾、足刀、足背、胫骨、足后掌、足踵、膝部

基本腿法：前踢、前刺踢、鞭腿、月牙踢、侧踢、踩踢、后踢

打靶练习：击打人形沙袋、击打手靶、击打脚靶

组手练习：约束组手、自由组手

型的练习：单人招数演练②

从空手道的技术内容看出，无论是单人招数练习还是双人对抗练习，学习门槛低，更容易让习练者接受。从激发兴趣策略看，技术内容体系设

---

① 刘宏伟. 武术、空手道、跆拳道内容及形式的比较分析 [J]. 沈阳体育学院学报，2007（05）：120－122.

② 杜杰. 中国武术与日本武道之比较研究 [D]. 北京：北京体育大学，2013：101.

计考虑了学习者的接受度，踢打人形沙袋或者手靶，主要提高习练者对学习内容的满意度和认可度，这样的设计思路无疑是成功的。值得注意的是，在空手道运动的比赛中，努力拉近打与练的距离，单人招式演练和实战结合在一起，参加实战的运动员也可以参加单人招式演练的比赛。在日常训练中，单人招式演练和双人对抗练习是完整的训练体系，参加双人实战的运动员也要着重进行单人招式技术的练习。与武术相比，空手道的打练结合达到了较为理想的状态。从习练者学习兴趣角度看，空手道运动最大限度地保留了技击属性，同时在单人演练和对抗比赛中，最大程度地拉近了打与练的距离，保持了格斗项目练习的阶梯完整性。技术动作简单且容易入门，点到为止，练习形式既可单人招数演练，也能双人对抗。技术进阶的完整性，文化精神的指引，技艺的无止境，让习练者不断攀登，追寻武道的最高境界，最终形成终身锻炼习惯。

　　基于以上，空手道运动学习门槛低，打练不分离，激发了中国民众学习兴趣。侧重"道"的传授，主张对武道境界的攀登，强调文武同时提升，促进习练者不断挖掘自我精神潜能，最终保持学习兴趣，形成终身锻炼习惯。

四、"经济文化发达城市模式"，辐射带动中国民间空手道运动推广

　　审视近十五年空手道运动在中国民间的推广，主要包括选择推广阵地、选用推广平台和确定受众人群三方面的历史推广方向。三个方面共同构建了空手道在中国推广的模式，即以中国经济文化发达城市为中心，发挥经济文化发达城市的固有优势和影响力，形成以点到面的"经济文化发达城市模式"，通过树立推广模式的标杆，推动空手道运动在中国民间推广普及。

　　现代体育在城市兴起和兴盛，城市为体育提供了生存与发展的营养，

尤其是经济文化发达的大型城市，其庞大的人口基数、完善的体育设施、先进的大众传播技术、良好的体育文化、灵活的民间体育机构和完善的体育管理，把体育运动项目推广与大城市固有的影响力捆绑在了一起①。体育文化是一座城市文化建设的重要元素，两者相互促进，共同完善，从而形成一座城市的名片。基于此，空手道在中国民间的推广，以北京、上海、广州等经济文化发达的城市作为推广阵地，促进空手道文化融入城市文化建设进程。某种意义上讲，空手道文化首先走进中国大城市，已经不再是一种单方向的项目推广行为，而是双向不同文化的融合和接纳。大城市文化的开放性和包容性，迅速接纳了空手道的文化理念，扩充了城市文化建设内涵，同时把空手道文化顺利推进到中国。从大城市固有的优势来看，完善的体育设施为空手道推广奠定了基础，人口基数大且流动性快及完善的传播平台技术，推动空手道与更多的中国民众形成互动，让更多的中国民众了解空手道文化，易于让中国更多民众对空手道文化产生认同，促使更多的中国民众练习空手道。对于中国其他城市来讲，极易学习和借鉴发达城市的新兴体育运动项目，这就让空手道运动从经济文化发达城市辐射到相对经济文化不那么发达的城市。空手道运动在人格修养和精神提升等方面对人有教育性，让习练者完善性格，遵守社会道德规范，得到了中国有关教育部门和学校的认可，这与空手道运动选用学校平台进行推广思路契合一致，所以极大地助推了空手道运动在学校的开展。事实上，空手道运动在一些大学和中小学中，以选修课、俱乐部、兴趣班的形式存在。将学生尤其是大学生作为主要传习对象，让空手道的文化精神价值理念首先传授给文化程度较高的人群，从而辐射到中国民间其他人群②。

---

① 江小涓.体育产业发展：新的机遇与挑战 [J].体育科学，2019，39（07）：3 - 11.

② 张仪婷.空手道运动对我国青少年的教育功能分析 [D].北京：北京体育大学，2013：6 - 17.

基于以上，空手道运动依据在日本国内推广形成的历史经验，在中国民间推广中，以经济发达城市为前沿，侧重文化精神价值的传授，通过学校平台，尤其是中国高校，目标传习受众是学生，把空手道文化辐射到中国其他相对经济文化不发达地区和其他人群。

第三节　武术在中国民间普及推广之问题

一、问题一：武术需要简化动作

简单有效是易于普及推广的不二法则。武术作为中国优秀的传统文化，以其拥有博大精深的内容而著称于世。由于武术内容繁多，且对身体素质要求高，尤其对于身体各部的协调素质要求更高，这就为武术初学者带来极大困难与障碍。因此，习练武术存在这样一种民间说法，即五年一小成，十年一大成。在快餐式文化统领社会的当代，那种初学形意拳一年还只停留在磨炼三体式桩功、《少林寺》影片中觉远和尚学了三年的少林武功还不知少林武术长什么样，仍然停留在担柴挑水等基本功练习的学习武艺之"怪现象"，已经远远不能适应现代科技文明时代。抛开当今社会人心浮气躁而不论，仅就武术普及推广而言，武术学练应当走出以小农经济为基础的手工作坊模式，逐步建立一种以工业生产为基础的机械化作业模式。在此基础上，武术学练将手工作坊模式与机械化作业模式相结合，建立分阶段模式化教学，即对于武术初学者采用现代工业生产的机械化作业模式，以简单有效为核心；对于武术提高者可采用小农经济手工作坊模式，以师父带徒弟方式，一对一讲解与传授，更具有针对性与人文性。因此，作为武术普及推广的基本手段，简单有效的武术动作学练是最适宜的改革办法。

二、问题二：武术需要市场思维

中华人民共和国成立之后，在较长的一段时间内，我国实行的是计划经济体制，依靠国家宏观调控进行分配供给。同时，受 2000 多年的农耕文明史影响，我国的工业化文明进程较慢，同时以市场调节为导向的社会分配与供给理念并未在人们心中扎根。自 1979 年改革开放以来，中国开始逐步实行中国特色的社会主义市场经济体制。在这种背景下，以过去固有思维模式，完全依赖政府去推动武术的普及推广，显然已经不适用于当前。武术人必须看到武术普及推广的活水来源于民间，而民间需要依靠市场机制来调节。因此，在武术普及推广中，建立以市场为导向的武术传承系统具有决定性作用，关系武术未来的可持续发展。市场导向思维，实则就是从社会需求为价值引领，抛开社会需求来谈武术的普及推广不具有现实意义。

三、问题三：武术需要开放观念

武术作为中国传统文化，在漫长的历史积淀下具有历史的厚重性，但也制约了其开创性的发展。依张岱年对文化发展的基本思路"古为今用、洋为中用、批判继承、综合创新"①，武术的普及推广更需要开放的观念，去思考自身的未来发展，而非固守于自家门派，故步自封。不依现代社会发展要求进行变革，不将眼界放眼于世界、不将眼光放眼于未来，武术的普及推广终将会被滚滚向前的历史车轮碾压而被淘汰。此时，武术普及推广需要在继承的基础进行开拓创新，将武术的本质属性与社会的时代性、人们的发展需求紧密结合起来，创造一个既饱含中国古典风韵，又彰显现

---

① 张岱年，方克立. 中国文化概论（第 2 版）［M］. 北京：北京师范大学出版社，2004：356.

代社会气息的中国传统武术文化与运动。这里值得注意的一个问题是，开放的观念需要开放的思维与胸怀。武术如何摆脱农耕文明的束缚，站在生物科技文明的后工业时代，考量自身的存在与发展，是打开武术发展之门的一把金钥匙。

四、问题四：武术需要价值标定

武术的价值是什么，当代武术人应当给予一个清晰的界定。它不能像文化一样，将人类社会所有应有的价值全部拥有。对于当代人而言，全能的价值没有特色，也就相当于没有价值。因此重新标定武术的价值，意味着重新规范武术发展的道路，这是一个国家武术发展的战略性问题，而非一人或者哪一类人所能决定，它需要一定的历史周期，让历史实践最终决定。在历史告诉武术发展的正确答案之前，武术人应当做好排头兵，至少应当给予历史一个可选择的答案。那么，武术倡导的当代价值是什么？是搏击与格斗，还是演武与欣赏，或是修身与养性？对于武术整体而言，似乎不能一概而论、一蹴而就。就武术自身包含的内容及其功能价值，在武术普及推广的视角下，武术价值标定可以不同年龄阶段而划分不同功能与价值追求，进而实现武术整体的文化功能与价值。但这也只是一个初步的思考，分年龄阶段标定武术的功能与价值是否有利于武术整体性可持续的普及推广，还应进一步探讨与研究。

五、问题五：武术需要内容体系

在学校武术教育中，曾经一度出现过这样的系列追问，"学生喜欢武术，却不喜欢武术课"①，原因在于我们给予学生的武术内容不适合。接下

---

① 邱丕相. 武术文化与教育研究的当代意义 [J]. 体育科学，2005（02）：封二.

74

来的问题则是，当前学校武术究竟"教什么""怎样教""谁来教"成为武术教育的难题而长期得不到解决。在系统的追问中"教什么"是其核心问题，此问题得到有效解决，其他问题则迎刃而解。那么，武术究竟教什么？这与前期讨论的武术价值重新标定具有密切联系。一般而言，什么样的武术内容，决定具有什么样的价值追求。正如前文所论，武术内容博大精深，不能用一个简单的内容以一代之，它需要构建一个体系化内容，形成系统性教育，才能将武术教育推向高雅殿堂，武术的普及推广才能有更大的发展。基于这样的逻辑梳理，武术的基本内容体系应当依据自身的本质属性、武术自身价值追求、人们发展需求、社会发展、时代特征等确定一个可持续发展的路线。

第四节　武术的体育强国之路在民间

一、弘扬中华文化与体育强国战略为武术民间普及推广再创历史机遇

在全球化的当代，面对世界各国武技在我国的开展，武术看到了强大的对手在占领市场。同时，以中华民族传统文化为血缘关系传承而来的武术，面对当代科技文明时代的进步以及中国市场化的成熟，武术已感受到些许的不适应。当代，武术正面临着潜在的发展危机，同时武术遇到千载难逢的好时机。如何规避内在危机，抢抓机遇，这是武术在当代应当着重思考的主题。

20世纪90年代起，"文化主权"的概念引起了我国学界的注意。文化主权对应的是文化霸权和文化扩张，属于国家主权的一种。从历史发展的角度看，国家主权的价值重心经历了从政治主权到经济主权再到文化主权

的转移。① 鸦片战争之后，中华民族在很长一段时间为重新掌握国家民族的政治主权而不断抗争。改革开放以来，我国经济自然成为世界经济的一部分，随着全球经济高度一体化，世界上任何一个地方的经济波动都会在世界范围内激起动荡。我国一直在推动经济结构转型、鼓励发展创新，应对各种自然经济变化和计策性的经济制裁，以守住国家的经济主权。从 21世纪初开始，全球化进入到一个争夺文化价值秩序领导权的阶段，西方发达国家作为全球化的推动者和主导者，在追求开放的国际市场的同时也使其政治和文化价值得以渗透，潜移默化地改变着大众意识。② 基于此种现实，文化主权愈加受到重视，因其与国家文化安全这一战略问题密切相关。而要想守护我国的文化主权，实现中华民族的和平崛起与伟大复兴，必然离不开民族精神、价值观念等特殊的民族文化基本内核的作用。

早在党的十六大时就已经提出"必须把弘扬和培育民族精神作为文化建设极为重要的任务，纳入国民教育全过程"。后来中宣部、教育部制定的《中小学开展弘扬和培育民族精神教育实施纲要》（2004）（以下简称《纲要》）指出："开展弘扬和培育民族精神教育，不断增强广大青少年对民族优秀文化的认同和自信，振奋民族精神，凝聚民族力量，是一项十分紧迫的任务。"我国政府早已意识到文化主权的重要性，并把民族精神的培育上升为国家文化战略的高度，从基础教育开始抓起。《纲要》还指出要在体育课中增加中国武术的内容，正是看到了武术所承载的民族精神以及武术教育对于文化传承和人格塑造所具有的独特作用。

反观 20 世纪 80 年代以来武术的发展，充分体现了文化全球化趋势下，民族文化的抗争与妥协。由于对武术体育属性的过分强调，使竞技武术一枝独秀，逐渐背离了传统武术主张防身、健身、修身的价值取向，向竞技

① 张林. 中国国家文化主权及其战略构建论要［J］. 理论导刊. 2017（9）：91-96.
② 艺衡. 文化主权与国家文化软实力［M］. 北京：社会科学文献出版社. 2009：12.

76

体育文化无限靠近。如果说竞技武术的发展是我们迫于局势的改造，是时代的必然产物，有其特定的历史原因；那么对武术文化、精神传统、武德教育的忽略则很大程度上是我们主动的放弃，进而使武术的发展道路越走越窄。武术出现了文化认同危机。

2017 年 1 月中共中央办公厅、国务院办公厅发布《关于实施中华优秀传统文化传承发展工程的意见》。5 月 7 日中共中央办公厅、国务院办公厅再次印发了《国家"十三五"时期文化发展改革规划纲要》，并发出通知，要求各地区各部门结合实际认真贯彻落实。《纲要》明确了全面实现文化发展改革的目标任务，其中包括"中华优秀传统文化传承体系基本形成，中华民族文化基因与当代文化相适应、与现代社会相协调，实现传统文化创造性转化和创新性发展"。习近平总书记的文化战略思想，即培育社会主义核心价值观，弘扬中华优秀传统文化，重视意识形态工作，提升国家文化软实力，建设社会主义文化强国。① 中国武术作为中国传统文化的载体，根植于中国传统文化的土壤，体现着中国人的生活方式、思维观念和价值取向，具有很强的凝聚中华文化认同的能力。② 武术曾经错过 20 世纪 80 年代武术热的好时机；20 世纪 90 年代武术馆热时，由于没有合理制定发展战略而时不再来。现在，我们再一次处于时代的发展机遇中，应当静下心来明确武术的发展方向。在倡导文化强国的今天，武术的发展应与国家文化战略相一致，在培育核心价值观、强化文化认同、塑造中国形象、提高国家文化软实力、和维护文化主权的过程中发挥自己独特的作用，才能够在实现伟大复兴中国梦的实践中也实现武术人的梦想。

此外，2017 年 10 月 18 日，习近平总书记在党的十九大报告中专门提

---

① 贾立政. 习近平文化战略思想 [J]. 人民论坛. 2014（8）：14 – 15.
② 王纯，王伯利. 国家文化建设中武术文化认同研究 [J]. 成都体育学院学报. 2015（41）：63 – 67.

出要"广泛开展全民健身活动，加快推进体育强国建设……"① 这也标志着我国体育战略逐步从"体育大国"向"体育强国"迈进。时隔 2 年，2019 年 8 月 10 日，国务院办公厅下发《国务院办公厅关于印发体育强国建设纲要的通知》（国办发〔2019〕40 号），提出为全民健身建设健康中国、竞技体育为国争光、体育产业促进经济发展、体育文化弘扬中华体育精神、对外交流服务大国外交等五大战略任务②，为今后体育发展指明了道路。武术在全民健身、弘扬中华体育精神、为国争光、促进产业发展与对外交流等方面均具有光辉的历史与不菲的业绩。在当代，武术人更应牢牢抓住弘扬中华文化与建设体育强国这一历史机遇，将武术普及推广推向一个新的台阶，才不愧于中国瑰宝之称号。

二、多样内容为武术民间普及推广提供丰富的文化内涵

何谓文化，梁启超曾经有言："文化者，人类心能所开释出来之有价值的共业也。"③ 亦可以说，"凡是超越本能的、人类有意识地作用于自然界和社会的一切活动及其结果，都属于文化；或者说'自然的人化'即是文化。"④ 这也就造就了文化丰富多彩，意蕴深厚，枚不胜数。武术被称为中国优秀的传统文化，是中国优秀的文化遗产，其博大精深之处在于其包含内容的丰富性、多样性，以及内含中国传统哲学思想的深刻性。仅就原国家体委在 1982—1986 年间对武术进行的一次全国范围的武术挖掘整理工

---

① 习近平. 决胜全面建成小康社会. 夺取新时代中国特色社会主义伟大胜利——在中国共产党第十九次全国代表大会上的报告［R/OL］. 中华人民共和国中央人民政府官网，2017 - 10 - 27.

② 国务院办公厅. 国务院办公厅关于印发体育强国建设纲要的通知：国办发〔2019〕40 号［A/OL］. 中华人民共和国中央人民政府官网，2019 - 09 - 02.

③ 梁启超. 饮冰室合集［M］. 上海：中华书局，1989：文集之三十九.

④ 张岱年，方克立. 中国文化概论（第 2 版）［M］. 北京：北京师范大学出版社，2004：3.

作，总结整理出"源流有序、拳理清晰、风格独特、自成体系"的拳种达129 种，而在此之中每个拳种又包括有若干成体系的单练套路、对打套路、桩功练习、散手练习等。如此演化，武术可以包括上万种甚至更多的套路及其相关样式。不仅如此，武术基于中国哲学思想、中医学思想、中国古代军事思想、中国古典美学思想、中国传统伦理道德等，形成了武术自身固有的拳理与文化。在如此丰富的武术技术内容、深邃的武术理论、启迪人生的武术文化的熏陶下，武术文化构成了铸造刚毅之身躯、尚武之精神、完美之人生的手段与方法。武术真可谓是一个博大精深之物，为其在民间普及推广提供了一个广袤的文化空间，其有价值之资源取之不尽、用之不竭。

就普及推广主体而言，目前官方普及推广的武术主要集中于竞技武术，它以现代长拳系列为代表，兼有太极拳、南拳以及少部分传统拳术类。但由于评判强调规范统一，其标准趋向长拳类风格特点，到现在为止，包括太极拳在内的各类竞技比赛拳种风格特点基本趋向长拳。转视民间的武术传承，它们多依附于各种拳种流派传人，传承过程中依然保持独特的拳种风格练法，同时更加强调拳种流派的风格与特点。换言之，国家官方普及推广的武术侧重于统一性与规范性，而民间普及推广的武术恰与之相反，更侧重于自身流派的独特性。因此，民间武术多样性特点也就造就了文化的丰富性、内涵的深刻性。这为武术在民间普及推广确立了优势地位及作用。

三、多元价值追求为武术民间普及推广提供内源动力

武术延绵 2000 多年的历史，长盛而不衰，仍然在现代社会放射光芒，其为何也？缘由之一，武术以其丰富多样的内容，造就其在民间普及推广中具有强大的延展性与可选择性；缘由之二，武术具有多元的功能与价

值，为其在民间普及推广提供了强有力的内源动力。就武术的功能与价值而言，官方与民间在武术普及推广方面走上了不同的发展道路。虽然国家在体育发展道路上强调竞技体育与群众体育并行不悖，但在具体实施的层面，国家体育行政部门更侧重于抓竞技体育。竞技体育属精英文化，其影响力巨大且能够在较短时期达到一定的效果，而群众体育属草根文化，其影响力较之竞技体育小，且需经过较长周期才能见到一定效果。因此，官方的武术普及推广牢牢抓住竞技比赛，充分发挥竞技体育为国为民争得荣誉这一经典代表性功能与价值，把武术普及推广至全世界。这个巨大的历史成绩，众人有目共睹、不可磨灭。回顾历史，在特定的历史时期，即在中华人民共和国成立初至20世纪末，充分发挥举国体制优势，集中优势兵力提升竞技体育成绩，彰显大国风范是值得肯定的。然而，党的十八大以来，在国家大力推进《健康中国2030规划纲要》以及深入而又广泛地开展传承和弘扬中华优秀传统文化、不断提升中国文化软实力建设之际，单维度强调竞技体育的功能与价值已经不符合时代潮流。民间武术普及与推广恰恰与时代主题相契合，它充分运用了武术多元的功能与价值，满足社会多样的需求，真正将武术落地于民间，服务于普通大众。

与竞技武术相比，民间武术更侧重于大众健身、修身养性、娱乐欣赏、促进交流、攻防实用等功能与价值，能够满足不同人群、不同兴趣爱好者的价值追求。就运行机制而言，民间相较官方在武术普及推广方面更具有灵活性与可拓展性，且能够依据市场调节机制不断变换推广手段与方法，以适应人们对武术的更高要求。

总而言之，民间武术以其拥有的丰富功能与价值，在现代社会生活中占据了主导地位，为其普及推广提供了源源不断的内源动力，具有可持续发展性。

第四章 武术在民间普及推广的社会标定

武术作为优秀的中华民族传统文化遗产，它根植于民间，只有在民间才能找到其生存与发展的活力；武术又是"中国印象"的典型代表之一，以建设体育文化为逻辑主线，探索武术民间普及与推广的方略问题，可为实现"中国梦""体育强国梦"做出具有中国元素的积极贡献。

第一节 民间普及推广武术的价值再定位

一、明德守礼

自古以来，中国就有"文以评心，武以观德"的说法。武术是中华民族的优秀文化遗产，内含丰富的中国传统文化思想。在漫长的历史发展过程中，武术界形成了一整套有关习武方面的行为规范及要求——武德，并流传至今经久不衰。不仅如此，在长期的技艺传承过程中，受中国古代军事武艺技能具有双刃剑作用的影响，武艺传承人一直推崇高尚武德修养的价值观念。因此，在中国武术谚语中一直流传有"未曾学艺先学礼，未曾习武先习德"的说法。这也就充分说明，武德在习武过程中占有首要地位。在习武人的眼里，如果没有良好的武德修养作为基础，即使拥有再高超的武艺，不仅不能在社会上绽放光彩、造福于民，反而可能会对社会造成巨大的危害。久而久之，武术界形成了尊师重道、谦和忍让、重义轻利、扬善除恶等优良武德传统。诸多武术拳种流派就相关择徒、拜师、授艺等多方面给出的严格规定，就能充分彰显武术人对崇尚武德的追求。例如，早在清朝时期就已成稿的《苌氏武技书》对初学入艺之门的弟子给予多条警示，其中有："学拳宜在静处用功，不可向人前卖弄精神、卖弄技艺……学拳宜以德行为先，凡事恭敬谦虚，不与人争，方是正人君子。"①《昆吾剑谱》中的"剑箴十条"专门阐明了择徒原则与办法，即十不传，"人品不端者不传。不忠不孝者不传。人而无恒者不传。不知珍重者不传。文武不就者不传。借此求财者不传。俗气入骨者不传。市井人不传。拳脚行不传。"同时，昆吾剑传人特别强调"可传之人不传，失人；不可传之人而传，失剑。如认人不真，宁失人不失剑"。② 这也印证了武术界流传的一句谚语——"万两黄金不卖艺、十字街头送志人"的武术人重义轻利的价值观。

武术人不仅高度重视武德修养的内在追求，而且非常注重其德行的外化行为表现——武礼。武术的礼仪规范及要求如同我国人民大众在社会生活中遵循的礼制一样，丰富多彩、形式多样，形成了一个庞大的中国礼制子系统。当前，最能彰显武术礼仪的莫过于行"抱拳礼"。在任何一个大型正规场合或者彼此相见，习武人一般会以特有的礼仪形式——"抱拳礼"向在场人员致敬。抱拳礼无论是在古代还是在现代，其寓意非常丰富且深远。从总体上，抱拳礼内含四层意涵：第一，左掌右拳代表文武兼

---

① 徐震. 苌氏武技书［M］. 上海：上海书店，1990：59－61.
② 李凌霄. 昆吾剑谱［M］. 天津：天津古籍出版社，1988：1－2.

备，即左掌为文，右拳为武，习武须文武兼修；第二，左掌掩右拳代表以武会友、不示强、谦和忍让、遵奉礼仪（遵规守矩）；第三，左掌拇指回屈代表不妄自尊大，不敢为天下先；第四，两臂抱圆代表五湖四海是一家，武林人讲团结、求大同。在民间传统武术界，最为隆重及庄严的武术礼仪当数拜师礼。形式庄严程序严谨的拜师礼仪大致形成于我国的近代。一般情况下，武术拜师仪式一般须本门师兄姐弟妹共聚一堂，同时邀请社会有威望之士出席，以见证正式确立师徒关系，以此昭告天下。拜师仪式在不同门派或者不同师父之间具有不同的程序与要求，但核心内容主要包括四个方面。首先，师父拜祖，表示本门不忘祖先衣钵，传承有序。其次，拜师者须向师父递呈拜师贴，俗称"递贴"，以表空口无凭、立字为据。拜师贴，一般是由两名武林同道签名推荐撰写。年幼拜师者还须由家长签字以示同意遵从本门习拳要求。然后，师父接受拜师贴，拜师者向师父与师母行拜师礼，以示一日为师终身为父。可以说这是拜师礼仪中最为隆重的一个环节。根据不同门派与师父的要求，拜师者行礼分有多种形式。其中最原始或是最彻底的行礼仪式莫过于跪拜，而当代比较流行的行礼仪式为鞠躬礼。最后，师父代表本门师徒向到场的同道与朋友致谢，同时向在场见证者表达严格要求与关爱徒弟，并将自己掌握技艺倾心传授于徒弟，将武术发扬光大。随着现代社会的发展变化，武术界并未严格遵循过去拜师礼仪的做法，但多数传承人在不同背景及环境下都有一定意义的仪式化表达，以向世人明示师徒之间的关系与责任。我国著名的武术家张文广教授少年时期在向张风岭和常振芳二位有名的查拳拳师学习查拳武艺时，就以简单的拜师仪式开启了他的武术生涯。"开学那一天，师生们洗了个'无司'（回族的一种民众习惯），在大殿上行拿手（即开学礼）。"①

---

① 张文广. 我的武术生涯 ［M］. 北京：北京体育大学出版社，2002：38－39.

除此之外，在武术礼仪方面，还有问候行礼、持器械行礼、递器械礼等。

当代社会，人们的生产与生活方式较古代及近代发生了巨大的变化，武林人思想观念也在与时俱进，先前尊奉的中国传统武德与武礼也在历史积淀过程中去其糟粕取其精华以适应现代社会发展的需求。当代武德与武礼的规范要求在日常生活行为、择徒拜师、授武习武、用武赏武4个层面，从形式与内容方面逐步与现代生活方式相结合。其中最具有代表性意义的，就是以具有现代文化气息与民族特征的"抱拳礼"广泛地应用于武术界方方面面的活动之中，并形成了当代社会的一种经典中国文化元素。在中国民间的师徒传承体系中，拜师仪式也多以行鞠躬礼、向师父敬茶等顺应现代社会发展要求的精神面貌逐步被现代习武者接受，并在中国乃至世界各国广泛地传播与推广。这种新时代的武术礼仪表达既保留传承了中国武术的传统文化精髓，彰显出武术的独特中国传统文化特征，又顺应时代潮流体现出现代社会人们对德之本性的精神文化追求。

二、铸魂立魄

《说文解字》中，"魂"意为"阳气也，从鬼云声"，"魄"意为"阴神也，从鬼白声"。① 魂与魄均属人的精神，就魂而言，它是精神的内向性意旨，侧重于人的精气层面，而魄是精神的外在性表现，侧重于人的胆量胆气等。故，《太平御览》曰："人之精气曰魂，形体曰之魄。"

自古以来，武术一直以一种技击技艺在民间传承与传播，铸就了习武之人顽强勇敢、意志坚强、不畏困难、敢于斗争的精神与品质。"尚武精神"也由此应运而生，既成了武术人的一种追求与理想，又成了习武练艺的一种象征。在清末民国初年之际，我国被西方列强喻为"东方睡狮"遭

---

① （汉）许慎. 班吉庆，王剑，王华宝校点. 说文解字校订本［M］. 南京：凤凰出版社，2004：259.

受侵略与践踏，国人更受到了西方格斗力士的藐视与百般比武挑战。在民族大义与民族尊严面前，我国的民间武术拳师不畏列强，奋勇跃上比武擂台，将外强中干、不堪一击的西方格斗力士纷纷打下擂台，抑或以勇武之势令挑衅者仓皇逃遁，让国民为之振奋，扬我国威、壮我国魂。在这些侠骨英雄中，有南下上海勇登擂台、吓跑英国大力士奥皮音并创立精武会的霍元甲；也有击败东洋武士的神力千斤王——王子平、佟忠义；还有年少有为、血气方刚、多次击败西洋力士的神拳大龙蔡龙云等。由此看出，习练武术不仅是练就一身好武艺，更为重要的是练就一种威武之气质、坚强之意志、拼搏之精神、英雄之气概。中国武术拳谚有"艺高人胆大，胆大艺更高"，胆即为魂魄。铸就习武之人内在"尚武精神"是成就武术人生的一种极为重要的过程性价值追求。今日，我们处于科技文明、竞争激烈的现代文明社会之中。面对众多的竞争对手、面对如此快速的生活与工作节奏，作为生物的现代人类越发感受到不断增强的内在精神压力，内心也逐渐变得脆弱而不堪一击。恰逢此时，武术运动可作为一种人文关怀的重要手段与办法。武术不仅是一项纯粹的体育运动项目、外化于肢体动作，它更是超越体育范畴的一种社会文化现象，对习练武艺之人起到了濡养精神、铸造刚毅品格的作用。

从内在运行机制而言，"对武术的操作，实则是（攻防）劲力运化的过程以及攻防招法的运用。"① 这也就深刻揭示了武术运动的本质是攻防招法与攻防劲力的融合与化通。武术动作之招是外在的动作结构，是显于外的一种身体表象，但欲使此招能够出神入化、达通其意，必须将内隐性的劲力融于招数之中，并按照既定的生发顺序由内而外地传递出来，才能完美表达武术攻防动作。这也就是我们常说的"内外兼修、形神兼备"。然

① 马剑，邱丕相. 广义语境下武术概念的解读及定义［J］. 上海体育学院学报，2007
（04）：42－47，52.

而，要达到如此功夫之境界必须运用中国传统医学理论中的物质基础——精气。将人体内的精气、骨骼肌肉、意识思维有机融合为一体，才能使武术这种身体运动彰显出中华民族文化的独特魅力——将修身养性、完善人格与人生作为终极目标的过程化追求，而非血腥争斗与厮杀后的你死我活、你输我赢的结果性判定。这种练功意旨可从我国知名武术拳种——形意拳的基本理论中得到进一步验证。民国时期，我国著名的形意拳拳师姜容樵曾专门著书《形意母拳》，并在"形意拳之魂魄"中专门论述。"郭云深先生云（注：实则为其师李洛能总结而论），形意拳有三层道理、有三步功夫、有三种练法。三层道理者，一练精化气、二练气化神、三练神还虚。三步功夫者，一易骨、二易筋，三易髓。三种练法者，一明劲、二暗劲、三化劲。"① 形意拳这三层道理的内在含义究竟是什么？郭云深之师、河北流派形意拳创始人李洛能先生早就给出了极为精到的说明。三层道理讲的是一种呼吸的法术。"初级道理乃是色身上事，即练拳之准绳，呼吸任其自然，有形于外，谓之调息，亦谓练精化气之功夫；二节道理谓之身法上事，呼吸有形于内，注意丹田，谓之息调，亦谓之练气化神之功夫；三节道理，乃是心肾相交之内呼吸，无形无象，绵绵若存，似有非有，无声无臭，谓之胎息，也就是化神还虚之功夫。"② 由此，我们才看到习武的本质，或者说武术运动训练的根本及基础，关键在于内在精气神的培育，这也正应了武术界的一句俗语，即武术"外练筋骨皮、内练一口气"，道出了习武真谛——铸魂立魄。

---

① 姜容樵. 形意母拳［M］. 太原：山西科学技术出版社，2003：10 - 11.
② 李洛能（飞羽）. 形意拳拳谱［M］. 太原武术挖掘整理组翻印，清乾隆壬寅年（1782）：8 - 9.

三、行健护身

《周易》有云："天行健，君子以自强不息。"① 君子，作为中国传统文化推崇与追求的理想人格之最高境界，也在默默地遵循这样一个固有定律：君子之自强不息是建立在劲健质善、刚强有为的本体基础之上的。这充分说明了人的身体在人生发展中占有重要的基础性地位。正可谓"身体是革命的本钱"，没有身体就没有后来的一切。众所周知，体育运动的核心功能与价值在于强身健体、娱乐身心。就狭义概念而言，武术是一项民族传统体育运动②，其功能与价值必然发挥出体育运动的特性。就其运动本身来讲，武术动作是以腰为主宰的系统化、整体性身体运动，强调一动而无有不动的运动规律。这种对动作的要求，必然强调身体各部位的协调运作及灵活性，尤其再配合以劲力传导及爆发等方面要求，使武术运动更体现出健体强身的作用与功效。1904 年，蒋智由先生为梁启超所著《中国之武士道》作序时，特别强调了中华民族尚武之风不可或缺。"今人常有言曰，文明其精神，不可不野蛮其体魄。余谓野蛮时代者所以造成文明时代之作用也……今日为异族所凭陵，遂至无抵抗之力，不能自振起，而处于劣败之列，考其最大之原因，未始不由于此。此尚武之声，所由日不绝于忧时者之口也。"③ 时过 15 载，1919 年孙中山先生在为精武体育会成立10 周年之际撰写序言之时，充分表达国民习练中华武术可促强国强种。"精武体育会成立既十年，其成绩甚多，识者称为体魄修养术专门研究之学会。盖以振起从来体育之技击术，为务于强种保国有莫大之关系。"④ 不

---

① 杨天才，张善文. 周易［M］. 北京：中华书局，2011：8.
② 马剑，邱丕相. 广义语境下武术概念的解读及定义［J］. 上海体育学院学报，2007（04）：42 – 47 + 52.
③ 梁启超. 饮冰室合集［M］. 上海：中华书局，中华民国 25 年：将序.
④ 陈铁生编. 精武本纪［M］. 上海：精武体育会，1919：精武本纪序.

仅如此，1922 年，孙中山先生又为《（上海）交通大学技击部十周年纪念册》专门题词"强国强种"四字，再次强调中国传统技击术——武术，在强健国民体质方面具有的独特价值，为国人所亟须。自 1949 年中华人民共和国成立之后，我国领导人多次在不同场合表达应发挥好民族传统体育，尤其是武术的功能与价值，为增强人民体质做出应有的贡献。

　　与其他非技击类体育运动项目相比较，武术运动的最大特点是它源自古代军事武艺，具有较强的攻防对抗实战性。就其人的动物本能而言，防身自卫以保全自己、进攻搏击以获取利益是人之天性。任何违背天性与天理的行为，都将会受到大自然的惩罚。当代，人类之间的军事战争以及个人之间的生死较量已经转换为现代科技背景下的先进作战武器之间的比拼，人与人之间的近距离肉搏战已经十分鲜见，两两之间冷兵器械的生死格斗更是百年不遇。尤其在当代法律法规的规范下，这种人体之间的生死格斗技能在当代已经成为历史回忆。虽然我们已经进入现代文明社会、虽然人类的科技文明已经相当发达、虽然我们有了法律的保护，但由于人处于社会之中存在危害身体的各种不确定性情况，那么，自我保护意识与技能在当代社会仍然是一种必需的能力。当代社会，练习武术以防身自卫已经不仅限于两两之间的搏斗，它应扩展到人们的生活、学习、工作等各种环境下的各种潜在身体伤害境遇。面对社会不法之徒的侵扰、面对突如其来的自然灾害、面对不可预知的危险之势，人们需要迅速做出本能性自我保护的判断及相应的动作反应。作为自我防卫技能的武术，可以训练人们的这种意识、反应及相应的自我保护技能。因此，世界上只要存在人，无论是现在还是久远的未来，自我身体保护的攻防技能就是人类所必需。习武练技、掌握防身自卫技能自然就成为当代人们的一种必然之需。

四、开慧审美

武术是一种身体运动文化，含有丰富的中国传统文化思想和独特的中华民族风格的行为及动作表达。一方面，就文化思想而言，受阴阳、太极、八卦、五行等中国传统哲学思想的滋养与孕育，武术人在其习武过程中对武术技术理论与动作实践十分注重内省与体悟的过程，并运用整体观、系统论的思维方式理解认知武术动作技术。同时，武术人以武术动作诠释并践行中国传统哲学思想，进而使中国传统哲学理论与武术动作实践达成完美的合一状态——相互依存、相互补充、互为支撑、相互促进。在这种理解、认知、实践的过程中，习武过程既是对习武者思维方式方法的一种强化训练，又是对习武者本人身体的一种考验。因此，习武过程无形地自然而然促进了习武者智力潜能的开发与应用。不仅如此，相比一般性的体育运动，武术动作本身还具有一种攻防技击的属性，其动作本身不仅是身体及各部位在时间与空间变化的一种表现，它更强调外显的时空动作对其内在攻防含义的表达。在民间武术拳谱之中我们经常会看到这样一句话，即"有人只当无人练、无人只当有人练"，实则表达了武术动作表现与技击之间的关系处理。前面半句话讲的是实战对抗时要在战略上藐视敌人和熟练运用技术，而后半句则是表达武术套路练习必须内含技击而练，表面看上去是一个人的单独练习，但实质是演练者心中应当意想一个对手与之较技，由此，武术演练才能更加出神入化。武术业界流传这样两句话，"行家一伸手，便知有没有"和"内行看门道、外行看热闹"，这从一个侧面反映出武术动作背后具有技击的内涵。从上述内容可以看出，武术功夫的高低不仅止于身体的动作，它还包含有一种心脑功能、认识与理解问题能力、分析解决问题能力的具体化的训练。在《智力全书》中，吉尔福特（J. P. Guilford）指出：智力包括空间和机械方面的因素，同时，皮亚杰（J. Piaget）指出智力发展经历了感知动作的阶段。① 邵志卿（2020）在《体育运动对大脑发育及智力开发的促进作用》中指出，体育运动可促进大脑的发育，有助于提高学生思维能力、培养创造力，同时对智力开发具有良好的影响作用。② 因此，武术技术练习不单纯可以提高身体运动能力，同时它对心脑与身体各部位协调运作具有较好的协调促进作用。

另一方面，武术运动中包含一个独具中华民族特色的运动形式——武术套路，这是其他任何一个国家所不能比拟的。在以西方文化为核心的欧美国家，所有武技类运动项目一般不包含套路运动形式。受中国传统武术文化影响，在长期的历史传承与传播过程中，日本的空手道、韩国的跆拳道、泰国的泰拳吸收了武术固有的套路样式。但是，比较武术的拳种套路形式与内容，上述这些运动项目的样式及内容的丰富度与文化涵养量表现得极为微弱有限。就自身结构而言，武术包含三种主要运动形式，即武术套路、武术散打、武术功法。其中，武术套路运动形式是武术中最主要也是最重要的一种运动形式，可谓武术运动中的经典代表。民间武术技艺的传承基本以武术套路运动形式为代表。按照 20 世纪 80 年代全国武术挖掘整理小组总结的十六字标准"源流有序、拳理清晰、风格独特、自成体系"③，武术套路这个庞大演武体系拥有 129 个拳种，内容丰富多彩，特别值得进行艺术审美。但此时，有人会产生一个疑问，武术的本质不是技击吗，讲格斗，但怎么又谈审美了？技击与审美是两个维度的问题，并不能将其混在一起进行考量。武术究竟是追求技击呢，还是追求审美呢？实则这正是武术体现中华民族文化特色之所在。以西方文化为主导的武技运动是将格斗技艺与动作审美割裂开来，分而治之推广其技艺运动。但是，在

---

① 姜晓辉. 智力全书［M］. 北京：中国城市出版社，1997：10 – 16.

② 邵志卿. 体育运动对大脑发育及智力开发的促进作用［J］. 甘肃教育，2018（17）：72.

③ 国家体委武术研究院编纂. 中国武术史［M］. 北京：人民体育出版社，1997：447.

大一统下的中国传统文化至高思想"天人合一"影响下，本以技击为核心价值目标取向的武术转而向技击与艺术紧密结合的发展道路。因此，在漫长的历史发展过程中，武术将技击动作与艺术审美完美结合起来。由此，武术原初的技击价值目标转化为技击审美价值，即练习武术套路的目的在于追求一种技击境界中的艺术审美。由此可以看出，武术并没有脱离技击而谈艺术审美性，它恰恰抓住了技击这一核心特色，充分表达技击之美。概括武术套路之美的表现，大致分为两部分，即结构美与内蕴美，在结构中表现为定势美、拳架美、套路结构美；在内蕴美中表现为攻防技击之美、节奏美、拳械运动风格美、神韵美、意境美。武术套路的审美特征总体呈现出两方面特征，即攻防技击性与艺术审美的辩证统一、体悟与力效的辩证统一。① 不难看出，习练武术不仅是提高其格斗技能的一个过程，还是不断提升身体动作艺术审美性的一个过程。武术套路技艺功夫，不仅依赖于高超的外显性身体动作，而且还要充分体现其内在的艺术审美性。脱离审美谈武术技击或者是脱离技击谈武术审美，对于武术套路而言，均会走向一条死胡同。只有将武术技击与艺术审美结合起来，放在和谐的大背景下看待这种身体动作，才能悟出武术套路内含的中国传统文化。在某种程度上可以说，武术功夫是一种技击美的表现，而非技击本身。武术人正是因此得到不断熏陶与磨炼。

五、团结合作

从古代民间的武艺传承到现代社会生活中的武术运动传播，武术人都高度重视武术团队的建设与发展。就团队意识而言，在封建社会时期，受农耕文明影响，武术人非常讲究宗派或是门派意识，以保障此门技艺得到

---

① 邱丕相，蔡仲林. 中国武术导论［M］. 北京：高等教育出版社，2010：80–88.

世代传承并发扬光大。首先我们必须清醒认识到，这种宗派/门派意识所依存的固有保守思想和封闭性的门户之见应为当今所摒弃。作为中华民族优秀的传统文化遗产，武术内含的传统文化应当去其糟粕、取其精华。从开放性与发展性的角度看待武术流派，其不同流派内部之间的团结合作精神正是现代社会所亟须的。一个流派或者一个宗派相当于一个大团队，身处于这个流派之中的传人负有一种责任与担当，即承接前辈武艺之精华，并将其传续下去创造性发展，使其发扬光大。这必然要求团队系统内部团结一致，尤其对于传人，他的身份并不是他自己本身，他代表的是这个拳种流派，他的所言所行就是本拳种流派的代表。无论在过去还是在当代，武术流派内部均有一个成文或者不成文的规定及要求，内部成员之间墨守晚辈遵奉长辈、师兄姐弟妹之间相互扶助的团结合作精神，此流派才能不断发扬光大。在民间武术技艺传承过程中，师兄代师父向师弟传授武艺的情况是比较常见的。直至现在，在许多省市的武术代表队中，师兄师姐代为教授比赛用武术套路仍是十分常见的事情。通过师兄姐弟妹之间的武术传承，不仅传授了武术技艺，同时增进师兄姐弟妹之间的友情、团结与合作，使之凝聚成为一个真正强大的武术团队。

从竞赛运动形式的角度，武术运动项目包括个人演练项目、对练项目和集体项目，其中对练项目和集体项目都需要彼此双方配合协调合作，才能完成运动的演练与展示，进而取得优异成绩。尤其对于对练项目，由于运动速度快、动作危险系数高，特别需要对练双方彼此熟悉，高度默契配合，甚至要达到一种心有灵犀一点通的境界，才能真正出神入化地展示对抗之中的格斗境界。在训练及比赛过程中，如果在对练过程中出现失误，就容易给对方造成一定的伤害事故。所以，对练项目不仅在选材方面要求两两相当，而且要求彼此有深度的默契。一些教练员为达到这种深度默契，在训练手段方面有时会采用一起生活等方式进行潜移默化的训练。从这些微小的细节来看，武术训练可以培养运动员的合作意识及其团结精神。如果没有团结与合作，也就不可能取得高水平的运动成绩。从集体项目的角度来看，一般要求一组训练要有6人以上，以基本功与基本技术展示为主要内容，它更强调队伍的整齐划一。在这种运动竞赛中，拥有一个技能水平非常突出的运动员不足以展现代表队的整体运动水平，更不允许运动员在集体演练中特立独行，也不允许运动员超越其他运动员要求的规范尺度，它需要代表队中的所有运动员齐心协力，众志成城，更要达到多人的默契配合，才能取得优异成绩。长期在这样的环境中熏陶与训练，运动员在意志品质与言行举止方面均会表现出以集体精神荣誉为重、个人服从集体的观念，并且能够从内心深刻领会到只有团结合作才能最终获取团队的胜利。不仅如此，运动员还会逐步树立"没有团队就没有个人"的大局观和整体观。

走出武术内部，从整个社会的视角来观察武术界，武术人的团结合作精神也倍显光彩。就武术界而言，中国武林界自古就有"武术一家亲"之美谈。虽然武林界存在不同门派或流派，但在社会生活中，武术人倡导"五湖四海武术是一家"的团结合作理念，将五湖四海的武术人皆看作自己的朋友。在过去的年代中，武术人走江湖、切磋武艺，目的虽然是提高武术技艺，但另一个目的则是广结朋友，希望得到社会各界的帮助与支持。就武术本体而言，武术虽然具有技击的功能与价值，但在具体实施武术技艺的过程中，仍然以团结友善、交流技艺作为切磋武术的根本目的。切磋武艺只是交流技艺的一种手段、是一种提高武艺的过程，而非争得你死我活之结果。这种理念往往并不被世人所理解，尤其不被武术界外人士所理解。当今社会，武术之所以没有被世人广为传承，成为当代社会的时尚运动，其根本原因也在于此。我们为什么习武，习武能给人们带来什么？其实，答案非常简单，习武就是一种修身的过程或者说修身的一种手段。古人圣贤一直以修身、齐家、治国、平天下为奋斗之理想，而初始之修身阶段讲究文武兼备，才能造就完备之人才。此"武"为"尚武"之"武"，并非"武术"之"武"，与古代军事武艺有莫大之关系，但它却包含了武术之技能与精神。可以说，武术与"尚武""古代军事武艺"具有相同源流，彼此之间相互支撑，互为促进。因此，从古代军事武艺走向民间武术，习武、用武的初衷并非用于彼此之间的血腥搏杀而分出胜负之结果，习武与用武只是一种修身之过程，切磋武艺只是作为交流武艺的手段，其目的在于广结朋友，相互支持，共同合作，才能共享幸福荣光。换句话说，武术人拥有一种可持续的发展眼光，并非将利益摆在最前面，更侧重于对人生的历练与思考，走的是一条大同之路。原国家体委主任伍绍祖曾经说过："从广义上讲，武术的某些功能属于体育的范畴，但它有许多内涵，超过了一般的体育概念。"① 武术之传统文化就在于此。在当代社会，受西方体育运动思想之影响，武术技艺已经西方体育化了，现在我们需要让武术的功能与价值回归其本初，让武术人乃至世人理解认识到习武术是一种修身的过程，它是向往文武兼备之才的一种生活方式。

第二节 建立标志性印象武术：武术动作代表

正如前文所述，"印象武术"是对经验过的武术进行提炼而后留在大脑中的一种对武术的认知概观。换句话而言，"印象武术"就是一种文化图景，是对武术认知的一种文化符号。印象武术有虚的也有实的，所谓"虚"是指超越了人体自身功能之所限，需要借助特殊手段而实现的非真

---

① 国家体委武术研究院. 中国武术史 [M]. 北京：人民体育出版社，1997：序言.

性武术技能印象；所谓"实"是指人体未借助特殊性手段而表现的人体真实武术技能印象。例如通过语言文字描述或是影视屏幕反映的一种人不能够完全身体力行的文学武术、影视武术等虚拟武术①的成像则为虚；而在武术竞赛中运动员现场的武术表演或者武术对抗、民间武术拳师的走趟子等真实武术成像则为实。虚拟武术与真实武术均能在不同层面、不同程度上推动与促进武术在社会中的发展。本书欲建立的标志性印象武术，是以真实武术为基本素材，通过提炼而建立起来的具有标志性的真实武术动作——武术动作代表。

一、武术动作代表的意义及价值

1. 树形象

所谓树形象，就是树立印象武术的标志性形象，即武术品牌动作。"品牌不仅意味着名称和符号，它们是企业和消费者间关系的关键要素。品牌代表着消费者对产品及其性能的感知和感受，即产品或服务对消费者意味着的任何事物。一些分析者视品牌为企业重要的持久性资产，比企业具体的提供的产品和设备更持久。"② 这如同一个产品的品牌，它是通过系列的较为具象的外在表现，在受众内心世界形成一种抽象且深刻的内在反映。由此，受众对产品产生高度的认可与接纳。树立武术标志性形象是多维度的，它可以是动作，也可以是武术器械，还可以是武术服饰等。理论而言，只要是与武术密切关联的事物均有成为武术标志性形象的可能。仅从武术动作视角来看，目前武术业界已经在无形中树立了一个标志性形象

---

① 曾于久，肖红征. 对武术概念及层次分类的研究 [J]. 体育科学，2008（10）：86－91.

② 阿姆斯特朗，科特勒. 市场营销学 [M]. 吕一林，等，译. 北京：中国人民大学出版社，2010：189.

即武术抱拳礼。武术抱拳礼堪称武术的经典与代表，已在社会广为流传与熟知。行武术抱拳礼也可以被看作是武术界专业人士的标志或者是从事武术活动的专有行为文化。就动作性质而言，该动作为礼仪性动作，而非典型性武术技术动作。虽然武术抱拳礼已被武术界公认为是武术形象代表，然而，我们必须认识到一个事实，即武术动作是武术运动的核心内容，直接制约其外围事物的产生与发展。在武术的传承与传播过程中，武术亟须一系列的动作标志，以激发人民大众对武术的想象、追求与向往，进而逐步建立时尚武术运动形象。

　　构建标志性武术动作、创立武术运动时尚之形象，这种武术传承与传播理念并非一蹴而就。早在明末清初戚继光编著的《纪效新书》中就有"拳经三十二势"，实则为流传于世的各类拳法的代表性技击动作而前后贯连。戚继光在《拳经捷要篇》中明确说道："故择其拳之善者三十二势，势势相承。"点校者在校记中也明确提到"拳经捷要篇凡收明代各家拳法三十二势，故世称'拳经三十二势'"①。纵观当今社会流传的各类武术拳种，"拳经三十二势"中的许多动作均已成为各类武术名拳的经典性代表动作。例如"旗鼓势"为翻子拳的经典代表动作、"单鞭势"为太极拳的经典代表动作、"当头炮势"为形意拳之经典五个拳法之一。在武打影视作品中，为提高其上座率，由推广公司制作的影片宣传海报会选择影片中最为经典的武术动作开展宣传推广活动。在 20 世纪 70 年代初期，李小龙主演的《猛龙过江》武打影视作品构建了一个标志性的武术动作形象——"马步挟棍"，即半马步站立，右手持二节棍一端，而另一端挟于腋下，同时左掌向前推出，然有伺机待动之势，成为后世武术爱好者模仿李小龙双节棍武术的经典动作。在 20 世纪 80 年代初期，李连杰主演的《少林寺》

---

① 戚继光著，马明达点校. 纪效新书［M］. 北京：人民体育出版社，1988：307 – 325.

武打影片中的宣传海报，使用了李连杰动感十足的"黑虎掏心"动作，给予观众十分丰富的动作想象空间与模仿欲望。

由此可以看出，推出武术代表性动作就是将武术特有的一些标志性动作单独提炼出来，形成一种强烈的外在感知，对人形成潜在的影响力，进而在人的脑海中刻画出深刻的印迹。武术由此得到不断的强化与正向引导。

2. 存记忆

所谓存记忆，就是留存传统武术文化记忆。在这里，武术文化既包含物质性文化，也包含非物质性文化。代表性武术动作介于物质与非物质之间的一种特有文化现象，其根本的价值及作用，就是帮助习练者尤其是武术接触者记忆所识之拳术，并使之能够长久留存于记忆者脑海之中。正如前文所讲，通过电影海报以及观看电影，留存于大脑之中的李小龙武术动作形象"马步挟棍"以及李连杰的武术动作形象"黑虎掏心"便深深扎根于观众内心之中，由此可能会留存百世。不仅如此，代表性武术动作正是因为动作经典，且其动作本身也极为符合力学规律，通过反复习练，可以强化身体对动作过程的记忆，形成良性的武术动作动力定型。基于此，每个武术拳种的代表性武术动作一般均在开门势当中体现出来，以奠定其良好的武术动作运行规律。例如，翻子拳之开门势中的"旗鼓势"、八极拳开门势中的"两仪顶"、形意拳开门势中的"三体势"、八卦掌开门势中的"鸿雁出群"、杨式太极拳开门势之"揽雀尾"等。为了提高对武术动作规律的认知、理解与领悟，代表性动作往往在拳术练习过程中反复出现，通过反复练习、重复练习代表性动作，会进一步加强对拳种动作的习服，最终达到炉火纯青之境。

除动作记忆之外，代表性动作不仅为身体动作，而且内含多种中国传统文化基因，折射出中华民族独特的思考方式与聪敏智慧。例如，形意拳的"三体势"代表了武术功夫必修的六合，即"内三合与外三合"的和谐相统一；八极拳的"两仪撑顶"内含中国阴阳学说的思想，身体撞靠之力要求两侧平衡，相互制约，身体四平八稳进而产生内在争力；太极拳的"揽雀尾"运用"掤、捋、挤、按"四种技法充分体现太极拳术独特的粘连黏随之非击打类格斗对抗理念，表现出一种独到的中国文化拳艺之道。由此可以看出，代表性武术动作不仅是理想的记忆动作手段与方法，而且能够深入中国哲学思想，使拳术与拳理二者相互融合，体现出武术独有的中华民族文化魅力。

3. 传经典

所谓传经典，就是传播传统武术文化经典。武术内容丰富多彩，形式多种多样，犹如浩瀚海洋一眼望不到边际。根据原国家体委于80年代进行武术挖掘整理时期确定的"源流有序、拳理清晰、风格独特、自成体系"标准，国家确定了129个武术拳种。在如此众多繁杂的武术拳种中，如何快速有力地展示出武术拳种的魅力，比较便捷的方法是选取优秀的代表，即经典之拳，并将其推而广之。既然它们是武术的经典、拳种的经典，它必然具备了武术所含有的丰富文化思想、科学合理的动作结构体系以及格斗对抗理念。由此可以看出，代表性武术动作传承传播的武术文化经典包含四方面因素。第一，厚重的历史。每一个代表性动作的背后，均有一系列的流传历史与故事，相当于一部活态的历史画卷。第二，深邃的中国哲学思想与养生思想。武术界有一句俗语，即"拳起于易，而理成于医"。习练武术深远的目标是修炼人生。因此，代表性武术动作传颂的武术经典必然指向于中国哲学之境和养生之大成。第三，高深莫测的格斗对抗理念。任何一个代表性武术动作，均为此拳种的经典，蕴含独到的格斗思想，启发人们通过代表性武术动作去思考格斗境界中的微小层面。第四，中国古典审美性。在历史长河中，武术分化出一项庞大的演武体系——武术套路，足以说明武术具有强烈的审美价值，这也是武术与西方体育运动产生质性区别的重要一点。代表性武术动作更是将武术的艺术审美性发挥到极致，充分表达了动作的艺术审美特性。从前文所提的李小龙主演《猛龙过江》宣传海报以及李连杰主演的《少林寺》宣传海报，其经典动作更多地体现了一种格斗艺术，而非血腥残暴的张扬。这就是武术与其他西方体育格斗技艺最大的不同与价值体现。

4. 悟本真

所谓悟本真，就是领悟传统武术内在本真的追求。首先，我们必须理解一件事情，即练习武术的终极目标是什么？如果此问不解，创建代表性武术动作领导武术之真谛就等于空谈。从武术的三种演练形式来看，武术不仅具有格斗对抗的形式，而且还有武术套路表演形式和为对抗与表演打基础的武术功力形式。在这三种运动形式中，武术套路是武术最为重要的运动形式。从某种意义而言，外在的运动形式实则是对内在根本的一种表达。武术对抗运动追求的是一种实在的格斗技艺，注重的是一种胜负分明的结果。但从运动形式的分量来考察，武术注重套路演练，必然远离了格斗对抗追求的搏打厮杀之技能。换句话而言，武术格斗是为战而练的，而武术套路是为看而练的。从这一层面来看，武术在追求一种审美的境界。纵观武术的演变历史以及武术人之传承，武术人高度重视武德及其品德操守，在武术拳谚中就流传这样一句："未曾学艺先学礼，未曾习武先习德。"武术人对武德的追求有过之无不及，并将其贯彻到习武终身。因此，武术谚语中又有一句更为深刻的表达，即"一日为师，终身为父"。由此可见，习练武术不仅是一种格斗技艺修为，它更重要地体现出对人生之"真、善、美"的追求与修炼。因此，练习武术不仅可以领悟动作本身的内涵，更为重要的是要领悟动作背后的为人之大道。这就与中国传统文化注重道而不注重器之哲学思想高度吻合了。

二、选择/创造武术动作代表的指导思想

1. 源自具有技击意义的现实武术动作

首先，代表性武术动作就是对现有武术动作全部的一种表征，具有象征意义。武术动作有虚实之分，其中有现实版的人之真实动作，也有武打影视及武侠小说中虚构性动作。真实的具有技击意义的武术动作朴实无华，在本真的基础上不失有一定的渲染，而那些虚构的具有技击含义的武术动作超乎常人之所能，让人唯有遐想之隐而无实操之念。虚构之动虽让人心潮澎湃，但无践行之基，唯恐遥不可及，使众人产生距离之感，进而只留观赏之境而无操演之地。其次，武术动作丰富多彩，有技击含义强的动作，也有表演性大戏码重的动作，还有为起承转合而构建的过程性套子势动作，但唯技击含义深刻的武术动作为武术人深研体悟、反复磨炼的点睛之笔。武术可谓是唯技击不武术，其技击有实也有虚，实则为真招实打，所谓虚则是真招实演，但终究离不开"技击"与"攻防"。因此，只有从具有技击意义的现实武术动作之中选择，代表性武术动作才具有真实底力，禁得住各方的考量而立于不败之地。不仅如此，代表性武术动作取自具有技击意义的现实武术动作，其意义也在于它能够接近普通大众，让潜在的习练群众无形中产生一种亲近感。由此，武术在中国民间的普及与推广中才会有更强劲的市场与开发力。

2. 建立代表性武术动作分层

正如上文所述，武术动作内容浩如烟海，选择代表性武术动作犹如大海捞针。这就给选择方法带来了巨大的课题。从宏观理论而言，分类的方法是将复杂问题条理化的一个有效途径及手段。首先，武术是一个系统性的身体运动文化，就其运动形式而言，武术套路堪称武术三种运动形式之中的经典代表，这属第一分层。其次，在武术套路之中，武术又分有129

种之多的武术拳种，哪些拳种（长拳、太极拳、南拳等）可以概括性地代表武术？此为第二分层。再有，在武术拳种中，何种拳械动作能够代表此项拳种，此为第三分层。由此三层入手，我们才能将复杂繁难的武术动作简化形成对武术的概括性引导认知，即武术套路代表武术整体，类如长拳、太极拳、南拳等拳种代表武术套路，这些代表性拳路的代表性拳种动作则代表了武术动作。在这样的一套逻辑体系下，武术才能从高深莫测、不可捉摸的神秘身体文化体系中走出来，让大众享受其内在的身体文化快乐。

3. 以拳种为依托体现武术拳种及器械风格与特点

建立在武术分层基础上，选择代表性武术动作的必由路径则是以拳种为依托体现武术拳种及器械本有之风格与特点。分层的底层，即第三层，是从具体的拳种本身探寻其代表性拳种动作。既然为拳种的代表性动作，无疑必须体现该拳种及器械的风格与特点，才合乎动作代表的内在意涵及其价值归属。换言之，代表性拳种动作必须要像它所代表的拳种，这是对代表性拳种动作最基本的要求。如果进行深层剖析，代表性拳种动作还应在内在精神层面与该拳种的风格特征相吻合，体现该拳种所要表达的精气神。这就对代表性武术拳种提出了更高的要求，即内外合一。此内外合一是指，代表性武术动作的外在形象是该拳种的典型性特征，而且还需要其内在的精神表达与该拳种交相辉映，体现你中有我、我中有你的境界。谈及此处，或有疑虑，代表性拳种动作本就是此拳种动作，还会有不一样的地方吗？即使是存在此问题，也应当是主体练习者之间的差异，而非代表性拳种动作本身。实则不然，任何一个代表性武术动作都是基于相对具体的主体而构架的动作，所谓合理的武术动作也是基于主体练习者认知的技理而具体运用。因此，武术界才会形成各类拳种流派，例如形意拳，主要分为三大流派，即山西形意拳流派、河北形意拳流派、河南形意拳流派；太极拳则分为陈式、杨式、孙式、武式、吴式等流派。除此之外，一项武术拳种包含若干套路，而每一套路又包含诸多动作。在没有任何背景的前提下，许多孤立的单个拳种动作可能无法被武术人识别为何种拳术。但被选择出来的代表性武术拳种动作，则会被武术人一眼识别出来，无须思考而断定。这也是代表性武术动作的意义与价值所在。

4. 与"英雄人物"及典故相关联体现中国传统文化性

一方面，武术动作代表不仅是一种表面意义的形象代言人，如果还要让其可持续发展并形成历史经典，它还要内含文化与思想。"文化是一个生生不息的运动过程。任何一种民族文化，都有它发生、发展的历史，都有它的昨天、今天和明天。"① 文化载于故事，故事依附于人物。只有与英雄人物或者相关历史典故紧密结合起来，武术体现出中国传统文化特性才会生动活泼，也才会让其代表性武术动作发扬光大。英雄人物与历史典故似有相互支撑之关系。就某种意义而言，凡英雄人物一定拥有历史故事，且为辉煌事迹，而历史典故往往与"英雄人物"紧密关联，相得益彰。"英雄人物"并非严格字词意义的英雄，他或是真的骁勇善战驰骋沙场的英雄及化身，或是伸张正义、见义勇为的名人及传说式人物。李小龙的马步挟棍动作，让我们从其动作中体味出一种民族英雄之感，李连杰的黑虎掏心，让观众体悟到了出奇制胜、斜中寓正的武功修炼境界。另一方面，武术代表性动作与英雄式人物及相关典故关联起来，会给无言的身体动作带来动态的联想，由此引发受众关注与兴趣。有了兴趣，武术的普及与推广才会更加顺利。

---

① 张岱年，方克立主编. 中国文化概论（修订版）［M］. 北京：北京师范大学出版社，2004：7.

三、代表性武术动作遵循的基本原则及构架

1. 动作简单

作为一项运动技能，武术推广与传播的效果与动作技能的难易程度具有密切的联系。就目前相关武技运动市场运营的情况，韩国的跆拳道运动在中国的推广效果要远高于我国的武术运动。究其内在深刻的缘由之一，这与运动技能是否简单及容易上手有着高度相关关系。"高难度、高技巧的技术只适于专业运动员演练，而对于大多数业余爱好者来说，简单、学习时间短、见效快的技术则更容易被接受。跆拳道的技术特点，正迎合了大多数人的需求。"① 作为用于宣传推广的代表性武术动作，主要针对社会大众群体，并非武术专业人士。社会大众主要从观赏性角度看待武术动作，尤其对于准备即将学练的大众群体，他们一般主张的动作应该是一看就懂、一学就会的，较少从内在的专业技术角度进行分析与判断。这是需要当前武术人特别警惕的问题——为什么武术在当代社会普及度不高，关键原因在于专业性太强，普通大众难以接受与完成，使人望而却步。因此，为了有利于吸引更多的大众群体学习武术、为了更加快速地推广传播武术，选择代表性武术动作应当从简单动作入手。但简单动作非仅"简单"二字所能明了，其动作须内含丰富的思想与文化，其所谓"简单"之下的"不简单"。这与冯友兰先生所言思想极为相似。"'不离日用常行内，直到先天未画前'这正是中国哲学要努力做到的。有了这种精神，它就是最理想主义的，同时又是最现实主义的；它是很实用的，但是并不肤浅。"② 简单的动作，但其寓意深刻。例如太极拳的"单鞭势"，其动作看

---

① 郭玉成. 跆拳道、空手道、柔道传播对武术传播的启示 [J]. 上海体育学院学报，2004（02）：44－48.
② 冯友兰. 中国哲学简史 [M]. 北京：北京大学出版社，1996（02）：7.

似四平八稳、中正安舒，其内涵防中寓攻、以柔克刚、绵里藏针的太极拳攻防格斗精髓及境界。

2. 体现勇武

从其本质而言，武术不同于其他非对抗性体育运动，关键在于其动作内含攻防技击性。武术之所以能够吸引青少年，更为重要的原因依然是其动作具有攻防技击性。但攻防技击性并不是一种纯粹的打人术，把武术理解为打人术是将武术庸俗化的一种体现，并没有深刻理解与领悟武术修炼的深层境界——武术的"然境""术境""艺境"与"哲境"①。武术内含的攻防技击性，其深远的意义在于塑造英雄的必需手段与方法。何谓英雄，英雄必须是在战争或者战斗中以正义之力压倒邪恶之势，屡立战功而获得的一种人民意义的称号，这必然与拥有高超武艺密切关联。可以说，从深远意义来看，练习武术的目标是塑造英雄的一种象征，从情感目标而言，练习武术是习武者内心世界对英雄崇拜与追求的心理满足过程。从人之本性而言，练习武术是释放人之动物野蛮本性的一种文明方式表达。三汇合一，习练武术是一种尚武的体现。因此，代表性武术动作必须体现一种勇武之势，以彰显其内在的英雄主义，进而体现武术特有的运动特征与本质内涵。在科技文明的现代社会，人类更需要一种尚武精神，但这种尚武精神已经不是远古时代意义下的冷兵军事战争，它是一种"以求强身健体、自强不息，培养勇敢面对现实、不断超越的竞争意识。"② 面对现代社会的激烈竞争与高强社会压力，远离动物本性的人们更需要通过一种文明方式来焕发本已存在的动物野性。武术则是其中更为理想的一种选择，其代表性武术动作体现勇武之势，更是不二的选择。

① 马剑. 武术的人文逻辑［D］. 上海：上海体育学院，2006：82.
② 蔡仲林，周之华. 武术［M］. 北京：高等教育出版社，2015（03）：75.

104

3. 内涵儒雅

作为一种技击术，相较于西方对抗类体育运动，武术体现出了独特的儒雅特征。这可从武术人的体型窥其一斑。在国人的印象中，民间武艺高强者往往年长且较为瘦弱，其典型代表性人物则是被称为"活猴子"的孙禄堂，他集形意拳、八卦掌、太极拳三种拳术于一身，可谓武艺绝伦。"孙遂能批大郄，导大窾神乎其游刃矣，于是驰名燕赵……孙体之矫捷轻灵，得未曾有。孙技虽精绝，遇同道中人罔不谦逊……（孙）著有太极拳学，形意拳学，八卦拳学，孙客奉时，曾击走俄大力士，降伏恶道士，其事迹均为武术家所称道者。"① 由此可见，国人眼中的武艺高强者应当是文武并重、德艺兼修之士，对身体形状之塑造并未过于关注。由此，侠之儒雅飘然而至。这与西方著名的大力士构成了鲜明的对比。清朝康熙十五年（1676 年），俄国两大力士在京设擂台……丁（发祥）视二大力士均壮如雄牛。② 上述内容均以书籍为参考，但未见真实形象。其有形象之佐证当属李小龙主演的武打影视作品，影片中与李小龙对抗的西方力士均比较雄健壮大，肌肉感十足。从人种与体形而言，这也与西方人的体质具有相应的关联。但从中足见中国武术家形象非以力显为荣，相反，其力藏于身，而其德显于外，构成武术人的儒雅风范。因此，代表性武术动作坚守的一个特定的原则，就是其儒雅特性，体现中国东方文明下的武艺至高境界是德艺双馨。

4. 外示美尚

代表性武术动作，实则就是武术运动项目的形象代言人，首先应在形象方面胜人一筹，让人一见如故，念念不忘，才能真正达到代表性武术动

---

① 金恩忠. 国术名人录 [M]. 太原：山西科学技术出版社，2000：97 - 98.
② 《沧州武术志》编纂委员会. 沧州武术志 [M]. 石家庄：河北人民出版社，1991：412.

作应有的价值与地位。以广告的视角来考察产品的推广与销售，当前电视媒体广告最为火爆，其内容设计遵循的一个原则就是美观、令人向往，其画面中往往人物清纯靓丽、物品美观大方。从注意力的视角观察，视觉注意最容易抓住人的兴奋点，并能较持久印记于大脑之中。因此，代表性武术动作应当表现出高度的美观，具有极强的艺术审美性，让初见者能够迅速喜欢上武术甚至爱上武术。除要考虑其外在的视觉审美性问题之外，在武术运动的推广与传播过程中，推动者同时应当考虑与时代的接轨，即时尚性问题。时尚是流行文化的重要影响因素，而流行文化是一个事物在社会中推广与传播的最有力基础。拥有了流行文化，可以说就站在了时代潮头，可以借此推波助澜，进一步增强武术的影响力及传播力。虽然外示美尚是代表性武术动作的非核心性的内在根本因素，但它的影响力及渗透力却不亚于"体现勇武、内涵儒雅"。其根本原因在于武术普及推广与传播的受众是普通的民众，他们对于武术的认知处于一种表层印象，并没有达到武术内在的技理分析深度。正如中国的民间俗语"外行看热闹、内行看门道"，适合普及推广的代表性武术动作必须让外行得到认可与接纳，后续才有可能发展与进步。总而言之，"外示美尚"是武术普及推广中的第一步，而第一步必须迈好，只有这样才会有后期的武术大发展。

第三节　新时代武术回归本初

一提到武术，人们便将其指向格斗与技击。接下来人们便会追问练习武术能打多少人？武术能否打人姑且先不做回答，让我们回顾一下中华人民共和国成立以来发生的相关事件。20世纪50年代，吴式太极拳传人吴公仪与擅长西洋拳击和白鹤拳的陈克夫在澳门新花园进行了一场实战对抗比赛。时隔60多年，2017年，武术界又发生了类似的事件，一位擅长散打的选手与另一位擅长太极的选手进行了一场私人格斗。中国武术协会对此专门发布了"中国武术协会坚决反对约架等违法违规行为的通知"。此事件成为当时人们热议的一个焦点，武术能否技击的命题再次成为坊间反复被争论的话题。

暂不论两次比武的结果，仅从学术角度来看当时争议的主题"武术能否技击?"，其命题本身就是一个伪命题。我们应当认清一个事实，即武术或者有说传统武术是一种为人所用的技艺，或者说是一种特殊的工具。技艺高低或者工具应用效果的优劣关键在于人而不在于物，其核心问题是应用。由此来看，比武问题，不能简单地被认为是工具问题即武术的问题，它更包含着人的应用问题。不仅如此，如果是规范性的竞技比赛，更为重要的还包含规则性问题等。因此，笼统地说"武术能否技击"，以及"武术与拳击哪一个更厉害"，均是伪命题。由此，引发一个令人深思的问题，即我们为什么要习武? 练习武术是为了打吗? 如果不是或者不仅是，那么，练习武术究竟是为什么? 什么是武术的核心功能及价值? 为此，本书试图站在历史的视角，梳理武术发生发展的过程，从中透视习武之真义，以立武术之尊严。

一、武术从哪里来? 为何而来?

探讨武术的缘起，应当立足于当前武术的真实存在。从广义而言，"武术是指中华民族孕育形成的人体攻防技术。它是以个体之间的徒手或持冷兵器械的攻防对抗为核心，通过招数的变化与劲力的运化，达到搏、艺、身、心兼修的系统性人体运动"。由此可以看出，当前的武术以攻防对抗为核心，但其功能主旨可以是用来格斗的，也可以是用以艺术欣赏的，还可以是修身养性的，但无论其功能与价值如何转换，其本体的系统性人体运动是不变的，均是在系统性人体运动基础上完成的相应价值目标。这可以间接说明，武术缘起萌发于一点，尔后多点融合。这也提示武术在其发生发展的过程中，并不是单维度直线延展，而是受多维度影响而逐渐扩散发展而成熟。

1. 武术从远古祖先的狩猎与厮杀中孕育萌发

首先，我们应当肯定一个基本现实，即武术是一种人类有目的、有组织、有计划的人体运动，它不是一种纯粹的人体本能运动。因此，从武术的原点来说，它是一种特有的人类活动，而非动物本能运动。马克思、恩格斯曾经指出：人类区别于动物的根本标志就是人类能够创造并使用工具。因此，在远古祖先的狩猎与厮杀中，依人类智慧水平，必然要首先创造并使用简单的武器工具，而不是徒手肉搏。

其次，在长期使用武器工具进行狩猎与厮杀时，可能会出现武器失手而迫不得已进行徒手肉搏的过程。由此，促进了远古祖先进行徒手搏斗技能的改进与提高。因此，对徒手搏斗技能的改进与提高是更为高级的一种智慧发展，但此时它仍是对应用武器工具的辅助。

纵观此时期的武术孕育萌发过程，无论是远古祖先使用武器工具进行狩猎或是厮杀，还是徒手肉搏，多为人与兽斗，均是为了保命生存。这就是马斯洛需求层次理论中人类最低级层次的生存需求。从另一角度而言，武术从搏斗中孕育萌发，根本目的是生存下来。这是在当时极低的社会生产力水平的前提下的一种人类需求及其必然的社会产物。

2. 武术从战争中走来

经过漫长的蒙昧生活之后，中国大地迎来历史性的变革。炎、黄、蚩尤之间的部落战争，是中国历史上有记载的最早战争，它揭开了中国新的历史时期。在中国最早的战争中，人们早已学会使用武器。此后的战争，更是运用武器来展开战争。由此推论，战争促进了武术技能的发展变化，但这种发展与变化更多的是运用兵器即兵器技艺，诸如枪术的应用、刀术的应用、剑术的应用等。在战争中相关的肉搏战更是不多见的，它如同远古先民的狩猎与厮杀，只是到了不得已之时，才会进行徒手搏斗。可见，在战争中，武术是为杀敌制胜，是在远古先民狩猎与厮杀基础上，进一步升华提炼出来的一种适应于团体作战的攻防技能与技艺，而非个人的格杀技能。

3. 武术从格斗竞技中走来

自春秋战国以来，击剑已经成为那个时期的一种时尚。无论是在皇家，还是在民间，拥有一身好武艺已经成为当时代完美之人的标志。各诸侯王均养剑客而彰显其威，其子民能够以剑技过人而显其能。其后，随之而来的其他武艺技能开始不断繁衍发达，诸如秦时的角抵、汉时的百戏、唐时的相扑等。那时的竞技武艺技能与战争中崛起的武艺技能表现出了明显的差异，后续发展起来的击剑、角抵、百戏和相扑等竞技运动均是两两相当的个人技艺才能的比试，而战争武艺是团队作战，讲求的"只是一齐拥进"。这就充分说明，大致春秋以后，现代武术的雏形样态，才得到了初步表达，即在春秋以后的武艺技能中找到一些现代武术技艺的朦胧身影。但我们必须看到，那时期的武术技艺，尤其是击剑、角抵或者相扑等运动均有生命之危险，与现代的竞技体育并不完全一样。那时期，曾较多出现君子"士为知己者死"的慷慨悲歌之事。可以看出，武术从格斗竞技中走出，其直接的诉求是追求技艺。由此，社会才出现了武侠或者侠客，此时的比试是一种拥有高超武艺的表达。

4. 武术从民间农闲中走来

明清时期，正值冷兵军事战争逐步向火器战争过渡的时期。大量火器的出现，使得冷兵军事武艺在火器面前显得无所适从。清光绪十七年（1891），皇帝颁发诏书彻底废止武举制，标志着以冷兵技艺统领军事战争的时代一去不复返。但也正是在此时期，那些拥有一身好武艺的军事将领感受到了无比的寂寞与惆怅。练就了一身的好武艺却无用武之地，曾经披靡斩将的武士突然无所适从。人们对冷兵技艺的深厚感情永远也不能被现实的冷酷打灭或消磨。对于一生练就的武艺的热情，必然会在崖缝中滋生新的支脉。由此，当代武术技艺的基本模态开始出现。其典型的标志则是太极拳的创始。正如陈王廷所述："叹当年，披坚执锐，扫荡群寇，几次颠险。蒙恩赐，枉徒然；到如今，年老残喘，只落得《黄庭》一卷随身伴。闷来时造拳，忙来时耕田，趁馀闲，教下些弟子儿孙，成龙成虎任方便……"此时的武术，其核心价值不是军事技能，也不是格斗竞技，而是紧密围绕军事武艺技能而繁衍生发的一种修身之法。

　　武术的本初是什么？这个本初就是社会发展的需要。也就是说武术的发生发展从来就没有脱离社会的现实而存在，它的发生发展是彻头彻尾的求实主义。因此，武术的本初就是从现实出发，依自身本体的功能与特点满足社会的多元化需求。

二、武术要去哪里？为何而去？

　　从武术发展的视角审视"人民日益增长的美好生活需要和不平衡不充分的发展之间的矛盾"，可以从伟大的事业、伟大的工程、伟大的斗争三方面着手，解决这个矛盾的一个侧面，为完成中华民族伟大复兴增添一份力量。那么，我们试图追问一下，当前武术的事业是什么？武术的工程是什么？武术的斗争是什么？纵观武术发展历史，联系武术的核心价值，可以将武术的事业、武术的工程、武术的斗争归纳为武术文化、武术健康、武术竞技。因此，武术的发展方向可分为3个视角得到进一步明确与指向。

　　1. 以社会视角看，武术应走向生产

　　从生产的角度，武术在新时代的事业就是武术文化创新。走向生产，就是为了文化创新。远古祖先的武术生产是为保存生命,为了继续生存下去。时至今日的社会与远古时期可谓有天壤之别,野蛮的时代已经过去,文明的时代已经来到。对于武术而言,现在的生产,对于社会更有意义与价值的是武术文化创新与发展。武术是中国优秀的文化遗产,是中华民族的瑰宝,如何在现代科技文明社会进行文化再创造,使之更为适合新时代人们的追求与向往,是武术应当探寻的方向。

2. 以人的视角看,武术应走向生活

从生活的角度,武术在新时代的工程就是身心健康。从广义角度来说,生活包容一切,但追本溯源,它来源于我们的身体。没有身体就没有生活的一切。纵观历史,从古至今,人们一直对养生给予高度的关注与研究。今天,面对快速的生活节奏、高强的生活压力、惶恐的不治之症等,身体健康已经成为人们关注的焦点。这种关注与古代先民的精英式关注不同,此种关注是全民关注。不仅如此,这种关注的范围已经从身体健康延伸到身心健康,从远古先民的生存追求拓展到更好更长久的生活(美好生活的向往)。武术以身体运动为本体,通过身体力行,不仅能够调理机体,同时通过意念呼吸等调理气血,达到身心平衡。因此,武术走向生活之中,是人心所向。

3. 以武术的视角看,武术应走向竞技

从搏斗的角度看,武术在新时代的斗争就是竞技对抗。远古时期的斗争是人与兽斗、人与人斗,其后又经历了军事战争的洗礼,走向了技艺的比试。在人类由野蛮走向文明的进程中,作为文明动物的人,仍然保存有动物野性的基因,但此野蛮在文明时代转化为另类的表达——竞技。武术由动作而生,以人体动作为本体,必然要为动作而努力不断完善自我。由此,比武较量则能最佳诠释文明人类的野性存在。可以说,无武术,不竞技。

总之，武术应当走向哪里，必须依时代步伐而校准方向。在我国新时代到来之际，依托武术的原初——依社会需求而生，武术应当向现代文化生产、健康生活、竞技对抗三方面发展，其走向目标指向于武术的文化创新、武术的身心健康、武术的竞技对抗。

三、回归武术本初的路径

就当前武术的主要表现形式而言，武术回归本初的路径主要分为两方面：其一，由让武术套路回归武术本初，其二，让武术散打回归武术本初。但在每个路径中，牢牢抓住满足社会需要这个武术最为本初原旨，便有不同层面的问题交织在一起。因此，回归武术本初的路径，并非单维度路径，它是立体交叉而后的一种趋向导向，并且呈现由低级向高级发展的态势。

1. 从微观的初级层面，让习武成为武术本有竞技能力提升的过程

武术竞技由来已久，但以西方竞技体育模式开展武术竞技运动肇始于民国时期，兴盛于中华人民共和国时期。从武术普及与推广的角度，现代武术竞技运动的确发挥了极为重要的作用，功不可没。然而，伴随武术在现代社会的不断深入发展，当前，一部分武术竞技模式已经完成了它应有的历史使命，应当适时退出历史舞台，回归武术本有之竞技。

其一，回归本初的比武能力。比武能力，即格斗能力，或者说武术对抗能力，主要由武术散手来完成这个使命。现在武术散打比赛主要是分级别而进行的，是一种多以强胜弱，以力大而显胜的竞技模式。这种模式虽有存在的合理性，但违背了武术追求的比武之境界，即以柔弱胜刚强、以巧劲破千斤的宗旨。时至新时代，我们应当在武术散打竞赛模式方面进行大胆创新，使之满足人们对以巧制胜的好奇。因此，武术散打应当研究一项规则，非以绝对力量取胜，而以巧劲获得胜利为宗旨的基本竞技规则。

由此，让这种竞技回归到武术人憧憬的那种劲与招的变化莫测之境界。除武术散打之外，太极推手是我国一项经典的高雅比武对抗形式，但由于欣赏性较弱而被暂停。试想，什么能够改变推手应用，什么能够改变推手的竞技欣赏性，一言以蔽之，那就是推手规则。为什么不再深入研究呢？当前，我们国家正在试图探索新的推手竞技，这就说明武术本初的比武能力正在回归。

也有人会说，武术还有一种格杀的功能，我们俗称为实用攻防术。人们希冀拥有一种超乎常人的格斗能力，或者说一招杀敌的能力。从实际出发，这种技能不是没有，却非常少见。同时，也并非一般常人所能应用，它必须经过大量的实战性训练才能获得，而非一朝一夕随便能成功的。此外，在当前法治社会，我们几乎很难遇到这种使用环境。在环境缺少、又缺乏训练的前提下，谈各种超乎想象的能力，都是空想。因此，将武术格斗技能回归为在竞技规则约律下的一种以巧破千斤的比武竞技是为其本初的基本路向。

其二，回归本初的演武能力。演武能力，即武术表演能力，主要由武术套路完成这个使命。当今的武术套路竞技比赛，主要是以"高、难、美、新"为基本原则而展开的一种竞技模式，的确极大地推动了武术套路运动的发展，使之进入一种新的境界。但是，随着竞技水平的不断提升，武术套路竞技比赛已经进入瓶颈而无法自拔。一方面，造成此种状态的原因虽有多种因素，但其主要作用者则为难度动作，这是当前武术进入瓶颈的主要根源之一。究其原因，是要充分体现客观性、定量化评判。让难度动作进入武术竞技场无可厚非，但关键在于我们用何种难度动作。当前的难度动作与西方体操本无区别，它主要体现的是对人体动作机械性表现极限的一种挑战。但这背离了武术动作的初衷，武术动作的难度应当围绕技击对抗之核心而展开的一种难度表现，那种脱离技击对抗背景而设计的难度动作均背离了武术的初衷。如果武术套路竞技再不回头，恐怕这项运动将会误导众多国人。当前的竞技武术难度动作应适时退出历史舞台了。另一方面，关于演武之美的评判是有争议的。何为美，舒展大方，气势恢宏是演武评判的唯一准则吗？如果作肯定回答，那么便追问，武术拥有129个拳种还有存在的价值吗？由此，我们不能不反思，为什么当前武术套路竞技场一片"长拳态"。武术演武应当适时回归，紧密围绕技击来创新演武是武术在新时代应当回归的路向。

2. 从中观的中级层面，让习武成为一种修身养性的过程

修身养性实为一体，在《大学》中专门提及"修身、齐家、治国、平天下"的道理。此句之中的修身即修身养性之意。对于国人而言，修身养性是修炼人生的一个过程，永无止境。武术作为中华民族优秀传统文化的有机组成部分，承载着中华文化诸多因子。武术在修身养性方面主要体现为内外两方面。武术修身养性的外在表现是对身体的直接塑造，使人五体匀称、形健质善、协调运转。武术修身的特征在于运用了具有攻防技击性的动作化形于身体之中，将动作直接作用于身体而产生显性效果。武术的内在修身，即为心性的修持。武术与西方的体操有着本质区别，其根本就在于内在的心性。习武不仅是一种身体运动，更是一种文化濡养。每一项运动均具有文化的成因，但它自身发挥的作用大相径庭。可以说，西方的体育运动偏向身体动作，东方国家的体育运动偏向文化濡养。由此可知，习武的过程就是对人的心性养成的一种过程。不仅如此，武术动作具有一定的攻防技击性，由此带来一个更具有深层的社会功能与价值，即培养一种尚武精神。这种尚武精神的培养，不仅是拼搏与竞争的意识，更为重要的是培育了一种高尚的道德情操、坚强的意志品质、刚毅的品格。

如果说琴、棋、书、画是我国用以修身养性的经典代表，那么，武术则是将四宝化为身体动作而显达。琴，通过心弦共鸣而抒情，武术，通过

呼吸吐纳内在声音与心率共鸣；棋，通过棋艺的博弈来彰显思维的竞争，武术则通过比武较量来体现身体对动作的控制能力；书，将作为文字的语言交流工具艺术化，武术则是将作为技艺的攻防格斗工具艺术化；画，则是通过图画表达一种画者心之所想的意境，而武术则是通过武术套路的演武，表达武术人对格斗意境的认知与理解。武术同琴、棋、书、画可谓有异曲同工之妙。

当然，修身养性的中国传统方法与手段多种多样，我们可以选择琴、棋、书、画，也可以选择武术，还可以选择京剧等，选择枚不胜数。选择武术者，必然与那种内心拥有一种尚武情结紧密关联。实则这就是身体文化的再生产、再创新的一个过程而已。

3. 从宏观的高级层面，让习武成为一种生活方式

生活方式，简单说它是人们一切生活活动的典型方式和特征总和。它是人们最为自然的一种生活状态的体现。《道德经》中指出事物发展的最高级境界就是自然而然。习武，起初是一种用于格斗的技能，其后又演化为追求技艺，再次转化成为一种补充生活乐趣的修身养性方式。当把习武作为一种修身养性过程转化为自身自然而然的一种生活方式之时，习武已经不求有任何目的，它只是在人生过程中的一种自然生活。在生活中，人们离不开武术，也不愿意离开武术，习武如同每日三餐一般，巡回反复进行着，并自得其乐。习武便成了一种生活方式，而这也是习武的最高层次。

回归武术本初不能脱离具体的时代背景，脱离时代背景谈论回归武术本初，是虚无的、不现实的。在新时代到来之际，武术回归本初的竞技是要寻求那种以弱胜强的武术格斗技法和围绕并突出技击展开的武术套路表演；武术回归本初的生产则是文化创新，是一个修身养性的过程；武术回归生活的本初，则是将习武看作生活中的一部分，成为一种生活方式。

　　纵观历史，武术发展之本初就是满足社会发展之需要。以武术视角，解决新时代人们对美好武术需求与不平衡不充分的发展之间的矛盾，可通过回归武术本初的比武与演武、回归到修身养性、回归到自然的生活方式等三种不同级层之中，渐进满足武术对竞技需求、人们对武术的生活需求，以及社会对武术文化再创造的需求。

第五章　当代武术传承策略

　　武术技术是武术文化传承与传播的核心内容，无武术技术也就无武术文化，这是武术文化传承传播或者民间普及推广的大前提。当下，在民间普及推广什么样的武术技能，是普通百姓最为关心的问题。正如前文所述，民间大众关心的武术技术与武术专业人员关心的可能并不一致。这就需要推动武术发展的专业人员深刻考量民间大众对武术的需求与武术科学发展之间的关系，既不能完全以民间大众的思维与观念主导武术科学发展道路，又不能一味按照专业人士对武术科学发展之路的判断去推动武术未来前进道路，二者之间需要一种互动融合，产生一种既有距离又互相包容的相辅相成的关系，才能真正将武术在民间的普及推广工作推向一个新的高度。

　　武术的民间普及与推广是一项系统性工程，需要多方面部门与人员相互协调、上下一致，才能在较短时间将武术普及与推广推向一个更高的发展点。因此，如何建立并不断完善这个系统工程是当下武术普及与发展过程中最为关键的一个步骤。

　　首先，通过梳理武术普及推广相关文献以及专家访谈等方法，结合当前武术在普及推广中存在的问题，解决武术普及推广的第一个问题，即教授武术中什么样的内容（因为武术技术内容在普及推广中占有举足轻重的地位，直接关联习练者对武术的兴趣及可推广的程度）。在当前的调研中，绝大多数学者一直呼吁国家在推动武术建设中，应将武术传承内容"打练结合"，即对抗形式与套路演练形式相结合。武术技理内容系统化传授是武术普及推广的动力引擎，也是中国特色。练习武术并不是一种简单的格斗运动或者身体锻炼，它是内含深刻的培养人之修养的一种过程。如果将"打"视为武术追求的"真"，那么，套路演练则是武术人追求的"美"的境界，而贯串习武始终的"德行修为"则是人生追求"善"的阐释。因此，从系统的人生培养过程而言，习练武术实则是对"真、善、美"的一个具体操作过程。

其次，武术普及推广还需要解决传承程序问题，即先教授哪些内容、后教授哪些内容。这是在武术普及推广中极易被忽略的一个问题，但它却是一个极具有影响力的因素。如果对照商品交易模式，传承程序好似一种营销手段，通过具体的营销方式与手段，逐步激发受众的购买欲望。武术传承程序实则就是武术普及与推广中的一种特有的营销手段，它通过每个环节的武术传授一步一步建立起习练人群对武术的兴趣与爱好，直至最终建立起终身武术的养成与习惯。

再次，在武术普及推广工作中，必须有不同习练人群的针对性方案设计，不能泛泛而对应群体。普适性虽然是武术的一大特性，但在普适之中武术内容仍然具有不同侧面的针对性。抓住武术不同内容针对特定人群所具有的相应特性，就能发挥独特的人群与武术内容融合的优势，更好地开展中国民间武术普及推广工作。以分化武术套路内容的视角，构建专属群体的传承模式，为武术推广输入优质动力源。幼儿阶段至青年阶段主要普及推广快速类武术套路，中老年阶段主要普及推广缓慢类武术套路。

最后，任何一个事物的发展，其社会推动力量主要来源于两个方面，第一种，以政府指令性的官方推动，见效快；第二种，以市场调节机制为主导的社会力量推动，其内在动力更强。两方面力量各有优劣，相互补足则会取长补短。从当前武术发展面临的问题角度，结合国家指导政策建立以市场运营为主导的武术普及推广方案，将对未来武术发展更具有现实理论意义与实践价值。

综上所述，武术在民间普及推广的方略可以用"五位一体"的练习内容来概括：①贯穿单练套路蕴审美；②兼顾对打演练展真实；③开展集体操演铸意志；④同场博弈对抗练勇胆；⑤内注武德礼仪育善良。其练习程序应当从武术衍生发展的一般性规律以及人由感性至理性的发展规律出发，建立起由"打"至"练"再到"养"的循序渐进式的武术普及与推广方略。在这种武术民间普及推广思想的指导下，按照人的发展阶段确立五种武术在民间普及推广的方略，即幼儿武术传承策略、少年武术传承策略、青年武术传承策略、中老年武术传承策略。由此，武术在民间的普及与推广则贯串整个人生。

年龄阶段在不同地区或学说中具有不同的划分方法，有些称谓也存在一定的交叉阶段。我国自古代就有较为成熟的年龄阶段划分。《礼记·曲礼上第一》专门有论："人生十年曰幼，学。二十曰弱，冠。三十曰壮，有室。四十曰强，而仕。五十曰艾，服官政。六十曰耆，指使。七十曰老，而传。八十、九十曰耄，七年曰悼，悼与耄虽有罪，不加刑焉。百年曰期颐。"① 就目前情况而言，世界卫生组织与中国对年龄阶段的划分存在较大的差异性。世界卫生组织将人类年龄标准进行了重新划分，具体为：未成年人 0～17 岁、青年人 18～65 岁、中年人 66～79 岁、老年人 80～99岁、长寿老人 100 岁以上。我国的一般年龄标准为：童年时期 0～6 岁、少

---

① 杨天宇. 礼记译注 [M]. 上海：上海古籍出版社，1997：5.

儿时期 7 ~ 17 岁、青年时期 18 ~ 40 岁、中年时期 41 ~ 65 岁、老年时期 65 岁以后。基于以上年龄划分标准，结合武术在中国普及推广实际、中国学龄，以及人体运动成长规律，各年龄阶段的划分界定为如下标准：

——幼儿时期：3 ~ 5 岁，也称为学龄前时期，主要在正式入学以前。

——少儿时期：6 ~ 12 岁，主要在小学阶段。

——青少时期：13 ~ 17 岁，主要在中学阶段。

——青年时期：18 ~ 40 岁，主要在大学及后部一定时段。

——中老年时期：41 岁及以后。

为了验证提出的各年龄阶段的武术传承策略是否切实可行，通过 6 年时间，课题组分为 5 个子课题组分别进行了 5 个年龄阶段（幼儿时期、少儿时期、青少时期、青年时期、中老年时期）的实验验证，验证了该方案具有现实可操作性，对于民间普及推广武术具有理论与实践参考价值。具体内容分节论述。

第一节　幼儿武术传承策略

幼儿阶段处于 3 ~ 5 岁时期，他们正处于对事物认知与判断的初建时期，身体也正处于茁壮成长时期。此时期可塑性非常强，如同白纸一般，划上任何痕迹都会对今后人生有重大的影响作用。幼儿武术传承的主要目的是培养幼儿对武术的兴趣与礼仪规范行为及精气神，形成对武术正确的基本认知与概念，掌握一种树立良好体形体态的武术手段与办法。围绕这样的基本宗旨，开展幼儿武术传承将会对未来武术人生产生极大的良性作用。

一、幼儿武术传承要旨

幼儿武术是武术传承过程中的第一站，为后续的武术传承工作起到铺垫与支撑作用，对于能否将武术发扬光大具有极大的作用。从教育角度来讲，幼儿武术属于武术教育中的启蒙教育，其教育质量高低直接关系到未来武术学习者对武术的认知及态度。就某种意义而言，幼儿武术对普及推广武术工作具有一定的潜在性决定作用。因此，准确定位幼儿武术，关键在于明确幼儿武术传习宗旨及其所要实现的目的与目标。

幼儿武术宗旨：激发此阶段的武术初学者对武术的兴趣与向往，由此建立初步的武术运动基本概念；帮助该阶段武术初学者塑造一种良好的体形体态以及刚强意志品质与敢于竞争的精神，同时树立一种具有高雅文明教养的良好武德修养及文明举止。

在这种宗旨的指引下，幼儿武术需要建立若干个相对具体且操作性强的目标，在逐步实现过程中使学者逐渐养成优良武德。这些目标主要包括如下五方面内容：

第一，采用各类方式方法及手段激发练习者学习武术的兴趣。爱因斯坦曾经说过，兴趣是最好的老师。对于启蒙教育过程中的幼儿武术，首先要注意的问题是武术兴趣。武术兴趣一旦被激发，其后续武术普及推广工作则如同顺水推舟，武术文化的传承必然将走上康庄大道，不断走向辉煌。在这里，需要提示激发武术兴趣手段的方式方法应当多样化，应当将其贯串幼儿武术学习全过程，不仅包括教学的组织形式与方式方法，而且包括内容及程序设计方面的结构性等。

第二，使初学者初步掌握一套趣味性较强的完整武术技术动作，以初级小套路运动为主。无论对于初学的幼儿武术，还是对于中后期的青年武术及中老年武术，武术的主体内容是技术动作。因此，在幼儿武术传承过程中，掌握武术技术内容是一以贯之、雷打不动的必然要求。但对于幼儿武术而言，在动作设计方面，必须充分考虑其内在的趣味性。此点在后续的内容设计部分还将给予详细的具体的说明。

第三，注重培养优良武德，使初学者掌握系列规范的武术礼仪并能在武术传习过程中使用。与野蛮相比较，文明在于其行为文化中含有特定的意义指向，其中礼仪文化则是标志之一，它代表着人类的文明进步与发展。掌握武术一定的武术礼仪文化，则是对武术人追求武德的外化表现。

第四，使初学者感知体验练习武术需要一种敢于竞争敢于拼搏的尚武精神以及坚忍不拔的意志品质。练习武术不仅是一种单纯的肢体运动，它更重要的是培养练习者一种能动的精神，即敢于面对困难不断勇往直前的拼搏与竞争精神。只有明确这样种精神目标，才能真正为武术赋予更为深远的意义与价值。

第五，在练习过程中，强化身体塑形的练习，培养练习者勇武的体形体态。幼儿阶段正值 3 ~ 5 岁，其身体如同嫩嫩的小枝，可塑性极强。在这种条件下，对其施以阳刚威武的体形体态训练，使其保持中正，自然是最佳时期。

二、幼儿武术内容的构建

1. 简单易学武术小套路

幼儿思维认识尚处于朦胧之态，接受新鲜事物的能力还十分有限，其骨骼肌肉非常娇嫩，尚处于成长阶段。此时的武术技术动作不宜难度过大，承载重量不宜过重，尽可能避免对抗性动作，这样才更适合于幼儿苗壮成长而不使其受到伤害。因此，在构建幼儿武术练习内容时，并非现存的所有武术运动内容都适合于幼儿武术练习。就运动形式而言，在武术本有的三种运动形式（武术套路、武术功力、武术对抗）之中，武术套路是幼儿开展武术运动的最适宜形式。面对拳种多样、内容丰富多彩的武术套路内容，动作简单、易于上手、短小精悍的武术套路是幼儿武术必须坚持的基本原则。

从民间传统武术传习历史来看，武术传承以获得终身谋生手段及高深武功为目的，以刻苦练习、磨炼意志为前提。在中国历史上长期形成的"三纲五常"的伦理道德约束下，在武术传承过程中，以师父的教为主动，而以徒弟的学则为被动，二者之间存在严格的壁垒。因此，在武术传承历史中，考虑武术学习兴趣的层面较少。伴随现代社会进步与发展，武术传承的过程也发生了深刻的变革，从过去"我想学"逐渐过渡至"我为什么要学"的状态。由此，如何激发武术初练者的兴趣成为现代社会面临的重大课题。基于当前武术传承传播最为显性的为竞技武术套路，其传承模式则是以竞赛训练为主体。然而，对众多初学者只是将武术看作一种休闲娱乐、强身健体的手段，其内在练习方法及手段则与初学者的预期产生较大距离，以至于造成当前之怪现象——"喜欢武术，但不愿意练当前现实的武术""喜欢武术，但不喜欢上武术课""（武术）讲了多少年，做了多少年，但效果就是不满意"。① 考察当前幼儿武术之种种，但能集"动作简单、内含乐趣、套路短小"三位一体之技术特点且为少数。通过调查，当前绝大多数武术教习者认为长拳中的"五步拳"是初学者最正确的选择。也正是因此，五步拳在武术培训机构开展的初级武术教学班中得到广泛的使用。但通过技术分析与比较，五步拳虽然具有套路短小的特点，但对于武术普及推广初阶并不是适宜的套路。其原因有二：首先，对于武术初学者而言，五步拳的动作并不简单。其中的"歇步冲拳、仆步穿掌"两个动作对于幼儿而言是难以掌握的，它需要更强的柔韧性、平衡性与力量支

---

① 陈竹，霍仟. 武术课如何摆脱叫好不叫座［N］. 中国青年报，2013 - 10 - 21（03）.

撑；其次，该套路设计是专为专业训练打基础而用的武术基本功练习，完全依据武术技术掌握的角度而设计，但并未涉及学习武术兴趣层面的相关问题。因此，五步拳缺乏一定乐趣性，更强调一种武术基本功与基本技术的强化与巩固练习。这也进一步提示，武术动作练习太难，则容易打消前期刚刚调动起来的学习武术的积极性；如果武术动作练习太过简单，则易失去武术的技艺本质。给予适合幼儿阶段的武术套路内容是最为关键的环节，这是在武术普及推广工作中非常具有创新和挑战意义的具体策略与方法，也是幼儿武术普及推广任务中的重中之重。从实践角度而言，课题组曾调查石家庄市神兴小学二年级的武术课外活动，练习者在做歇步冲拳时重心高度不稳，仆步穿掌动作只是一带而过而没有仆腿过程。时间稍长，学习者的注意力则开始转移。面对这些问题，幼儿武术必须面对现实，紧密围绕"动作简单、内含乐趣、套路短小"三位一体特点开发幼儿武术套路或者整合武术套路，才能将武术普及推广为这一始发站配置上能源充足、动力强劲、续航持久的首发车，武术普及推广道路才能更加广阔而平坦。

为了深入探索"动作简单、内含乐趣、套路短小"三位一体幼儿武术套路，在现存相关武术教习资料基础上，以《少林罗汉十八手》为蓝本，课题组于2015年开发了一套"小小功夫拳"的武术拳术套路，并于2015年11月至2016年1月，耗时3个月，对裕华区第四幼儿园的大班的两个非混龄班开展了实验研究，实验对象共计63人，其中实验与对照班分别为33人和30人。① "小小功夫拳"共由19种动作组成，其中涉及步型2种，即弓步、马步、丁八步；手型3种，即拳、掌、勾；腿法2种，即蹬踹、弹踢；拳法5种，即冲拳、劈拳、盖拳、横拳、掼拳；掌法6种，即格掌、

_____

① 李萌. 基于普及与推广视域下幼儿阶段武术传习方案的实验研究［D］. 石家庄：河北师范大学，2016：10 - 12.

砍掌、推掌、亮掌、双击掌、扫掌；其他打法 2 种，即缠腕、盖肘。这个小套路看似复杂，实际练习起来简单易上手，且富有变化，效果较明显。实验结果表明，"小小功夫拳"能够较好地调动幼儿园学生学习武术的积极性，同时也使学生较好地掌握武术技术动作，对于未来武术普及推广工作具有一定的理论借鉴与实践参考价值。小小功夫拳的具体内容如下：

套路名称：小小功夫拳（完整版）

动作名称：

预备势

(1) 拳礼先（抱拳礼）

(2) 开天地（马步双劈拳）

(3) 打流星（弓步冲拳）

(4) 架梁炮（马步架打）

(5) 进身肘（弓步盖肘）

(6) 当头棒（马步翻拳）

(7) 巧纫针（马步连环拳）

(8) 打流星（弓步冲拳）

(9) 蹬腿踹（蹬脚冲拳）

(10) 乘势击（顺弓步冲拳）

(11) 转乾坤（并步推掌）

(12) 小缠打（缠腕冲拳）

(13) 猛推山（弓步双推掌）

(14) 烈马踢（缠腕弹踢）

(15) 双贯耳（弓步双贯拳）

(16) 哪吒旋（并步旋转）

(17) 鹏展翅（丁八步双亮掌）

(18) 拳礼谢（抱拳礼）

收势

首先，该套拳术以幼儿语言的表达方式概括其拳术名称"小小功夫拳"；其次，以朗朗上口的"三字经"形式冠以动作名称，符合幼儿语言表达习惯，易于记忆，同时结合大自然现象以形象的语言表达方式概称动作，非以术语化动作名称描述，增加了趣味，易于吸引幼儿注意力。具体动作形式如下：

对于幼儿园小班学生，可以适当简化动作，减少动作数量，使小班学生更易学习，产生兴趣。该拳术套路包括 10 势动作，比较完整版减少近一

125

半动作，其中步型 3 种：弓步、马步、丁八步；手型 2 种：拳、掌；腿法 1 种：蹬腿；拳法 3 种：劈拳、冲拳、横拳；掌法 3 种：砍掌、推掌、亮掌。

套路名称：小小功夫拳（简化版）

动作名称：

预备势

(1) 拳礼先　　　　　　　　(6) 转乾坤

(2) 开天地　　　　　　　　(7) 小缠打

(3) 打流星　　　　　　　　(8) 猛推山

(4) 蹬腿踹　　　　　　　　(9) 鹏展翅

(5) 乘势击　　　　　　　　(10) 拳礼谢

收势

2. 活泼生动武林小故事

由于武术教习更侧重于技术，人们往往忽略非技术性因素对武术普及推广的影响。这也是武术在当代社会普及推广不利的重要影响因素之一。幼儿阶段的学生处于朦胧成长期，对外界的一切事物均有强烈的兴趣与好奇心，尤其对于活泼有趣的故事更有特别的兴趣与爱好。在历史长河中，武林多豪杰，他们创造了无数可歌可泣的英雄故事，感染并激励着无数国人，同时振奋了中华民族精神。因此，设计幼儿武术内容时，应当将相关武林中流传的有趣且具有提振中华民族精神的故事列为重要传授内容，并将武林英雄身怀高超武术技艺与民族大义、见义勇为等优良品质相结合，运用现代科技手段激发幼儿对武术练习的渴望，进而渐进式地对幼儿进行武术文化熏陶。例如，课题组采用了幼儿喜闻乐见的动漫形式，展现若干相关武林英雄小故事，非常形象而直观地展现了武术中内含的正义战胜邪恶等独特文化魅力，收到了良好的效果。通过三个月的实验，结合动漫讲解武林英雄故事对于培养武术学习兴趣具有积极影响作用，增强了幼儿学习武术技术的效果。①

3. 规范威武武术小礼仪

武与德并举而出，德以礼而显。培养武德贵在于惯常，而将武德内化于心形成既定的行为准则需要通过其礼而体现。正如中国俗语"文以评心，武以观德"，文须心而举，武以德而立。武术礼仪对于树立良好的武德修养具有重要的推进作用。古有云"未曾学艺先学礼，未曾习武先习德"，德之养成其贵要之时则为初首之期。现代教育理论也认为，一种习惯的养成应从娃娃抓起，其为至关重要，犹如高楼大厦之地基。由此看来，武术礼仪教范在幼儿武术传承中占有举足轻重的地位。武术礼仪规范度是幼儿武术学习的重要一环。规范的武术礼仪不仅是武德修养的一种体现，而且还能充分彰显武术内在的精气神，进而表达武术威武之势。武术礼仪包含的内容很多，究竟选择什么样的武术礼仪作为幼儿武术传承内容是非常关键的部分。依托幼儿武术传习的特点，幼儿武术礼仪应当强调习惯的确立与养成，并与日常练习紧密联系，确定如下礼节为幼儿武术重点练习内容：正式场合见面问候礼仪——武术抱拳礼，正式场合示意提出问题礼仪——举手礼，正式课堂听课姿势礼仪——听课礼（开立站立，双手背于身后），日常见面问候礼——鞠躬礼等。上述 4 种礼仪贯串幼儿武术传习全过程，使幼儿在实践武术过程中驯化自己的身体行为与思想，使之能够以规范的礼仪表达出其内在的武德思想。在 3 个月的实验验证过程中，研究发现规范的武术礼仪训练对于日常良好行为养成以及姿势姿态具有较

---

① 李萌. 基于普及与推广视域下幼儿阶段武术传习方案的实验研究［D］. 石家庄：河北师范大学，2016：31.

好的促进作用。①

三、幼儿武术传承程序概要

幼儿武术传承是武术普及推广这一系统工程中的奠基工程，其开局工作是否扎实有效，将对未来武术大发展具有深远的蓄力作用。根据幼儿身心发展的特点，在此阶段开展武术普及推广，应当特别注意武术传承程序问题，它具有重要的内在隐性影响作用，潜移默化地影响着幼儿习练武术的兴趣与技能掌握。按照幼儿身心发展一般规律，确立一种先给予直观形象认知，再逐步进入感性体验，再从体验之中逐步成长的传习程序将更适合幼儿认知并使其掌握武术的基本规律。因此，从幼儿天生喜欢听故事、模仿有兴趣的动作，渐进过渡至武术动作的学习，再通过考核奖励给予一定的激励与促进，将会更大限度调动幼儿学习武术的积极性，使其更好地掌握所学武术技能。在此需要注意，下面所论的传承程序只是一般遵循幼儿武术传承的程序，但在具体的实施过程中，每个环节程序结束之后并非就不可再次出现，根据实际情况需要，前面所涉及的程序也可穿插使用于后面的程序之中。通过3个月的教学实验，课题小组前期设计的幼儿武术传习程序在提高幼儿武术学习兴趣、促进掌握武术技能方面均具有较大的促进作用。程序框架如下：

1. 武林传奇故事导入

处于3—5岁阶段的幼儿，内心天真无邪，对外界社会及世界充满了好奇与喜爱，他们会用身体的各种器官去感知触碰陌生而又新奇的世界。故事则是幼儿通过自己大脑去进行无限遐想、感受世界的重要媒介。因此，以武林传奇故事作为幼儿武术普及推广的首发车，则成了一种必要的手段

---

① 李萌. 基于普及与推广视域下幼儿阶段武术传习方案的实验研究［D］. 石家庄：河北师范大学，2016：31.

与办法。在正式开始武术技术技能学习之前，课题组首先选取了一些与武术运动相关的系列故事，通过授课老师的讲解或者视频的播放，向孩子们展示武术技能学成之后能够带来的价值与影响，感染孩子们对武术学习产生无限的向往与追求。例如，课题选取的动漫电影《功夫熊猫》中的片段进行播放，就产生了非常好的效果。播放完之后，孩子们学习武术的兴趣高涨。借此之机，马上进入第二阶段，即漂亮与威武相结合的武术动作学习。在武术学习过程中，武林传奇故事须交错贯串幼儿武术传习的全过程（具体内容在注意问题中专门论述）。

2. 武术礼仪学习（拜师礼仪）

接续武林传奇故事之后，在孩子们对武术充满无限期盼之时，首先应当给予幼儿一个非常直观而又鲜明的武术动作，让幼儿在刚刚接触武术实际技术之时，与所向往得到的技艺达到基本吻合的状态。这样可让孩子们在学练武术的过程中对武术产生无限的期待，希望在学习过程中掌握更神奇的武术技艺。因此，此时以经典的武术礼仪——抱拳礼，作为初始幼儿学习武术技术动作及礼仪的基本内容是较为适宜的选择之一。抱拳礼内含武术技术运动中最基本的两种手型——拳与掌，同时还有手臂与身体各部位的协调配合以及眼神的表达，充分体现出武术所要表达的威武阳刚之精气神。通过武术抱拳礼的学习，结合抱拳礼的基本文化内涵以及相关小故事的讲解与说明，再次激发幼儿进一步学习更为深入的武术技艺的积极性。其后，进一步学习站立势、鞠躬礼、举手礼等，具体礼仪操作方法及规范要求将在武术礼仪章节中专门论述。在此基础上，此时需要马上转入武术套路技术内容的学习，让前期的武术礼仪充分浸润于武术技能实践之中，使之成为一种活态的武术技能装饰品。即，在武术技能实践中不断锤炼武术礼仪，同时在武术礼仪规范中不断提高武术技术水平，二者之间相辅相成、互为促进，形成一种武术技术礼仪之良性循环。

通过 3 个月的实验研究，课题组也发现了研究的不足，即忽略了对于培养人的一种直观教化形式——拜师仪式。在人们眼中，拜师仪式是民间师徒传承的一种礼仪，在学校体系之中似有不合时宜之嫌。而当我们转眼回望韩国的跆拳道和日本的空手道，它们的成功之处则是将武技技能学习仪式化，使看似野蛮的格斗技能文明化。因此，如何创建一个具有现代气息而又符合当代人们行为习惯的且能够成为重大场合可宣传推广的武术拜师仪式，正是当代武术人应当解决的重大问题。从武术传习程序的角度来看，武术拜师仪式应当先于武术抱拳礼的学习，它应当置于武术技能学习之首。就严格意义而言，武术拜师仪式实则为武术传习之首，而武林传奇故事导入只是一种普及推广武术的宣传手段，并非武术技术技能学习本身的组成部分。通过非常隆重而庄严的拜师仪式，使初学的幼儿对武术有一种敬畏感与神圣感，能够使武术深深烙印在幼儿内心，对于武术普及推广具有重要的战略意义与价值。

3. 武术小套路学习

幼儿武术初期感知武术内容均是趣味性比较强的武林传奇故事以及相对严肃认真的武术礼仪。就其内容本质而言，即使武术礼仪具有武术动作的成分与内容，但上述学习内容与实质性武术运动仍然存在一定的差距。从心理认知的角度，前两个环节内容的设计使幼儿对武术学习的意向从强烈至平稳，第三个环节则需要一个较为强烈的刺激再次激起武术学习的兴趣，并将其巩固起来。好动是幼儿最大的身体行为特点。幼儿武术传习应当借此之势，通过武术小套路的练习，满足幼儿喜好蹦跳的内在而又自然的身体诉求。此时，给予幼儿一个恰当的能够亲身体验、施展身体运动本领的武术技术动作练习则成为一个非常重要的环节。武术小套路学习是幼儿武术真正落地于实践的重要环节，也是让孩子们进一步亲身体验感知武术技术，将前期的梦想付诸具体的实践。在幼儿武术传习的全程序链条中，武术小套路学习是最为核心的环节及内容，其他环节内容均围绕此项内容而开展。

当然，在此环节过程中，并非只有唯一的武术小套路内容，其中也须穿插前两个环节之武林传奇故事与武术礼仪内容。其内在原因有二：第一，武术小套路学习之必需。在武术小套路学习过程中，必然涉及相关武术礼仪，例如，武术练习开始前与结束后须行抱拳礼，在学习过程中应当保持站立势，有问题要行举手礼等。第二，武术小套路学习之调味品。虽然武术小套路动作简单容易上手，但仍需要刻苦训练才能到达较高的表演水平。因此，对于幼儿而言，练习武术小套路也并不是一件非常容易的事情。这就需要在学习与训练过程中给予孩子们一些套路内容以调动武术学习兴趣，例如，可以穿插一些武林故事或者相关的动漫武术展示。

总之，武术小套路的学习是幼儿武术普及推广中的重要内容，它对后期其他年龄段武术普及推广具有非常深远的影响。此阶段实施者当须给予高度重视、谨慎教范。

4. 竞赛与考核

幼儿武术小套路学成之后，也就意味着幼儿阶段的武术主体内容的完结。此时，对孩子们的武术练习完成情况进行适当的评价，能够给予孩子们进一步学习武术的信心，再次激发武术学习的内源性动力。这将会对后续武术普及推广工作起到推波助澜的作用。因此，武术小套路学习之后，须紧密衔接系列的武术竞技小比赛或者技术技能考评，以巩固提高上一环节的学习成果。从功能角度考察，通过彼此之间的相互比较，此阶段的武术竞技小比赛可以进一步调动孩子们练习武术的积极性，再次激发练习武术的热情；而武术技术技能考评，则是通过自身的比较，给予孩子一个应有的武术技术水平定位，使孩子们能够清晰认识到自己在武术运动中所处的水平与地位。此环节中的竞技比赛和技术技能考核应当以鼓励为主线，非强调个人技能的高低，以强化集体演练技能，强化个人在集体中发挥的能动作用为主要参考指标。如此，才能充分激发幼儿学习武术的兴趣，为后续武术普及推广工作奠定坚实的基础。

四、幼儿武术传承应注意的问题

1. 幼儿武术普及推广应当注意创编适宜的小套路，避免对抗性练习

幼儿武术普及推广关键在于学习武术技术技能，而武术技术技能学习主体要依托武术小套路。武术小套路内容设计的优劣直接关乎幼儿武术普及推广的效果，它将起到极为重要的作用。由于不同区域或者不同地方的幼儿具有一定特性，设计具有针对性的武术小套路则成为幼儿武术普及推广工作中的必需环节。前面设计的小小功夫拳套路只是幼儿武术普及推广中的一个范例。为了更好地推动幼儿武术普及与推广，应当设计更为丰富多样的适合于幼儿武术练习的武术小套路，而非千篇一律地使用一种小套路。如此一来，才能更好避免幼儿武术在具体的实践练习过程中产生的乏味感觉以及持久单一维度刺激而带来的疲劳感。

幼儿阶段的人体正处于生成发育时期，如同刚刚出土的嫩芽，一旦受到重力的影响，很可能出现变异生成。因此，在幼儿武术技术技能学习过程中，还应当注意尽可能避免双方的对抗性练习。防止在练习过程中，由于幼儿身体控制能力不强、抗击打能力非常弱的，有时会出现伤害事故。有时，对抗性伤害对人体构成的破坏具有终身性，不易恢复至原态。基于此，可以说在幼儿阶段，可以不涉及双方对抗性质的格斗性练习，应当以小套路为主要练习内容。为了增强练习内容的趣味性，虽然不涉及双方对抗性内容，但可以让幼儿初步感受带有一定保护的击打软性器械练习。例如，击打气球、击打水球等，既能调动孩子们练习武术的积极性与趣味性，又能切实对幼儿进行具有格斗内涵的武术练习。从另一角度而言，这

实际是一种教学艺术的创新与提炼。

2. 幼儿武术普及推广应当注意教学的节奏性及教学程序交叉综合性

教学节奏在武术教学之中是一种隐性的教学因素，也是调整学习注意力的一种有效教学手段与方法。由于教学节奏的隐性特点，此方面特别容易被教授者忽略。教学节奏，顾名思义，即为在教学过程中安排的教学内容在单位时间内的所占用时间长短的变化。换成通俗易懂的语言，就是教学内容长短之间变化的问题。在幼儿武术普及推广中，前面所涉及的教学程序由 4 个环节组成，即武林传奇故事导入—武术礼仪学习—武术小套路学习—竞赛与考核。在教学节奏的掌控上，前两个环节的内容所占用的时间在整个系统教学中比例不应过大。当孩子们对武林传奇故事导入与武术礼仪学习的热潮降低之时，应当将教学尽快转入实质性的武术技术技能教学阶段，即武术小套路学习。其后，武术小套路学习还应当穿插运用前面的武林传奇故事与武术礼仪练习，在武术竞赛与考核过程中也须穿插运用武术礼仪实践等。由此体现出的幼儿武术教学节奏为：武林传奇故事导入（短）—武术礼仪学习（短）—武术小套路学习（长）—竞赛与考核（短）。在此一般程序安排下，在较长时间的第三环节（武术小套路学习）中贯串应用前两个环节内容，在较短时间的第四环节（武术竞赛与考核）中贯串应用武术小套路练习。如此纵横交错地应用，可不断转换幼儿的注意力，使之能够对武术产生较为持久的兴趣，为终身武术奠定基础。

3. 幼儿武术普及推广应当注重使用小道具

幼儿的一大特点就是喜爱玩耍，这也是幼儿一大天性。在幼儿武术普及推广中，应当充分利用这一特点，使幼儿尽最大可能地在乐趣中体验感知武术技术技能的美好。从幼儿这一特点出发也可提示，在武术普及推广中，运用的手段与办法应当按照幼儿时期身心发展的一般规律，以引导性学习为主，非以说教为重，其运用手段与方法尽可能丰富多彩。只有这样，武术运动技术技能才能得到幼儿的喜爱，才能为后续武术的大发展铺平道路。在研究过程中，课题组选用的小道具主要包括练功腰带、小拳套、小红花三种用品。其中，练功腰带是提振武术练习时的士气，通过佩戴腰带彰显幼儿练武之时的威武之势。同时，通过佩戴练功腰带，让幼儿拥有一种练武的自豪感，从感性方面进一步拉近武术与幼儿内心的距离；小拳套是分指半截薄拳套，佩戴此拳套会给幼儿一种勇士、侠士的感觉，让幼儿拥有一种欲试武力的期待。练功腰带与小拳套的结合使用，在幼儿心目中无形塑造了一个英雄的模样或象征，催发了幼儿热爱武术之情。小红花是用于日常学练之中的奖励用品，对于练习用功的小朋友或者进步较大的小朋友，抑或是武术技术水平表现较高的小朋友，均可以授予小红花，以示对其肯定及嘉奖，无形中激励了小朋友学习武术的热情。通过3个月的实验研究，使用小道具对于激发幼儿学习兴趣，提高武术技术动作学习效果均有较大—的促进作用。

4. 幼儿武术小套路练习应注意使用中架位动态性动作

一方面，目前，一般常规性的武术套路练习均按照竞技武术套路的标准而进行。而竞技武术套路演练一般遵循"高、难、美、新"的一般原则，即动作要跳得高、难度大、讲美观、有创新。而这个一般原则并不适合于幼儿的身心发展一般规律。在武术普及推广过程中，武术传承必须根据不同年龄阶段的身心发展特点而开发设计武术相关内容，才能更好地推动武术发展。从目前武术在全国发展状况，其未能引发更多国人练习的主要原因之一就是武术普及推广竞技化，即用运动员竞技比赛的标准要求普通武术爱好者。在武术普及推广中，"去竞技化"的一个标志性手段，即动作功架中架位化，而非竞技武术比赛要求的低架位。例如，对于弓步的要求，按照竞技武术比赛要求，需要前腿弓平，即前腿大腿保持水平状态，后腿要求蹬直。这就要求练习者具有强大的腿部力量，才能保证做到前腿大腿水平状态。但这种姿势标准要求对于幼儿是非常高的，可以说是难以完成的。如果刚一接触武术，就让幼儿产生一种无法完成的畏惧心理，这将对后期坚持练习武术产生更大困难。因此，降低武术动作标准要求，将低架位动作要求降低到中架位，即半站立式操练弓步。中架位弓步不要求前腿大腿水平，它只要求有一定的屈膝动作即可，保持前腿弓、后腿蹬直的状态，就视为完成动作。这样，幼儿就能较好地完成动作，对武术技术充满了信心。从难度及力量而言，中架位比较低架位而言，其应用力量小、易完成。

另一方面，在幼儿武术普及推广中，武术练习应当尽可能避开静止性、低架位武术动作练习。操作这类动作容易产生憋气现象，容易导致在武术动作练习中供氧不足，不利于幼儿的身心发展。尤其是较长时间的静力性动作，对于稚嫩的幼儿肢体会造成一定的损害，不能保证幼儿的身体健康。因此，在武术小套路练习过程中，应当以动态性、中架位武术动作为主，开展武术普及推广。

5. 幼儿武术小套路练习应注意配合发声呼喝以助士气

在诸多传统武术拳术中，常有以发声呼喝以助势威的现象。例如，在八极拳演练中，其特点就是"简洁朴实、势险节短、猛起猛落、硬开硬打，发力刚烈，并发哼、哈二声，以气催力"。[1] 少林拳更是以声助威，最后动作常伴有"威"音，在其演练过程中常发"呀、呜、哈"等声音，短促有力，吼声如雷，富有震撼感。[2] 通过发声呼喝，既能促进气力的产生，还能振奋气势，强壮胆魄。武术练习中的发声呼喝与幼儿天性喜爱嬉笑呼

① 全国体育院校教材委员会审定. 中国武术教程［M］. 北京：人民体育出版社，2004：242.

② 全国体育院校教材委员会审定. 中国武术教程［M］. 北京：人民体育出版社，2004：279.

喊相一致。通过有利于催发气力的呼喊，例如，"哈、嘿、哼、呼"等，强化了幼儿对武术动作的感性体验，大大增强了对武术动作练习的兴趣。通过3个月的实验研究，课题组指出演练武术过程中配合发声，能够培养幼儿的精气神。

6. 幼儿武术小套路练习形式应当以集体练习为主

在武术套路练习中，个人演练是最主要的表现形式，而集体演练在日常武术练习中较为少见，主要见于竞技武术套路比赛的基本功与基本动作项目中。基于幼儿年龄较小，身心发育尚未成熟，同时依据幼儿武术传承宗旨——培养良好的武德修养、武术精气神、体形体态，掌握基本的武术基本技能等。幼儿身体弱小，声音相对单薄，其动作还没有进入成熟的时期，单人演练则不足以提振武术演练气势。因此，结合幼儿身心发育特点，在传统武术套路演练模式基础上创新练习形式，开创一个以集体演练为主要练习形式的武术套路练习，则是幼儿武术普及推广中一个具有探索意义的手段与办法。通过集体演练武术，既能够培养幼儿的集体荣誉感，又能培养幼儿团结合作的团队精神。不仅如此，集体练习形式使孩子们保持动作的整齐划一，无形中也培育了幼儿身体控制能力与协调能力。

从另一角度而言，幼儿还未形成自我独立的行为方式。在这样一个特点前提下，以集体练习为主要学练形式，可以让幼儿在集体中感受大家的关心与帮助、感受与他人之间和谐相处的思维背景等，对于培养在社会的适应能力具有较强的促进作用。因此，集体演练形式对于幼儿武术普及推广具有积极的探索价值，可供推广者思考与尝试。

第二节 少儿武术传承策略

如果与学龄段相对应，少儿时期即 6～12 岁正处于小学阶段，比较幼儿时期的身体与心理均有较大幅度的提高。他们虽然具有接受新鲜事物快的心理特点，但由于易受情绪及兴趣的影响，也存在缺乏保持事物持久性的特点。相对于成年人而言，少儿时期小朋友的骨骼及其关节韧带较为稚嫩，骨关节之间的固定能力较为薄弱、肌肉力量较为弱小；同时，该阶段的逻辑思维运转能力正处于活跃时期，但其注意力持久性仍处于建设时期，注意力集中时间较短。基于以上少儿时期身心发展的一般规律，课题组于 2017 年 4 月至 2018 年 1 月开展了为期近 9 个月的少儿武术传习方案研究。该课题研究分为两个阶段开展，其中，第一阶段为预备阶段，即幼儿时期武术普及推广方案的实施，实验周期约 2 个月，为少儿时期武术传承方案奠定基础；第二阶段为少儿武术传习方案研究，实验周期约为 3 个月。实验对象为北京师范大学石家庄附属学校 2014 级七、八两个班级共计 89 名学生，其中七班 44 名学生为对照组，八班 45 名学生为实验组。在具体实施过程中，第一阶段该年级为当时小学三年级，第二阶段为当时小学四年级，处于小学阶段中间时期段。在为期约半年的实验教学研究中，结果表明注重武礼规范与武德培养的教范有力提升了少儿武德修养，武术典故与武术理论知识相结合的传授，增强了少年儿童对武术的理解与认知；同时证明了前期假设的少儿武术传习程序合理有效，即第一个环节为单招打靶、第二个环节为对练套路、第三个环节为单练套路，并强调单招动作贯穿于教学始终。①

---

① 李玉. 儿童武术传习方案的设计与实验研究——以四年级小学生为例 [D]. 石家庄：河北师范大学，2018：47.

具体实施策略如下：

一、少儿武术传承要旨

继幼儿武术第一站之后，少儿武术开启了武术普及推广第二站。在幼儿武术普及推广的基础上，少儿武术传习应当继续巩固提升少儿对武术的学习兴趣，强化武术对少儿体形体态的良好塑造以及透过武术礼仪对高尚武德修养锤炼与培养，通过特别设计的一套武术传习程序，感知武术动作的本质为合于攻守之间的人体运动技能。由此，初步掌握通过实践检验的具有一定实际攻守意义的武术技术动作。在此之间，将相关的中国传统武术文化渗透于少儿武术传习之中，让少儿在实践武术技术技能过程中，认知武术内含的独特中华民族文化精神。

第一，在少儿武术传习中，依据少儿身心发展的一般规律，将武德修养与武术礼仪贯穿练习始终，对培养优良道德品质、树立良好的体形体态等仍然具有非常重要的推动作用。第二，保持并巩固提高武术学习的兴趣，不仅是少儿武术普及推广的目的，而且是其应当遵循的基本原则与方针政策。但此阶段提高武术学习兴趣手段与方法不能与幼儿时期讲故事、用道具、典型武术礼仪动作相一致。少儿相较于幼儿更为成熟一些，需要通过武术技术技能的实践练习来激发学习武术兴趣，这是非常关键的一个因素。第三，此阶段的武术普及与推广，务必使少儿实质性接触内含攻防实战价值的武术技术动作，使其真正看到武术的真实面貌与实际情景。如果此阶段未能让少儿触碰到实质性武术技术技能，其前期经过约 3 年时间的初步感知武术的印象将会向消极方向发展，其对武术的心理距离将会越来越远。第四，通过武术技术技能的实践，铸造少儿刚毅品质与尚武精神是最为核心的传习要义。武术有句俗语"外练筋骨皮，内练一口气"，此一口气，实则是精神的表达。第五，少儿武术传习还应当继续遵循幼儿武术普及推广的一个基本原则，即以简单的武术技术动作为主开展武术技术技能练习。这仍是以少儿身心成长尚未成熟为前提。

二、少儿武术内容的构建

继幼儿武术之后，少儿武术教授内容的构建，对于少儿武术普及推广将起到一种桥梁作用。架接良好，将对后续武术普及推广起到重要的起振作用；架接不良，武术普及推广之大业很有可能出现夭折现象。因此，少儿武术普及推广在武术系统的普及推广中具有承前启后之关键作用。紧密围绕少儿身心发展的一般规律，设计一套适合于少儿传习的武术相关内容，将具有至关重要的作用。

就核心的技术内容而言，让少儿较为完整地接触武术内容是此环节必须完成的一项重要任务。因此，此阶段须呈现给少年儿童主要的武术练习运动形式。这些武术运动形式包括武术单练套路、武术对打套路、单招非实战练习（打靶练习）。虽然实战对抗性练习形式是武术练习的一项重要运动形式，但由于少儿身体尚未完全发育成熟，应暂不考虑在少儿阶段实施。比较幼儿武术普及推广，少儿武术增加了武术对打套路与单招非实战练习（打靶练习）两种运动形式，丰富了武术普及推广的内容。这些内容的引入将使少年儿童能够深入认知并实践武术技术的本质特征。在这些武术技术内容设计过程中，仍需坚持动作简单易学、明快有力，这是彰显少儿活泼好动天性特征最为适宜的手段与办法。尤其对于单招非实战练习（打靶练习），靶子选择以手靶为主、脚靶为辅，简单进攻动作，力求准确，初步体验击打过程中的力量。同时在双方互动的打靶过程中，训练少儿双方彼此之间的协调配合能力。在少儿武术普及推广研究中，课题组经过反复研究及筛选，最终选用的是中国武术段位制长拳一段的内容作为少儿武术传习的主要技术内容。具体内容包括：①单招打靶练习，其中进攻动作有冲拳打靶、贯拳打靶、劈掌打靶、弹踢踢靶；防守动作有迎击架靶、化解进攻招数的格挡靶。通过单招打靶练习，既训练了少儿的攻防意识与攻防动作技能，同时间接性体验了双方对抗实战的真实过程，也初步训练了少儿的拆招性练习，即弓步劈掌、抱拳弹踢、马步格挡等。②对打套路练习，动作包括起势（抱拳礼、并步抱拳、弓步看拳）、第一势（甲弓步冲拳、乙马步格挡）、第二势（乙弓步冲拳、甲马步格挡）、第三势（甲弓步劈掌、乙弓步双架掌）、第四势（甲抱拳弹踢、乙提膝勾手）、第五势（甲双峰贯耳、乙弓步闪身）、第六势（甲、乙虚步护身掌）、收势（弓步分掌、并步抱拳、并步直立、抱拳礼）。③单人套路练习，动作包括预备势（并步直立）、起势（并步抱拳、弓步看拳）、第一势（弓步冲拳）、第二势（马步格挡）、第三势（弓步劈掌）、第四势（抱拳弹踢）、第五势（双峰贯耳）、第六势（虚步护身掌）、第七势（马步格挡）、第八势（弓步冲拳）、第九势（弓步双架掌）、第十势（提膝勾手）、第十一势（弓步闪身）、第十二势（虚步护身掌）、收势。在这里需要提示，长拳一段技术内容并非少儿武术普及推广中的唯一技术内容，在具体实践过程中可根据实际情况进行创编或者选用适合少儿练习的武术技术内容。

在非技术性内容方面，少儿武术还应接续坚持幼儿武术传承下来的武术礼仪规范要求，如抱拳礼、鞠躬礼、举手礼、站立势等基本礼仪规范。在日常的习练过程中还应不断强化武术礼仪要求，使之成为少儿日常行为中的一种习惯，在日常武术礼仪行为规范下逐步培养内在的武德修养。在日常武术礼仪行为之外，结合抱拳礼仪的形式，课题组还在上课开始与下课结束时，师生大声呼喊"尚武崇德、尊礼重文"习武座右铭，激励少儿文武兼修、德礼并重。同时，在课堂练习过程中，课题组专门设计了武术口号以调节学习气氛、激励少儿刻苦训练。武术口号主要包括3项内容，第一个为单招打靶时的武术口号"外练筋骨皮，内练一口气"，第二个为对打套路练习时的武术口号"不恃强、不凌弱；武会友、齐步走"，第三个为单练套路时的武术口号"欲习武，勿怕苦；冬三九，夏三伏"。① 这些口号均以三字经模式出现，朗朗上口，内含深刻的文化意蕴，既激发了少儿学习武术的兴趣，又能让其在习武过程中感受武术内在的文化追求及对身心的培养。除此之外，在习武练习过程中，课题组还专门设计了武术文化故事讲解内容，即每月讲解一个故事。故事内容依授课情况而安排，例如，刚开始授课时，可以设计类似戚继光文修武备、抗倭凯旋的小故事；当学生练习武术感到困难重重之时可以设计霍元甲出名之前在本家族刻苦训练的故事；当进入学习中期掌握了一定武术技能之时，可设计岳飞精忠报国故事激励少儿再接再厉。同时，在学练武术的过程中，还可以选择观看少儿喜欢的动漫作品中有关武术技能的内容，例如，孙悟空捉拿妖怪、哪吒闹海、葫芦娃利用超群武艺战胜妖精等，激发少儿学习武术的兴趣，同时加深对武术相关技术技能的认知，向英雄楷模人物学习。在这些生动活泼的故事讲解之中，也设计了武术小常识。

三、少儿武术传习程序概要

相较于幼儿武术传承程序，少儿武术传承程序应侧重围绕体验纯朴真实的武术对抗性动作而铺展开来。打个比方，幼儿武术如同一个童话故事，既包含天真烂漫成分，也包含一定武术技术技能，二者混为一体。而少儿武术则应走出童话王国，进入本真武术的初阶之境。武术的本质属性是一种人体攻防运动，② 即攻防招数的变化与人体劲力的运化。攻防动作之招与劲是武术本质的根本特征。因此，在少儿武术普及推广中，应当让

---

① 李玉. 儿童武术传习方案的设计与实验研究——以四年级小学生为例 [D]. 石家庄：河北师范大学，2018：29 – 30.

② 马剑，邱丕相. 广义语境下武术概念的解读及定义 [J]. 上海体育学院学报，2007 (4)：46.

少儿充分感知武术运动中的招与劲，使其初步体认武术的本质，触发其身体的灵感与武术本质交相共振。只有这样，才能充分发挥少儿武术在武术整体性的普及推广中的接续作用，在继承幼儿武术的基础上，进一步开拓武术技术技能，并使之逐步过渡至全真武术。

基于以上对少儿武术在整体武术普及推广中的地位及作用，少儿武术传承程序大致分为四个环节：①单招打靶体本真；②对打套路铸勇敢；③单练套路悟审美；④单招武礼贯始终。在这四个环节之中，前三个环节是单方向性承接进步的，第四个环节的内容则须贯穿于前三个环节之中。

第一，第一个环节为单招打靶体本真，其意为运用武术之中的单个招数进行打靶练习，既能让少儿体验武术真实的招术动作及相应的应用技能，又能让少儿在应用拳套与打靶之间感受到武术运动带来的乐趣。二者相辅相成，相互促进，通过击打手靶这一载体，将体认武术招术技能与感受武术运动乐趣紧密结合起来，有效促进少儿武术的普及推广。

第二，第二个环节为对打套路铸勇敢，即在初步体认若干系列单招动作技术之后，少儿会在单招打靶练习过程中萌生格斗对抗欲望，在此时将对打套路引入进来，恰逢其时。对打套路比较单招打靶，更贴近于实战意义，它是双方彼此进行实质性身体接触的初始。单招打靶是非实质身体接触的攻防动作练习，互动性相对性较弱，而对打套路练习需要双方密切协调配合，缺少任何一方的主动配合，则将失去对打练习本身的意义，其互动性非常强。因此，对打练习是介于实战对抗与打靶练习之间的过渡性练习，强化了动作招数的实践运用。与实战对抗最大的不同，在于对打套路是程式化的实战性对搏，距离自由式不确定性的实战对搏仅有一步之遥。

第三，第三个环节为单练套路悟审美，也就是说，通过单人演练套路感受武术运动给人带来的一种运动美。这种运动美具有一种特有的中华民族特点，即通过单人展示而体现出的攻防技击美。对于少儿而言，单练套

142

路在此阶段具有极为重要的意义，它是让少儿从真实的格斗动作中走出来，以切身体验感知单练套路的由来。这对于少儿深刻理解单练习套路具有非常现实而又深远的意义及价值。这种传习程序的设计打破了过去传承武术惯有的常规，即先教练单练套路，而后再教练对打套路，最后进入打靶及试招练习。少儿武术传习程序正好与常规教习武术程序相反，先从最具有实战意义的单招打靶练习开始，在渐进积累的过程中，过渡至双方对打套路，最后才过渡至单人演练套路。这种程序设计，是按照武术运动发生发展的一般规律而设计，更易于学练者理解并接受武术最后形成的单人套路演练。当受业者理解了单人套路演练的文化内涵之后，进一步深入普及推广武术，其发展空间就更为广阔。这也就是我们古人圣贤所讲的"知而后进"。

第四，第四个环节为单招武礼贯始终。此环节并不是接续第三个环节之后的部分，此环节内容须融入少儿武术普及推广工作的始终。正如前文所述，少儿身心发展尚未成熟，其注意力持久性还处于较低水平。在此阶段的武术技术技能学习过程中，须将具有一定趣味性的单招打靶贯通于练习的全过程。通过打靶练习，既能帮助理解对打套路与单人演练套路动作的实质性攻防意义，又能巩固提高其动作技能的掌握，是一举多得的一项举措。同时，武术礼仪规范应常抓不懈。在幼儿阶段曾经已经养成的武术礼仪习惯一定要在少儿时期给予更规范化的强化与训练，才能逐步稳固规范化武术礼仪的养成乃至定型。武德修养及武礼规范非一时之功，它须在日常武术传习过程中、在教师或师父的教范下，逐步形成。

四、少儿武术传承应注意问题

1. 培养武术学习兴趣仍然是少儿武术普及推广的重要环节

少年儿童正处于成长发展阶段，对事物的兴趣与爱好容易受环境的影响。在这个阶段必须把培养武术学习兴趣放在重要位置而不能忽视。基于培养幼儿学习武术兴趣的手段与办法，在少儿武术普及推广中应变换方式方法，多样交叉，依教学过程出现的问题而随机应变，才能获得良好的效果。如果说幼儿武术在培养武术学习兴趣方面有较为固定的模式可循，那么在少儿武术普及推广中，灵活运用各种激发武术学习兴趣的方式与方法就成为一种必要手段。这种手段的变化仍然是基于少儿较幼儿更为成熟一些，策略与手段则应更具有针对性，才更有利于武术的普及推广。

2. 持续强调武德修养及武术礼仪规范化操作

良好的武德修养养成并非一日之功，它需要在日常习武过程中坚持与强化，并通过规范化的武术礼仪操作而固化，才能在较长时期形成既定的习惯性行为而定型。幼儿时期给予的武德修养及武术礼仪规范教化虽然是在一种纯净背景下的书写与描绘，容易被幼儿接受，但如果不能及时跟进坚持，极易脱落而被遗忘。少儿武术普及推广在此则起到承上启下之作用，此时如能充分发挥武德及武礼养成功能，则能收到事半功倍的效果，反之，则易前功尽弃。因此，少儿武术普及推广应持续强调武德修养在武术学习中的重要性，同时要坚持日常武术习练过程中的礼仪操作规范化，使之成为少儿习武者的一种行为习惯。

3. 动作的非标准化要求仍然是少儿武术应高度重视的问题

自幼儿武术普及推广之始，武术动作降低了标准要求，从低姿标准化的竞技武术动作要求降低至中架位动态化普及推广的武术动作要求。少儿武术普及推广则应继续接应幼儿武术普及推广中的动作非标准化要求，让动作练习易于上手、易于完成，与前面倡导的大力培养武术学习兴趣紧密结合起来，使武术学习兴趣抓手真正落地于武术技术技能实践之中，才能有力助推少儿武术普及推广向更快的发展道路前进。这里需再次强调非标准性动作练习是与竞技武术裁判员对武术动作标准的要求相对应的，可适当降低标准要求，提高动作姿势架位，减少持续静止性用力，让少儿在适度的困难体验中，感受到学习武术技术的快乐。继承幼儿武术非标准化要求，弓步只要出现前腿弓、后腿蹬的样式即可认为动作已经完成，马步不需要两条大腿保持水平状态，只要出现屈膝动作即可认为动作已经完成。

4. 依少儿特点创新武术教学方法与手段是关键

正如前文所述，培养武术学习兴趣重在教学手段与方法的灵活运用。实则在少儿武术普及推广中，不仅是兴趣培养的方法手段需灵活掌控，更为重要的是要将这种因时因地采用适宜的教学方法与手段应用于少儿武术传习的全过程。在这里，更重要的是要强调教学艺术性。教学艺术性体现在武术传习的多方面，教学的艺术性还体现于教学手段与方法的创新，教学艺术性还包含教授者自身的人格魅力。因此，教学艺术性是一个更复杂的系统性教学工程。例如，选用背景音乐，营造武术学习氛围，直观感知武术意蕴等方面，选用什么样的音乐，在什么时机播放均应给予详细的考究。介绍武术小常识，不能刻板照本宣科，应当寓教于乐，在武术技术技能学练过程中慢慢渗透，使少儿在实践中能够用身心去体会武术理论，更易于理解与接受。

5. 在武术传习程序安排上注意不同环节侧重点的要求

根据少儿武术传习程序要求（①单招打靶体本真；②对打套路铸勇敢；③单练套路悟审美；④单招武礼贯始终），少儿武术普及推广应当注意不同环节的侧重点。在少儿武术普及推广前期，应以单人打靶动作练习为核心，着重让受业者体验武术动作的攻防应用价值，中期之时则应以对打套路练习为主，深入体会招法在互动过程中的时机与力量的把握，后期则应以单练套路为主感知单人演练武术套路内含的攻防意义。在此基础上，单招打靶将贯串少儿武术普及推广的全过程。

第三节 青少武术传承策略

青少年正处于 13～17 岁年龄段，其身心发展逐步趋向成熟。在武术普及推广中，青少武术正处于整个武术普及推广系统工程完全周期的半程。这也就意味着青少武术成为武术普及推广系统工程的决胜时期，其普及推广的成败关系到整个武术普及推广的成败。因此，青少武术普及推广是继往开来的阶段。

在此阶段研究中，课题组选取河北师范大学附属中学初一直升一、二班全体学生为研究对象，其中初一一班学生 33 人为实验班、初一二班全体学生 33 人为对照班。在正式实验前，两个班级学生均进行了相关武术认知、武术练习情况以及身体基本素质方面的齐性检验，保证两个班级学生实验前在上述方面均具有一致性表现。通过为期近 1 年（2015 年 3 月至2016 年 1 月）的实验研究，研究认为，以技击动作为主的教学模式有效促进了对青少年尚武精神的培养，以武术技击动作学练、自由打靶练习、对打套路练习、单人演练套路练习的程序有效调动了青少年练习武术的积极性。同时，实验中规范化的武术礼仪及武德培养对于树立青少年良好的道德修养具有突出的效果。①

一、青少武术传承要旨

与少儿武术普及推广相比较，青少武术普及推广更侧重于武术技击能力的传习。通过传习武术技击运动，进一步彰显习武以提振尚武精神之功

---

① 李伟光. 基于普及与推广视域下少年阶段武术传习方案的实验研究［D］. 石家庄：河北师范大学，2016：11－12，34.

能。换言之，青少武术的普及推广贵在于培养尚武精神，即敢于面对困难、勇于竞争、勇夺胜利的积极向上、敢于攀登的精神。在此须提示，此武术技击运动并非现已开展的武术散打运动或者其他武术自由搏击运动，它是介于具有强烈对抗性的武术散打运动或更为激烈的自由搏击运动与程式化对打套路练习之间的一种具有开创意义的文明格斗练习、高雅格斗练习。此乃继往开来的青少武术普及推广的经典之作。因此，此阶段以技击教学为核心内容，紧密围绕此内容进一步拓展武术对打套路练习、武术单人套路练习，同时兼顾武德修养及武术礼仪深化培养以及巩固提高青少年习练武术的兴趣。

二、青少武术内容的构建

正如前文所述，青少年的身心发展趋向成熟，但并未实质成熟起来。围绕青少年这一身心发展特点，同时结合武术普及推广的需要以及体现武术本质特征（攻防招数与攻防劲力的变化），打造一套适合于青少年身心发展特点的武术普及推广内容是最为关键的环节。此阶段的武术传习内容，不同于前两个阶段，其最典型的特征体现为武术动作的技击性，即让青少年充分感知武术对抗性功能与价值。但这种技击须有一个大的前提，即文明之搏、高雅之搏。这是青少武术不同于其他年龄阶段武术的最大特点。基于以上论述，武术技术内容须构建一个全新的不同于已有的武术对抗范式的武术对抗内容。比较当前已有的武术对抗项目，如武术散打、太极推手，前者对抗过于激烈，不适合尚未成熟的青少年，而太极推手虽然具有典型的中华民族底蕴特色，但由于动作缓慢，且为非击打类运动，与青少年阳刚、动作快速等特点形成了较大的反差，也不利于武术的普及推广。

基于以上思想，在技术动作设计方面，课题组选用具有浓厚技击意蕴的少林罗汉十八手作为青少武术技术主体内容。少林罗汉十八手主要分为三大板块进行传授：

第一大板块为单个武术技击动作练习，即在少林罗汉十八手套路中选取具有典型技击价值的动作，包括打、踢、拿三种技击元素。其进攻性动作为站立式弓步冲拳（推掌）、站立式马步冲拳（推掌）、站立式马步缠打、插步转身鞭拳、上击下打、勾挂腿；防守性动作为格挡、左右或退步闪躲；防守进攻性动作有架打、捋手推、架臂双推等。通过反复单人空击练习、打靶练习，双人带靶试战练习以强化动作应用价值。在实验研究过程中，研究提示了一个重要问题，如何开展既安全义能体现武术攻防招法应用的竞技比赛，是后续研究的一项重要任务。此问题如能破解，武术普及推广可能会进入质性转变，而走向快速发展之路。

第二大板块为对打套路练习，即在前面的类单招搏击练习基础上将招数串联起来，形成对打套路。具体动作包括如下内容：

预备式

甲乙并步抱拳

（1）甲冲拳击肋　乙鹰掐嗉　　　　　（11）甲砍掌冲拳　乙金钩挂

（2）甲、乙托肘虚步推掌　　　　　　（12）甲推掌抓胸　乙扭缠丝

（3）甲冲拳击面　乙挎篮势　　　　　（13）甲推掌拦档　乙扫堂腿

（4）甲砍掌击头　乙硬开弓　　　　　（14）甲抢臂劈砸　乙披身锤

（5）甲劈拳击头　乙架梁炮　　　　　（15）甲屈肘上架　乙踢球势

（6）甲捋手抓腕　乙降龙手　　　　　（16）甲后腿拍脚　乙鸳鸯腿

（7）甲回身横打　乙僧敲钟　　　　　（17）甲腾身二起　乙劈柴势

（8）甲马步托肘　乙巧纫针　　　　　（18）甲弓步抓肩　乙僧缚虎

（9）甲拨手横砍　乙一条椽　　　　　（19）甲冲拳击面　乙硬开功

（10）甲拨手横砍　乙一条椽　　　　（20）甲换步劈拳　乙拗鸾肘

（21）甲弓步按肘　乙僧敲钟　　　　（23）甲双掌封耳　乙僧推门

（22）甲退步托肘　乙巧纫针　　　　（24）甲乙虚步护身掌

收势

第三大板块为少林罗汉十八手单练套路练习。具体动作如下：

预备势

（1）并步抱拳　　　　　　　　（14）扫堂腿

（2）鹰掐嗉　　　　　　　　　（15）披身锤

（3）虚步推掌　　　　　　　　（16）踢球势

（4）挎蓝势　　　　　　　　　（17）鸳鸯脚

（5）硬开弓　　　　　　　　　（18）劈柴势

（6）架梁炮　　　　　　　　　（19）僧缚虎

（7）降龙手　　　　　　　　　（20）硬开弓

（8）僧敲钟　　　　　　　　　（21）拗鸾肘

（9）巧纫针　　　　　　　　　（22）僧敲钟

（10）一条椽　　　　　　　　（23）巧纫针

（11）一条椽　　　　　　　　（24）僧推门

（12）金钩挂　　　　　　　　（25）虚步护身掌

（13）扭缠丝　　　　　　　　（26）并步抱拳

收势①

除以上武术技术内容之外，青少武术普及推广内容还涉及威武体形体态及武术精气神的培养、武德修养与武术礼仪规范强化、武术学习兴趣的激发等方面。除武术学习兴趣之外，其他目标的实现一般依托武术礼仪规范操作实践以养成，其具体礼仪内容包括站立势、抱拳礼、鞠躬礼、举手

---

① 蔡龙云. 少林寺拳棒阐宗［M］. 杭州：浙江科学技术出版社，1983，7－75.

礼、注目礼等行为规范要求。武术学习兴趣主要通过实践具有应用价值的武术技击动作来实现。由此可以看出，比较幼儿武术与少儿武术普及推广策略，青少武术的普及推广主要通过武术技术实践再次激发武术学习兴趣，这与青少年身心发展特点紧密相关。由于年龄的增长，依靠武术故事或者口号等外围性衍生物激发武术学习兴趣已经不再适合青少年。

三、青少武术传习程序概要

根据不同的传承目的，武术传习程序将有不同的方案与策略。基于青少武术传承侧重于武术技击传习，且以武术技术技能动作作为主要学习内容，青少武术传习程序应当依据对武术技击动作衍生发展一般规律的认知过程顺势而为，才会更大限度地促进青少武术普及推广。因此，青少武术传习程序按照从贴近武术技击属性的类格斗对抗形式向艺术化的单人演练套路方式逐步转化而推进。青少武术传习程序具体内容包括三个阶段、五大环节：

第一阶段：单个武术技击动作体用。此阶段主要围绕具有较强攻防应用价值的单个武术技击动作学练而开展。一个动作一个动作地学，一个动作一个动作地练，使每个武术技击动作均能学以致用，才能开展第二个动作的学练。因此，此阶段设计有三个必修环节，即第一环节单个武术技击动作学练、第二环节单个武术技击动作打靶学练、第三环节单个武术技击动作实际应用体验。这三个环节紧密衔接，循环使用。第一个武术技击动作按照上述三个环节掌握技能之后，才可转入第二个武术技击动作，而第二个武术技击动作仍然按照三个环节的流程再次运行直至掌握。如此循环反复，将计划内的所有单个武术技击动作掌握之后，才能转入下一个阶段的学练。

第二阶段（第四环节）：武术对打套路学练。以第一阶段学练的所有单个武术技击动作为素材，将其串编成一个可以对打练习的套路。在对打练习过程中，青少年学练者不断感知真实武术技击动作在不同的环境下具有不同的动作表现形式。同时，在对打练习不断强化的过程中，青少年学练者会不断体会彼此之间的协调配合重于个人掌握的武术技术技能。由此，在隐性教学中，对打套路的学练有效增强了青少年的合作意识与团队作战精神。

第三阶段（第五环节）：武术单练套路学练。掌握了武术对打套路练习之后，其对打双方配合默契，彼此对每个武术技击动作技能又有了新的认知与体验。其后，应过渡至武术单练套路学练的阶段。比较前两个阶段，此阶段学练时间占用比例较小，主要原因有两个。其一，单练套路基于对打套路练习内容及运行顺序而设计，对于学练者几乎没有新鲜内容，只是对个别动作进行重新组合排列，绝大多数武术动作仍然延续了对打套路中的演练顺序。其二，单练套路练习不是青少武术普及推广的主要内容及形式，与其他两个阶段相比所占比重相比较低。

青少年阶段正是人生走向成熟的前阶。此时期的三个阶段五大环节的传习程序恰恰是武术从本源的实用价值转向超越现实的演练的一个过程，这与青少年时期所处的人生阶段极为相似。此阶段传习正是将自己身体的形与神、内与外不断融为一体的过程。这也在无形中促进了青少年对武术真正价值追求的理解与升华。

四、青少武术传承应注意问题

1. 青少武术普及推广应注意围绕武术技击技能重点而实施

比较幼儿武术及少儿武术的普及推广，青少武术普及推广具有一个最显著的特点，即亲身实践体悟武术的实用攻防技术、贴近武术技击之招数与劲力的本质属性追求。因此，在青少武术普及推广中，应进一步控制传习程序的节奏，将第一阶段、第二阶段中与武术实用攻防技击技术紧密相连的教学比重给予特别倾斜以强化武术技击技能传习。对于第三阶段单人演练武术套路，青少武术普及推广可将其作为点缀性练习，一带而过即可。由此，通过三个阶段比重的比较，促进青少年学练者认识到此阶段重在实用技击动作学练与应用。

2. 青少武术普及推广应高度注意教学方法与手段的多样化

青少武术普及推广重在对武术技击技能的传习。这也就给师者带来了巨大的压力与挑战。众所周知，单招式的武术技击技能传习，由于动作较为简单，其普及推广中重点在于练而不是学。想要让青少年在练习单个招数上享受武术带来的乐趣，唯有采用丰富多样的教学方法与手段。通俗而言，就是不断变换方式方法学练单招武术技击技术。否则，单招式练习可能会成为一种非常枯燥的练习而被青少年疏远。基于上述前提，在变换教学形式、运用多样教学方法与手段过程中，充分利用辅助攻防技能练习的各类工具，将会提升青少武术普及推广的效果，例如，本课题组使用了分指半截手套、小型手靶。在这里特别需要强调提示，丰富多样的打靶练习也是提升学习效果的重要环节，从定位性打靶过渡至动态自由攻防性打靶，二者相互结合既能提升青少年对武术的学习兴趣，又能提高具有实战意义的武术技击动作的掌握。

3. 在实用武术技击技术应用传习中应注意安全防护

正如上文所述，具有实用攻防意义的武术技击动作为青少武术普及推广的重要内容。在各种武术技击技能练习过程中，这必然给青少年带来潜在的身体伤害危险。在这种背景下，在实施实用武术技击技能学练过程中，应注意身体安全的防护，保证学练过程中身体有切实的安全保障。首先，在学练过程中，须时刻提醒青少年学练者注意力集中，保持对攻防招数的准确判断与及时应对。其次，应用手套、手靶、脚靶等辅助工具能够有效降低对身体的冲击力度。除此之外，对安全防护性问题应有一个正确的认识，既不能由于动作具有一定危险性而摒弃，如此一来，尚武精神就无法得到培养，又不能由于对尚武精神的追求而忽视安全性防护。青少武术普及推广需要在此给予一个合适的度。

4. 青少武术普及推广应注意加强尚武精神及武德的培养

尚武精神的培养是青少武术普及推广中非常重要的价值目标，也是青少武术普及推广的灵魂目标。可以说无尚武精神则无青少武术普及推广。虽然青少武术普及推广主要依靠实用武术技击技术学练而渗透培养，但尚武精神的养成并非只有这一手段。在研究过程中，课题组采用了站立势训练，即在一般静止性听课过程中，青少年学练者采用两脚开立、双手后背的站立势听课姿势，能够较好地培养练习者体形体态，间接培养了一种刚毅坚强的意志品质。尚武精神还可通过发声呼喝、单人演练套路的精气神表现等渗透培养。除此之外，青少武术普及推广不能忽视另一个重要因素，即武德的培养。尤其在青少武术普及推广中，在高度重视实用武术技击技能的同时，必须提升对武德的要求与培养，使二者相得益彰，才可让武术普及推广走上可持续发展的道路。

第四节　青年武术传承策略

青年时期处于18—40岁的年龄阶段，已经步入成年，主要指大学及其后的一定时间段，可谓人生的黄金时期。从身体的角度来看，青年的骨骼、肌肉等身体各部均已经生长成熟，能够承受更大的冲击力量，同时能够爆发更强劲的动力；从心理角度而言，经过17年的社会化，青年对社会的心理认知开始逐步成熟，拥有了较为合理而又明确的是非判断能力。因此，围绕青年这一身心发展特点，开展武术拓展功能的普及推广更具有现实意义与实践价值。

2018 年 9 月至 2019 年 1 月，课题组对河北医科大学本科二年级学生（2017 级一班 28 人、二班 26 人、三班 28 人、四班 28 人）开展了实验教学研究。该教学实验是以课外业余活动俱乐部形式，学生自愿报名参加，不具有强制性。经过相关武术文化认知、武术技术学习经验、武术学习兴趣等方面的齐性检验，4 个班级的学生并无显著性差异。课题组将 2017 级一、二班确定为实验班，三、四班确定为对照班。经过为期 4 个月教学实验，研究结果表明，以传统武术形意拳的拆招对抗、对打套路练习、单练套路练习的程序模式比较以竞技武术套路训练模式，其技术掌握效果、学习兴趣、对武术文化的认知等方面均有较优的表现。①

一、青年武术传承要旨

无论从生理还是从心理的视角，青年已经正式进入成熟阶段。依照法律意义，青年已经是具有独立处理民事能力的自然人。此时期是让青年彻底掌握习武核心要义的最恰当时机。那么，习武的真正要义是什么，到此时青年应当给予一个合理正确的理解。武术始于人与兽搏、人与人斗，然而在历史的发展过程中，武术却与表象的格斗渐行渐远，逐步走向人之内在心灵的塑造，追求一种敢于攀登、勇于胜利的尚武精神，培育武术人之刚毅之品质、高尚道德情操之修养、民族智慧之文化，最终达到大美之境。青年正值意气风发、百舸争流之际，尚武精神恰与其内在本性相共振。此时，青年将接触更为广泛的武术拳种，并通过体悟武术外在之动，启迪明了武术内在之静。在此基础上，逐步明解，"尚武崇德、遵礼重文"

---

① 宋亚洲. 普及与推广视域下大学生武术传习方案的实验研究——以形意拳为例[D]. 石家庄：河北师范大学，2019：16－19，63.

乃武术真义之价值追求，而不是单一之格斗技能的无限崇尚。由此，较之前期的武术普及推广，青年武术普及推广应当由武术技能的追求向对武术文化的崇尚方向转变。这也就标示了青年武术普及推广在武术大发展中的文化战略意义。

二、青年武术内容的构建

在现代科技文明的今天，面对长大成年的青年，面对内容丰富的武术，选取什么样的武术内容成为青年武术普及推广的一个难题。选取的内容既要有武术的代表性，又要适合青年人的成长要求，还要符合现代社会发展的主题。因此，在选取相关武术内容方面应当确定一个指导思想，即青年武术普及推广应是在可选择的框架体系下的武术传承与传播。这种可选择性是在与总的青年武术普及推广内容框架保持一致的前提下，在分项内容中可依兴趣爱好、环境条件、有效资源等具体实施。

青年武术普及推广框架内容主要包括如下三部分：第一部分武术技术；第二部分武术文化与理论；第三部分武德修养与武术礼仪。青年武术普及推广的可选择性，是在以上三部分内容结构体系下实施的。

基于实验的现实情况，课题组选择了以形意拳的单招实用攻防练习、对打套路练习、单练套路练习为武术技术主要内容，以形意拳基本理论与技术理论及相关价值追求为武术文化与理论主要内容，以前期所学及应用的武术礼仪规范行为及要求为武德修养与武术礼仪主要内容。选择形意拳的主要原因有三：第一，形意拳动作简单实用、快速有力、攻防技击性强，非常适合于青年人练习，铸造威猛之身躯。第二，形意拳是中国优秀拳种之一，源远流长，具有深厚的历史文化底蕴与成熟的武术理论，对于青年人理性认知武术及武术文化具有非常有效的培育作用；第三，形意拳的练法形式与青年武术普及推广的思路非常相似，既有单招的强化练习形式，也有对打套路，还有单练套路。从形式角度非常适合青年武术普及与推广。在武德与武礼内容选择方面，课题组沿用了前期所使用的抱拳礼、鞠躬礼、注目礼、举手礼、站立势等基本礼仪形式，同时在演练过程中强调尊师重道的武德要求，并通过各种练习及理论讲解以渗透对武德的培养。在武术文化与理论讲授方面，课题组重点选用了形意拳基本理论，包括三层功夫境界、三体式的功能与作用，武术文化方面主要讲解李洛能、尚云祥、郭云深等形意拳著名拳师的一些典故，并从中穿插渗透与武术技理或武德之间的联系，有效增强武术文化渗透力。

特别需要提示，形意拳并不是青年武术普及推广的唯一选择技术内容，只是课题组依研究的实际情况而确定的武术内容之一。在青年武术普及推广中，可依现实条件或者青年对象的兴趣爱好选择不同的内容。例如，可选择武术散打，或者短兵运动再配合相关具有创新意义的套路练习作为主要技术传承内容。当然，武术散打或者短兵的套路演练形式是依据其本身格斗动作为元素，将独立单个动作或者组合动作串编在一起，通过一招一招地展示呈现套路的表现形式，达到演练与空击练习相结合的训练效果。课题组在研究后期研制出一套适合于青年普及推广的短兵运动竞赛规则，为丰富后续青年武术普及推广提供传承内容。该短兵运动竞赛规则以河北师范大学体育学院 2019 级武术与民族传统体育专业 30 位学生作为研究对象，自 2019 年 9 月至 2020 年 1 月进行为期 16 周的教学实验，倡导以巧制胜、点到为止、击中必停的基本武术技击理念，收到良好的实验效果。① 这就充分体现出青年武术普及推广的特点，即传承内容及模式的可选择性。比较前期的武术普及推广，青年武术普及推广不仅在技术内容方面可选择课题组提供范例之外的内容，更重要的是技术内容模式可不同，

---

① 连美雪. 短兵运动竞赛办法的设计与实验研究［D］. 石家庄：河北师范大学，2020：28 – 30，61.

例如，从套路型可转至散打型，徒手型可转入持器械型。

三、青年武术传习程序概要

与前期的武术普及推广比较，青年武术普及推广更强调武术的文化性，即对武术真义的理解及认知、对武术内含中国传统文化精神的体悟、内省与自觉。因此，围绕这个基准点，青年武术传承程序强化了武术理论与武术文化在武术技击传承过程中的渗透作用，同时强化了武术理论与实践相结合，在实践中认知理论、在理论认知中提升实践技能的过程化培养。具体程序如下：

第一阶段：武术单招练习

此阶段练习以单个招式动作练习为主，强化对实际的应用与体悟，主要分为三个环节来完成。第一环节武术单招技击动作学练，掌握此单式招数的练法；第二环节为单招打靶试练，体会招式的劲力运用；第三环节为喂招与进招，即在动态攻防环境下以特定招式为诱饵训练单招应用效果，体会劲力与时机的把握。在此仍须注意，此阶段的动作非一个单独招式，因此三个环节在此阶段可能不断被重复应用，直至所有单招动作完成，才可进行下一阶段内容。

第二阶段：武术对打套路练习

结合第一阶段的各个单招动作练习与应用，组合成一个能够对打的套路练习，主要训练攻防动作的表达及时机掌握。在此阶段强调攻守双方的默契配合，而非个人技能的独大。

第三阶段：武术单练套路练习

此阶段是青年武普及推广的重要阶段，这与前期青少武术普及推广注重第一阶段具有一定的承接作用。此阶段练习又分为四个环节强化对单人演练套路技术的领悟。

第一环节，缓行练意气。通过整套慢速的练习形式，注重体会动作过程中的意与气的结合，使动作与意气融为一体，感知意气对武术动作的作用及影响。

第二环节，组合练招式。将整套武术动作拆解成若干系列的组合动作练习，按照正常速度进行组合动作练习，强化组合动作对招术的破解及应用。因此，此环节特别强调动作路线、基本架势、动动之间的衔接等。

第三环节，单招练劲力。此环节又回到第一阶段中的单招式练习，但此阶段练习是对第一阶段练习的提高与升华，强调单招的整体力及所能爆发的力量效果。

第四环节，全套练意境。此环节基于整个套路而言，将身体内外相结合，形神相结合，身体与套路动作相结合，套路的内外相结合，达到一种意发而神传之境。这也就是形意拳所讲的"练神还虚"之境，即能随心所欲，意发而神传。

四、青年武术传承应注意的问题

1. 青年武术传承应注意技术与理论相结合

与前面阶段的武术普及推广不同，青年武术普及推广的重心开始由武术技术技能的传承转向武术文化与理论的传承。但在此时期仍然不能忽视的一个问题，所有的武术文化或者武术理论均承载于武术技术之中，无武术技术则无武术理论及武术文化。传承武术理论及文化必须在这一前提下才能顺利进行。基于此，在推进武术理论与武术文化传承中，普及推广者必须将武术技术学习与武术理论及武术文化传授相结合，尤其是紧密依托武术技术开展深入的武术理论或者武术文化的学习。只有这样，才能让武术理论及武术文化形成活态的内容，既易于被青年所接受，又易被青年所理解，达到事半功倍的效果。虽然青年阶段已完全步入成年，但相关武术理论与文化的输入仍需要坚持由易至难、由感性至理性的循序渐进过程。否则，具有批判理性认知的青年极易在此阶段放弃武术的进一步学习。由此延伸的另一个问题则是，将第三阶段的武术单练比重提高。通过单练套路练习，有助于青年不断内观自己的技术动作，用内在的心灵去触碰身体的技术动作，进而为深入理解认知武术的理论及文化内涵奠定基础。

2. 青年武术传承应注意贯彻武术是完善人生的一种手段

进入青年武术普及推广阶段，武术传承的实质及真义才得以直面受业者。正如前文所述，武术传承的真义，在于完善人生，即武术既锤炼了受业者的身体，又净化了受业者的心灵，还培养了受业者的意志品质。可以说，武术是历练人生的一个大熔炉。通过武术的洗礼，人生会更加丰富多彩而深远。由此，引发的另一个问题，为何此时才直面，而非在前面的武术普及推广时期？个中缘由有两方面：第一，前期武术普及推广学练者尚未成年，还未能形成正确合理的理解与认知，过早给予非常深奥的理论认知性问题未必能够被接受或被认可，这需要一个潜在的认知过程。第二，越是深奥难懂、理论深刻的问题，越需要一个实践学习的过程。只有通过不断地实践与学习，学练者才能在不断的理解过程中构建文化认同，进而接受并达到终身习练的目的。这从另一层面提示，追求武术真义的理解、实现最完善的人生是一个水到渠成的自然过程，非刻意所能实现。

3. 青年武术传承应注意武德武礼与武术学习兴趣的培养

青年既已成人，其道德修养、礼仪规范、兴趣爱好等多已形成既定范式而不易更改。虽然中国有这样的俗语，"江山易改，本性难移"，但还有"活到老、学到老""学无止境"的励志之句。只要有坚定的信念，坚持不断修正，人之本性仍然具有向良性方面发展的可能性与必然性。因此，在青年武术传承过程中，仍然需要注意高尚武德的养成、武礼规范的要求以及武术兴趣爱好的培养。而且在此阶段对青年的武德培养、武礼要求、武术兴趣爱好巩固提高，更需要在思想意识及其理论支撑等方面进行深刻的挖掘，让青年人在理性中给予更多的认同。由此也可以看出，武德武礼的要求与培养、武术兴趣爱好的巩固与提高，需要一个长期的濡养过程，不能只争朝夕，追求立竿见影的效果。

4. 青年武术传承应注意培养师者的个人魅力

从教育的角度而言，青年已经拥有了丰富的理论知识与社会阅历，已经基本完成了社会化的初级阶段。如果从武术技术与理论掌握情况来看，他们在前期已经接受了大量的武术知识与技能的学习，积累了一定的经验。因此，此阶段的教学对于传授者提出了更高的要求。它不仅要求教师具有高超的武术技艺，而且要求教师具有渊博的武术理论与知识，同时要求教师掌握灵活多变的教学手段与方法，以应对不同情景下的武术传授过程。在武术传承过程中，让学生对教师产生无限的崇拜与向往是每位武术传授者应当追求的一个目标。这就需要武术传授者在武术传承过程中，不断完善自己，提升师者的魅力，才能在青年武术普及推广中拥有主动权，调动青年更好地演练武术、感受武术文化带来的修养与快乐。

第五节　中老年武术传承策略

中老年年龄处于 41 岁及以后阶段，如果按照现在对人群的主要划分，中年介于 41～65 岁，而老年则为 66 岁及以后。一般而言，人至中老年阶段，人生已经超过了半程。从人生阅历来讲，中老年社会经验越来越丰富，而从身体的生理学来看，身体的各项脏器及组织功能逐步由最佳状态开始向衰退转化。从武术传承角度，前期所掌握的武术理论知识越来越丰富及其对武术文化的理解越来越深刻，而对武术技术技能的掌握，虽然身体对武术技术拥有更深厚的功底，但随着身体功能性退化，其武术技能水平也在逐步降低。从这时开始，中老年人习练武术已经走上"力不从心"的道路。因此，较之以往的武术普及推广，中老年武术传承的策略有了更为革命性的变化，它开始向维护保养身体、深化对武术理论及文化的认知方向发展。

基于以上背景分析，2019 年 7 月至 12 月，课题组选取石家庄市藏龙福地社区及周边居民 29 人作为实验对象，开展了实验研究工作。实验对象以自愿报名参加学练、身体无重大病症、运动自如为基本标准。此次实验的目的是验证事先设计好的中老年武术普及推广方案（具体方案后文有专门论述）是否可行有效。由于组间无合适的横向比较标准，因此课题组选用前后对比纵向测量与观察的逻辑思路，通过实验后开设提高班的方式间接验证前期实验方案是否有效。前期实验是以自愿报名无任何其他限制条件而进行，而对于实验后的提高班，除学员自愿报名之外，还需要提交相关数据资料，并在后期学练过程中需要自愿提供一定经费支持相关活动的开展（由学员自行组织），由此增强活动的效果、保障提高班既定计划的执行。通过为期近半年的实验研究以及实验后提高班的开展情况，研究结果表明，29 位实验对象均较好地掌握了选定的太极拳技术，增强了学习武术的兴趣。同时，研究发现，"以健身养生为核心，寓学于乐、修身养性、陶冶情操、促进交流"的核心理念非常适用于中老年武术普及推广，促进了中老年人继续学习武术的兴趣以及对武术的热爱。①

一、中老年武术传承要义

从身体功能发展角度来看，中年开始进入拐点，由兴盛转向衰退，而

---

① 赵改秀. 普及与推广视域下中老年人武术传习方案设计与应用研究——以太极拳为例［D］. 石家庄：河北师范大学，2020：17 - 19，61 - 62.

从心理发展的视角，中年则刚刚进入兴盛时期，其心理发展曲线仍在上行，可谓人生黄金时期。从以上也可以看出，中老年人群的身心发展，自中年开始分道扬镳，按各自不同轨迹方向发展。就武术与中老年人群之间的关系而言，自中年以后，武术普及推广战略应当进行质性转变，即从追求由内向外呈现的阳刚威武、拼搏竞争、勇于胜利的尚武精神，转向追求由外向内呈现的健身养生、修身养性、寓武于乐、返璞归真的尚武精神。虽然二者最终追求的目标均为尚武精神，但实现目标的行进道路却不同。前者，即青年及以下年龄阶段人群内在精力充足旺盛，通过习武以释放能量；而后者，即中老年人群内在精力势微向下，通过习武以补充能量。这也就要求中老年武术传承在尊重中老年个性的基础上，讲究团结协作、互帮互助。同时，在习武以养生的基础上，中老年武术传承应强调胸怀的培育。这正是返璞归真的具体操作及实践过程。由此逐步延伸，才可真正看到这一基本的事实，即武术是完善人之形神兼备、内外合一的一种过程手段，是人类追求的最高远的天人合一境界。这就是武术文化蕴藏的深邃精神所在。

二、中老年武术内容的构建

根据中老年武术传承的根本宗旨及理念，其武术内容的选取则成为至关重要的一个环节。武术内容选择的科学性以及合理性，直接关系中老年武术普及推广效果。另外，与前期任何一个阶段的武术普及推广相比较，中老年武术普及推广周期最长，相当于前期所有阶段总和，甚至还要更长。因此，从系统性角度全方位考察中老年武术传承内容体系是中老年武术普及推广应坚持的一项基本原则。

就武术技术内容而言，其内容构建应当从以下四方面着手：

第一，从身体的生理学角度考察，基于中老年运动功能的退化、反应灵敏度开始降低，选择一些缓慢柔和类的武术拳种运动进行练习是较为适宜的。

第二，从社会心理学角度考察，中老年对社会及其武术理论文化的认知进入黄金时期，这就要求选择的武术应当内含丰富的武术理论及其文化意蕴才能满足中老年人的需求，可以让中老年充分、细细品味武术内含的文化底蕴。

第三，从社会阅历角度，一般而言，中老年已走过半生之年，经历了风风雨雨，中老年武术传承内容应当形式多样、方法多样，才能充分调动中老年人学习武术的积极性。中国有句俗语"老顽童"，富有变化的形式及方法，让中老年回归始初，享受那份更高一层次的"天真"而带来的乐趣。

第四，从中老年学习武术的主要目的考察，他们追求的主要目标为健体养生、修身养性，选择的武术内容应当具有明显的健身养生功能及价值。

就武术理论与文化方面，应当紧密结合上述武术技术内容而展开，不宜孤立地、生搬硬套地拿出一些武术理论或者武术文化知识专门进行讲授。

就武德培养及武礼规范要求，对于中老年而言，武礼的规范要求不可或缺，对于任何年龄阶段的人群，均应统一规范要求，这也是对武术运动尊重的一种表现。正如任何人从事一项竞技运动，必须遵守这个运动的竞技规则一样。遵守武术礼仪规范要求是习武最基本的准则。但就武德培养，应当依中老年人群的心理发展特点，不以说教为传授的主要形式，应当将武德修养内化于武术实践过程中，在过程中提出具体要求以显武德修为的高低。例如，不论师者年龄，每次上课前下课后均要进行师生抱拳礼问候，以示尊师；在武术技术练习过程中不搞特殊性等。

基于以上中老年武术内容选择的基本原则，课题组给出了一个内容示例，可供参考，具体如下：

第一部分，武术技术。在24式太极拳基础之上，精简套路、去除重复性动作，整合编创17式太极拳。其运动形式既包括单势练习，又包括对接套路练习，还包括单练套路练习，所有练习均以17式太极拳单练套路动作为基本依据。同时，武术技术练习还包括有功力练习，如太极桩功练习、混元桩功练习、升降桩功练习等，以强化动作内涵。通过四正盘手的这种特有太极推手练习形式，体会太极内在力量感知及运用，达到劲由心发之境。中老年武术传承单招练习均以太极推手这种特有运动表现形式而展开，体现出动中静、静中动的特有对抗表达。其单练套路动作主要包括如下内容①：

（1）单鞭起势	（7）左金鸡独立	（13）退步右穿掌
（2）右揽雀尾	（8）转身摆莲	（14）指裆捶
（3）左揽雀尾	（9）弯弓射虎	（15）退步挎
（4）提手上势	（10）右野马分鬃	（16）如封似闭
（5）海底针	（11）海底针	（17）十字手收势
（6）闪通背	（12）白蛇吐信	

第二部分，武术理论与武术文化。结合学练太极推手武术技术学习过程中对粘、黏、连、随的理解与渴望，专门开辟王宗岳《太极拳论》讲解，以使理论融于技术之中。对于姿势要求等，结合杨澄浦的《太极拳体用全书》，探讨如何做到含胸拔背、沉肩坠肘、松腰敛臀等动作。对于武术文化，通过探寻武术发源地以满足太极传承人的心理慰藉。

第三部分，武德武礼。延续前期的武礼规范要求，有礼必行，以礼

---

① 赵改秀. 普及与推广视域下中老年人武术传习方案设计与应用研究——以太极拳为例［D］. 石家庄：河北师范大学，2020：30.

养德。

三、中老年武术传习程序概要

程序的设计是为了更好地满足目标价值的实现。紧密围绕中老年武术传承的根本宗旨"健身养生、修身养性、寓武于乐、返璞归真"而设计武术内容的传承程序，才能更好地服务于中老年武术普及推广。基于此，课题组设计出一套由玩到学再至练的中老年武术传承程序。通过实验证实，此传承程序对于进一步提高中老年武术学习兴趣，深化对武术技术掌握，以及濡养身心等方面均具有较大的促进作用。① 具体程序如下：

第一阶段：单招动作拆解学练。在学练过程中，首先对单一招式动作进行拆解分析并学练，使中老年人知其然，而且还要知其所以然，才能让武术扎根于中老年内心之中。每个招式逐一学练，直至基本掌握基动作要义。此阶段包括两个环节，即单人学练与对接试练。

第二阶段：推手对练套路学练。将每个单招式法串联为一体，形成一个能够彼此之间进行对接的太极推手套路练习。通过双方彼此配合，充分熟悉动作操作，感知内在运力与外在表现合理性。

第三阶段：单招动作应用强化。在招式熟练的基础之上，将单招再次提炼出来单独进一步进行强化应用性练习，即两两配合试力用意，让每个招式得到较为满意的表达。

第四阶段：单练套路学练。懂得每个招式的用意之后，再将各个招式串联起来形成一个单人演练的套路练习。此阶段之练是将内在之心意充分融于动作之中，充分体会以意导动的过程，并将意与气息相结合，形成意、气、力合为一体的太极运动练习，达到健体养生、修身养性之目的。

---

① 赵改秀. 普及与推广视域下中老年人武术传习方案设计与应用研究——以太极拳为例 [D]. 石家庄：河北师范大学，2020：61.

第五阶段：展示交流与提高。此阶段的交流展示并非只有单练套路，同时包括太极推手对接套路的展示交流、单招势法的应用与拆解展示交流。通过这种综合性的展示交流，达到以武会友、互通有无，提升对太极拳的深入理解，进而达到寓武于乐，不断提升自己道德涵养之目的。

在这五个阶段之外，武术理论与武术文化、武德武礼规范要求贯穿于武术技术学练之中，在实践中理解认知武术的基本理论以及武术文化内涵，同时体会武德涵养的深厚及武礼规范要求的坚持。

四、中老年武术传承应注意的问题

1. 注意安全，防止跌倒损伤

中老年学练武术重在于健体养生。无论哪种武术动作，即便是缓慢柔和的太极，对中老年人来说也存在一定的危险性。尤其对于运动能力较弱、平衡稳定性不强的中老年人，特别要注意防止跌倒以免发生身体损伤。在操作层面，这主要对中老年人的心理方面给予高度重视，同时传授者也应当注意时刻观察中老年人学练的实际情况，发现不良苗头迅速做出判断，及时做出处理。

2. 注意动作难度适中，保持高架简单能练为宜

从架位而言，太极拳的练习主要分为三种架位，即高架、中架、低架（也称小架）。在具体的练习过程中，对于单招势法的练习，以及推手对接套路练习，一般以高架为宜，以便运动自如。对于单人套路演练，应当根据个人的实际情况，依自身身体功能强弱选择不同架位。一般而言，高架位是一个较好选择，适合普通大众练习，对于具有一定功力的中老年人，也可选用中架。在此，为避免膝关节损伤，应注意尽量不选择低架。

3. 注意经常变换教学方式与方法，提升武术学习兴趣

在心理发展上，中老年人有一小部分心理特征似有返老还童之象。尤

其经过前期武术的实践与理论学习，中老年人已经对武术有了较为深入的理解。此时，如果选用较为单一的教学方式与方法，极易降低中老年人学习武术的积极性。此时应当随机应变，选择一些灵活多变的方式方法来转移中老年人的注意力及背景。例如，课题组选用了研学旅行的方式，到邯郸永年广府进行参观交流，大大提升了中老年对太极拳的兴趣。选用弹力绷带，让中老年在单招动作中充分感知劲力的运行，有效提升了中老年人探索太极拳的积极性。

4. 给予适当奖励或展示机会，以提振武术学习自信心

与前阶段年龄比较，中老年进入人生后半程，看淡或者看透了社会诸多事情，此乃好事，但对于武术学练也有不利因素。在武术学练过程中，正是由于前面的心理作用，中老年人可能存在知难而退的现象。因此，在适时之机，给予中老年人展示武术技艺的机会或者对其学习成就给予一定的鼓励，例如，一个小小的赞美，可能就成为中老年人继续进行武术学习的精神支柱。对此武术传授者必须给予高度的重视。

第六章　武术礼仪的规范化与武礼仪式化

第一节　规范武术礼仪：推开武术普及推广一扇窗

一、武术内容多样性当需武礼规范统一化

华夏文明，博大精深，体现在以血缘宗法为基础而形成的复杂而多元化的中国传统文化方面，统一规范的礼制是梳理多元文化弘扬的需要，所以基于规范秩序诉求而形成的中国传统礼文化具有了规范化和秩序化的特点。从国家层面，礼，蕴含中国大一统政治、文化的治理模式，体现传统文化与伦理机制核心——伦理道德秩序。这说明，礼具有外在行为层面的规范和内在维护伦理道德秩序的作用。基于礼在国家层面的作用可以看出：武术礼仪是习武者在武术实践中应该遵守的道德伦理行为规范。[1] 自中国武术退出军事舞台走入民间后，与多元中国传统文化思想相融合，尤

---

① 张继生. 中华武术礼仪 [M]. 北京：中国旅游出版社，2012：12.

其是受到了儒释道思想文化的影响，由单一的内容形成了具有多元传统文化属性和庞杂的技术体系内容。中国武术博大精深、源远流长是我们对民族文化认同与文化自信的表达，面对世界武林文化的激烈碰撞，似乎我们的自信有些盲目。跆拳道、空手道等其他武技走入中国民间，中国武术不断被挤压生存空间，民众表现出了更倾向于选择文化解释清楚的跆拳道、空手道等其他武技运动，而中国武术博大精深表现出来的多元文化解释和庞杂的技术内容，让民众有混乱之感，产生了"什么才是真正的武术"的疑惑。民众的疑惑所反映出的对武术文化认知的混乱与武术文化价值的认同是武术普及推广所面临的重要课题。从普及推广角度，若要树立正统的武术形象，必须先行武礼的规范及统一化。

武礼的规范统一化是历史必然。规范和统一像是推开武术普及推广窗口的两只手，左手是统一，右手是规范，两手相互配合，目标一致。从左手统一的一般性概念考察，部分全部集合即为整体。武礼的统一是树立统一形象的必须。从历史上看，秦国统一六国后，为了政治上的治理和社会生活的运行，秦国对货币、度量衡、文字和车轨实行统一规范，在全国制定统一的规范标准，颁布法令在全国推行。车同轨、书同文和度量衡若放在一个更长的历史发展维度中审视，秦国的统一规范化促进了这台精密国家机器的运转，最终部分凝聚成统一规范的整体，推动社会良性发展，规范了社会的秩序。反观当前武术技术与思想的形成，武术屹立于地大物博的中原大地，不同地域、风俗传统，使武术形成了不同的技术风格和多种表达方式。例如，谚语有云"南拳北腿、东枪西棍"，即使是统一地区的武术技法风格和要求也不同，少林拳的刚猛和太极拳的阴柔即是体现。当前武术不同的技术风格和思想的多种表达方式，呼唤武礼规范统一；规范，像是一把直尺，衡量着某物的标准和人的行为规范，规范体现武礼统一后的执行标准。古人在武术实践中具有历史朴素的规范意识，在宋代兵器的生产中可以看到规范的要求。比如在《武经总要》中关于峨眉斧的尺寸和规格记载：长九寸、刃宽五寸、柄长三尺。①古代兵器制作的规范化现象，从武术历史流传来讲，为民众传播了正确的武术兵器形象，使民众形成了正确的认知。自古武术实践所具有的规范意识从武术文化的外显层便可见一斑，由此希冀延续历史中武术实践的规范意识。

武礼规范统一化也是现实需求。武术的起源可以追溯到远古人类为生存而本能地与自然、人、兽争斗，由此根据实践经验形成了攻防效果俱佳的技击之术。武术单一的技击功能在官方层面的军事斗争中起到了非常大的作用，随着冷兵器时代的结束，武术开始逐渐脱离官方走入民间。在民间的沃土中，武术充分吸收了中国传统文化的儒释道思想，其功能从单一技击开始向多元化发展。在民间的舞台上，武术开始探寻儒释道文化的精神要义，其后发展犹如蛟龙得水，与中国哲学、医学、美学等传统文化紧密结合，从而形成理论体系丰富的武术文化。基于武术文化思想多元化特点，武术形成了极其丰富的技术内容。依据武术发展的历史时期和发展目标，武术划分为传统武术与竞技武术。竞技武术是为进入奥林匹克运动会而从武术中分离出来的一种武术形态，其技术特点体现高、难、美、新、稳，是现代武术的代表。与现代竞技武术相对，传统武术根植于中国传统文化，根据地形环境、风俗传统，形成了不同门派和技术风格且重视内在修炼的武术形态，包括了中国武术的绝大部分内容。徒手技术体系：按地域划分，依照北方人相对高大，南方人相对矮小的特征，有南拳北腿之说；按派别来划分，有少林派、武当派、咏春派、八极派之分；兵器器械技术体系更有刀、枪、剑、戟、斧、钺、钩、叉、鞭、铜、锤、戈、镋、棍、槊、棒、矛、耙十八般兵器，其中一种兵器还有多种练法。比

---

① 国家体委武术研究院. 中国武术史［M］. 北京：人民体育出版社，1997：278.

如剑，既有刚劲有力的少林剑的套路，也有柔和自然的太极剑的套路。基于以上结论不难看出，无论是竞技武术还是传统武术，都展现了武术的多样化特征。但竞技武术与传统武术所面临的未来的发展诉求与困境，在当前武术普及推广中出现了诸多问题。比如，竞技武术向奥林匹克文化理念靠近，脱离中华民族文化根基及淡化技击性动作表达设计，使其对中国传统文化承载性降低，这很难让受众认同。同样，传统武术拳种繁多，入门较难，武术文化解释能力弱，各武术派别相互争斗，阻碍了武术的普及推广。由上可得，现实中武术的技术表达的多样性，竞技武术与传统武术所面临的困境，亟须规范统一武礼，这是现实需求，也是武术普及推广的路径。

武礼规范与统一是推开普及推广窗户的两只手，是解决当前武术因多样性而解释能力弱的一股力量。这股力量的发挥是树立正统武术形象的历史必然要求和现实需求。

二、正统武术普及推广始于武术礼仪规范化

未曾学艺先识礼，未曾习武先明德，礼指恭敬待人，是克己敬人的规范，德指武德，即尚武崇德的精神。① 在古代社会中，把学习武技与礼仪道德规范相结合，把识礼明德作为学艺的开始，"先识器而后文艺"也是相同的逻辑。在武术传习逻辑的影响下，让习武者把识礼明德放在学武的第一位，技艺放在学武的第二位，这符合正统武术教与学的一般逻辑：重视武术礼的学习，武术礼是追求最高层次武技的开始和运用手段。所以，在教学程序中，先要教授规范的武术礼，这是学习正统武术开始的标志。例如，在学武之前首先学习抱拳礼，为避免礼仪的形式化，突出抱拳礼的

---

① 康戈武. 中国武术实用大全［M］. 北京：今日中国出版社，1990：768.

执行规范：并步站立，右手为拳、左手为掌抱于胸前；拳掌与胸相距20～30厘米，头正、身直，眼看前方。从习武者角度，首先学习规范的武术礼，是追求更高境界武德的开始。武礼的学习体现在日常的应用中，习武者向长辈行抱拳礼时，挺拔的身姿、坚定的眼神、规范的手型可以传达习练武术特有的神韵，在日常严格的执行武术礼中逐渐养成尊重师长的礼仪规范。武礼的应用是形成武术独特神韵和行为规范的第一实践程序。在武术的普及推广中，首先推广普及规范的武术礼仪是正统武术形象建立的第一步，这就体现在我们普及推广武术的程序中，把学习武术礼作为第一步程序，强调突出武术礼仪的规范性的传习。

无规矩不成方圆，学习武术礼是形成"规矩"的开始。"规矩"是指两种分别校正圆形与方形的工具，有礼法、规则和成规之意。武礼就是"规矩"，校正习武者行为规范，形成懂规矩做事的特点。缺乏武礼，是追求武德和武术真功夫的绊脚石，即没有武德和获得武术功夫的真谛。从习武者习武周期考察，以三年为结业周期。第一年，带有见习性质地了解武术规矩时期。在此时期，习武者要学习武术礼仪、了解师门宗派和武术界规矩，同时还要做一些日常事物。传武者通过对习武者的严格要求，磨炼习武者的心智，让习武者形成规矩做事的习惯意识。民间曾经流传"徒弟徒弟，三年奴隶"的说法，即是武术规矩和礼节重视的表现。在第一年的武礼学习的基础上，才有第二年基本技能学习和第三年武术真功夫的学习。从武术文化基因讲，武术内含儒家教化基因，在习武周期中形成了孟子的"离娄之明，公输子之巧，不以规矩，不成方圆"的有规矩、守规矩的行为习惯。① 武术在传习中十分重视对习武者规矩的磨炼。正统武术普及推广始于武礼规范化，其规范化不应该只体现在技术动作行为层面，还

---

① 唐芒果. 古代武术标准化思想与实践的研究 [J]. 首都体育学院学报，2014, 26（04）：301－305.

应关注日常行为的规范。这就需要从礼与德的关系入手，从武礼操作规范性层面，理清两者之间的关系。礼作为德的外在表现形式，是一种文饰，在具体执行中展现一个人的内在德行，规范的武礼是明德的第一步，也是形成良好武德修养的关键。这就需要把目光从静止性的考察转移到动态性的审视。武术在民间的传承中，把武礼扩展到整个习武周期中，加强对习武者人品涵养的动态考察，通过武礼执行观察习武者的内在道德涵养。当习武者时时规范地执行武礼，展现谦虚、礼貌、守礼、不争的特点，是内在自身修养高的一种表现。习武者在人际交往中，能够克己复礼，尊师重道，最终修得武术之真谛。相反，如果一个习武者在武术实践中，没有一个规范的武礼执行和良好的道德修养，从学武和练武两个时间维度，很难迈进学武大门并求得武学真谛。

按照武术学习的一般规律，武礼学习是第一步，其后是践行武礼的过程，即遵守武规。通过磨炼意志，养成知礼仪、懂规矩的习武习惯，逐步形成正统形象。因此，正统武术推广普及始于礼，成于规。

三、武术礼仪规范：武术功夫的一种

"功夫"的内涵习惯性地指向了习武者高超的武技和良好的修养及高大正面的武术形象，很自然地说明了习武者经过长时间的磨炼而沉淀出的技术和思想。武礼作为"功夫"思想的外在表现，与武技共同构成武术功夫的内容。武礼和武技是武术功夫的两个内容，两者犹如车之双轮、鸟之双翼，共同体现武术功夫的习练境界。武礼规范体现功夫深浅以及比试武技的涵养。

从行为规范看，武术礼是学习武术功夫的第一步，武术礼的规范性需要不断地反复训练，是武术功夫形成的痕迹证明。习武中，对规范性的极致要求是提升功夫的有效手段。"教不严，拳必歪。学不专，拳必滥"说

明传武者对拳法规范性的严格要求和强调练拳保持专心和专注的重要性，这是求得真功夫的有效方法。从时间维度看，保持规范性的时间长短体现出功夫的深浅。例如，武术马步的练习。规范的马步：双腿下蹲至大腿和小腿夹角为90度，脚尖向前且膝盖不超过脚尖，两膝盖外撑，臀部内收，同时保持上肢挺直。动作形态体现规范性，在动作规范基础上保持马步动作时间越长，其肌肉相对力量和耐力及意志越强大，说明功夫越深厚。从动作规范性要求和保持时间长短上，武术礼仪亦如此。抱拳礼的规范性要求：并步站立，右手为拳、左手为掌抱于胸前，拳掌与胸相距20～30厘米，头正、身直，眼看前方；举手礼的规范性要求：并步站立，身体直立，五指并拢举右手，屈右肘大臂与肩平，并成90度角，身体右侧前方行礼。礼仪的规范性是需要反复训练的，或坚持两分钟以上的固定动作训练，以此才能形成肌肉记忆和固定规范的动作。为了提升武行礼的规范性，在训练中，抱拳礼、举手礼均可延长行礼的保持时间。从动作要求，武术礼仪的规范性是武术功夫的一种，保持动作规范性的时间长短体现功夫的深浅。

从内在修养来看，习武者除了高超的技能外，通过德礼打动人心，体现高尚人格魅力，即是武术功夫的一种。比如，在师徒的伦理关系中和在与对手比试中体现内在的涵养，所以一位武术功夫高的武术人，不仅注重武技层面的提升，也会重视内在涵养的修炼。尊师重道是习武之人传承与发扬高尚德礼的体现。武术在师徒传承中，徒弟的功夫不只是体现在技术层面，还体现在尊师重道的礼德层面。这是对师父的耳提面命、谆谆教导、以身示范的最好回馈；在与对手的较技之中，好胜之心，自认先天第一是自信的表现。但武技求艺无止境，在习武的过程中要有"人外有人、天外有天"的敬畏之心。习武者要以自我超越为目标，武道的追求要有虔诚之心，从而不断磨炼自己的技艺。所以，习武要以"德艺双馨"作为追求目标，在比武中，不热衷追求武技层面的高低，而是摆脱成败之心，注重竞争的公平性，显示高尚的武术礼仪修为，做到以德服人。所以，以德礼为约束的武艺切磋，往往可以带来武术比试的流畅之快感，流露武术礼德互相谦让的良好品质。

武礼和武技构成武术功夫的内容，武术功夫修炼的逻辑："先识礼，后学技，再明德"的武术功夫进阶程序。所以，武术礼是武术功夫中重要的内容，尤其是武礼内在展现的良好修养，是武术功夫的核心内容，亦是最终学到武术功夫的真谛。

第二节　武礼仪式：武术普及推广的一座无名丰碑

一、武礼仪式：经典武术技术的一种表达

仪式是一种实践活动，记忆和记录它的承载对象，在特定的时间、场景和情景中进行的规范化、系统化的系列活动。正如周鸿雁提道："仪式是一个开放式话语系统，是一种有效的交流形式。"[①] 从传播学上讲，武术礼仪式是贯穿古今人与人、人与社会之间进行的符号交流互动，在技术与文化的交流互动中进而形成了一些经典的武术技术表达。在武术实践中，一些武术技术动作进行了"仪式化"建构，从而使一些武术经典技术具有经典武术形象表达的同时具有武术礼仪文化的形象展现。美国传播学者罗斯布勒指出：任何仪式都是一种传播，仪式通常以符号互动的方式呈现于社会生活之中。[②] 在普及推广中，经典武术技术的承载武术礼仪的双重意

---

① 周鸿雁. 仪式华盖下的传播：詹姆斯·W. 凯瑞传播思想研究 [D]. 上海：上海大学，2011：65－68.

② 魏俊威，刘静. 仪式传播观视域下武术文化的传播与认同 [J]. 体育科学研究，2018，22（06）：11－14.

义的形象表达，在武术仪式的传播中树立了武术标识和经典形象。

1. 经典武术技术形象表达——抱拳礼

抱拳礼是武术中常见且经典的标识性动作。从技术层面，抱拳礼具有规范化的要求：并步站立，右手为拳、左手为掌抱于胸前，这样规范且简单的技术动作执行，易于被大众接受，最终形成标志性武术动作；从武术礼仪层面，左手掌，右手拳，大拇指内扣，两臂在胸前合圆，这些细微动作形式，表现出了崇文尚武、包容和谐的武术文化精神。简单规范的技术动作，浓郁深厚的武术文化的精神表达，形成了文武兼备的武术经典形象。

2. 中国武术兵器参与的经典武术技术礼仪表达——递接械礼

中国武术兵器样式丰富多样，所谓十八般兵器即是明证。在武术兵器参与的实践活动中，递接械礼是武术礼仪中独特的现象。从技术层面看，以递刀礼为例，刀刃向里，并步站立，左手托护手盘，右手托刀的前半部分，使刀平行从胸前传递。武术兵器的递接更像一种"危险"交接，所以递械礼的规范核心突出一个"藏"，兵器中锋利部分不能朝向对方。从武术礼仪层面，在兵器的递接礼中，双方都需双手递接兵器，以示尊重与友好，在递械的过程中展现克己、谦让的良好礼仪修养。接械礼是在有武术兵器的前提下的一种经典技术表达，武术兵器的参与，塑造了武术多元化的经典武术技术礼仪表达。

3. 挺拔身姿的经典武术技术体态表达——开立礼

开立礼是武术技术静态的体态训练和精气神的表达。从开立礼的规范化要求看：右脚向右侧横开一步，两脚距离与两肩同宽；两手臂背在身后，右手握拳，左手握住右手腕，眼睛平视，身体保持直挺。这种动作要求说明开立礼具有了武术技术属性，展现习武者顶天立地之体态。从武术礼仪层面，开立礼规范挺拔的体态，内涵武术文化中自强不息的尚武精神追求，是武术技术的直观精神表达。

4. 精气神的经典武术技术眼神表达——注目礼

眼睛是一个人心灵的窗口，在武术的演练中，眼神是精气神最直接的表达，眼神通过注目礼产生了技术要求和武术文化内涵。在武术技术规范中，注目礼并步或开立站立，眼睛目视对方或平视前方，眼神不能游离。在规范要求中，在站立目视前方与聆听时体现眼神的坚定不游离。从武术礼仪层面，聆听时的注目礼，表示尊重、虔诚的礼仪修养。站立时挺拔身姿配合坚定的眼神展现了武术独有的精气神之韵。

在武礼仪式的实践中，一些规范化的武礼也是经典的武术技术：抱拳礼是经典武术形象的表达、递接器械礼带有武术兵器的独特表达、武术开立礼展现自强不息的尚武精神、武术注目礼通过眼神传递坚毅品格。在普及推广中，这些武礼的仪式化内容，传播了武术标识和经典的武术形象。

二、武礼仪式：武术文化的一支血脉

武术的形成与发展历史，说明武礼仪式文化是武术传统文化的一部分，武术礼仪是武术传统文化的深刻内涵的外显。武术礼仪的主线是技术，横向技术体系受到中国传统文化，尤其是儒家思想的深刻影响，进而沉淀出武术礼仪的核心—德。纵向技术内容自古至今的传承，武术礼是身心、人人、人天三个维度的武术伦理关系中外在的表现形式。"人不能踏入同一河流"，世界是运动的，社会是不断向前发展的。物质世界不断的运动驱动身心、人人、人天的武术伦理关系走向无止境，这便是武术礼仪在数千年的历史长河中生生不息、源远流长的动力。

"仁"在武术礼仪实践活动中闪耀儒家思想光辉。武礼之仁，儒家思想血液在武术文化的血脉中流淌。"仁者，人也"，在德的基础上发展形成一个理想中的人格，是"仁"思想的体现，反映出从主观的修己和客观待人两个维度的人格塑造，覆盖了全部的道德意识。以上说明在武术实践中，仁之德是习武追求的最高层次。俗语"文以凭心，武以观德"，术与德并重的逻辑，内含尚武崇德的精神内涵，是仁之德在武术实践中重视德行修炼的逻辑。所以，这就对习武者的道德伦理上提出了要求，即外在表现武礼的执行规范和内在人际交往的道德心。在传习武术中，除要求习武者外在礼节的规范外，需重视与人的关系维护。在武术的师徒传承中，仁规范了习武者在武术礼仪中的行为，需要展现敬重、恭敬、谦和；仁之义，武术人伦理道德关系的评判标准。仁义是指对武术道德礼法敬谨的责任意识，体现道德的义气精神。① 义本是象征武术领域的一种仪式礼，随着不断的演化发展成为天道的"应当"。从义的伦理道德意义上讲，义突出一个"正"，即是正气、正派。围绕"正"对武术伦理道德及其行为进行判断；仁之礼，是武术礼仪伦理层面和执行层面的样式。儒家强调礼对人的作用，依据礼来区分君子与恶人、人与兽。君子谦虚有礼，恶人傲慢无礼，谦虚礼让、风度翩翩的君子形象实则是儒家文化对中国人形象的影响和塑造。君子之"礼"在武术的实践中，细微之处显修养，展现尊师重道之风范。在人伦理规范中，礼也是区别人与兽的标准，人能够懂礼，知廉耻，懂耻辱，能够克制自己的私欲，做到克己复礼，并且在血缘的家庭中，能够尊敬长辈，友爱兄弟姐妹，在社会生活中坚守礼的伦理规范。在武术礼仪执行层面，有抱拳礼、拜师礼、学艺礼、比试礼等一套相对完整的武礼体系。

君子德礼之塑造并非纠结于一时一刻的执行礼仪的谨小慎微，要放在更长的历史维度中进行德礼的考察，在身心、人人、人天三个主体中，极致展现武术伦理理想。技艺的磨炼是武术实践活动中的一个环节，但并非

---

① 张继生. 中华武术礼仪［M］. 北京：中国旅游出版社，2012：59.

全部的环节，还有高于技艺层面的武术伦理道德的精神价值追求。在武术礼中，君子代表了伦理道德的最高层面，是一个人拥有完美人格的体现，贯通了中国传统文化中不同个体的伦理关系，君子呈现的形象气质被习武者所推崇。在武术礼层面视角，身心伦理的价值追求展现了武术礼普世价值的独特思考。这种普世价值取向，是追求身心合一，展现君子风范，以及日常行礼的恭敬与内在心萌发的一致；在人与人的伦理追求中，和谐是最终价值目标，在武术的实践中建立人与人，人与社会的行为规范，保持武术传承的规范性和秩序性。尊师重道、维护人际关系的和谐、遵纪守法是习练者追求和谐的方向，通过自身良好德行的塑造形成和谐的伦理道德关系；人天伦理的价值追求中，自然之"天"与道德之"天"是人天伦理范畴。在人与天的哲学问题中，形成了"天人一体"的武术伦理观，其背后是人对于自然的敬畏和对于道德的强调，在天地之间寻求安身立命之地。天人伦理扩充了武术礼仪的内容，使武术礼仪流淌有物质层面的武术传统文化血脉，还有精神层面的武术传统文化气韵。

从武礼仪式对武术发展和传承的客观记录看出，仁与武术礼仪文化一脉相承，武术伦理体现的优秀传统文化思想和武术伦理无止境的价值追求，是延续武术文化血脉的动力源。

三、武礼仪式：历史记忆的传承

亘古通今，武礼仪式记载了武术传统文化的历史记忆。在历史纵坐标系的传承中，武礼实际就是一个活态化石，记忆以抱拳礼为标志的相对完整的武术礼仪体系与以武德为核心的武术伦理关系，传承历史中优秀的文化传统基因，开启武术走向世界舞台的大门。

以标志性抱拳礼为主要内容的武术礼仪体系，延续中国传统礼文化之规。中国拥有"礼仪之邦"美誉，中国传统礼仪文化丰富，尤其是以儒家礼文化为代表。武术在历史的流传过程中，在儒家礼文化的影响下，形成了相对完善的武术礼仪体系。比如，抱拳礼、鞠躬礼、拜师礼、学艺礼、比武礼等。众多的武术礼仪中，抱拳礼最为常见，深刻地承载了优秀的武术文化。据考证，抱拳礼来源于古代的作揖礼或拱手礼。抱拳礼在当代有了外在行礼的规范和内在传统文化意蕴表达。规范的抱拳礼是克己复礼的体现，记忆了武术人对自身礼仪规范和礼仪修养不断提高的过程，规定了武术人什么能做与什么不能做以及如何规范做的思考，让习武之人在符合"礼"的要求下规矩做事。在武术文化的传承中，抱拳礼内含四海武林团结奋进、崇德尚武、勇武坚强、自强不息以及天下武林和谐是一家的传统文化思想。抱拳礼作为武术礼仪的经典代表流传下来，其内在的行礼规范和内在中国传统文化意蕴产生的价值认同，是武术优秀传统文化延续的动力。

以师徒传承为中心的武术伦理关系，追求爱国重义的价值取向，延续了优秀武术传统文化的基因。《江南经略·兵器总论》记载："中国武艺不可胜纪，古始以来，各有专门秘法，散之四方，若召募得人，以一教十，以十教百，即刀法一艺，倭不足以当我，况其他乎？"中国武术的精髓是依靠师徒制进行传承的。师徒制，是最原始的武术传承方式，也是武术流传到现在的关键传承方式。师父与徒弟双方共同组成一个集合体，并受到一定行为规范的制约，师父有师父的责任，徒弟有徒弟的义务。① 这种通过模拟血液关系的师徒伦理关系使师父扮演"父"角色，所以在角色的使命中必须尽心尽力传授武术之精髓，同时严厉要求徒弟刻苦练习，直到掌握全部武术要领；徒弟处于"儿"的地位，对师父要敬重，努力学习武术，规范日常礼节，提升自身礼仪修为。在中国武术师徒的传承体系中，

① 腾利员. 传统武术拜师仪式的文化认同研究 [J]. 武术研究，2020，5 (03)：39 – 42.

对传授内容，都是师父一对一地精英式指导技艺和思想，甚至延展到日常生活中为人处世之道，这种师徒纵向传习的直接性，可围绕徒弟的性格特点进行因材施教，使徒弟的武术水平不能仅停留在形态的表层上，希冀把武术技术蕴含的技击思想和为人处世之道传授给徒弟。徒弟与师父直接对其内在技艺和内在思想及日常礼仪规范进行交流，实则是徒弟做出的学习反馈，在随后的不断领悟中，达到一种技艺共鸣和追求境界一致的情感共鸣。从学习结果来看，徒弟技艺术和思想与为人均有了提高，这便是教育的成功。基于共鸣而产生的传承效果，师父与徒弟均对武术文化产生认同，以此形成了传承的链条，学艺有成的徒弟再按照此方式传承给自己的徒弟。这种链条式的传承无疑是武术流传到现在的关键因素，这背后隐藏的是武术传统文化精华的传承和对中国传统文化的认同。未来，这会是武术传承和发展的推动力。

武德是武术伦理关系中最重要的行为规范和价值追求。在武术的历史流传脉络中，武术从军事舞台走入民间，这就赋予了武德在国家层面和民间层面的双重意义，即体现在：爱国、重礼。爱国，武术文化的价值取向与军人的价值取向发生了联系，在人与国家的伦理关系中，形成了精忠报国，即学武术的目的是保卫祖国，展现了习武者高尚的习武情怀。武德这种爱国、报国的价值取向，来源于军事斗争而形成的对国家的认同，国家认同来源于传统文化的凝聚力。武德中爱国价值取向记录了武术发展的历史，必将流芳百世。重礼，武术的实践活动中与中国传统礼文化结合，在人与人的交往中，要求习武者遵守礼仪规范，从伦理道德范畴，规定了道德执行规范，核心要素是和谐。武德中和谐的伦理道德规范，记忆历史上优秀武术文化精髓，也会在未来武术实践中延续。

武术流传于世的纵向链条，模拟血缘关系而形成的武术伦理道德关系，是打通武术上下时空传承的关键，记忆了优秀的武术传统文化，这也是延续武术传统血脉的关键，更是武术走向世界舞台的根基。

第三节　武礼规范示例

一、日常武术礼仪

武术礼是习武者约定俗成共同遵守的行为规范与制度，是道德的外在表现形式。下面以武术套路礼仪和武术散打礼仪进行举例展示。

1. 武术套路徒手礼仪规范

武术套路常用徒手礼仪主要包括抱拳礼、鞠躬礼、颔首礼与注目礼。

——抱拳礼：行礼者朝向受礼者并步直立；双手由体侧向胸前合抱，右手为拳，左手为掌，左掌心掩住右拳面，肘尖略下垂，双臂外撑为椭圆形。

图6-1　并步直立　　图6-2(1)　抱拳礼　　图6-2(2)　抱拳礼（特写）

应用：抱拳礼为习武者之间的正式礼仪，主要适用于武术竞赛、教学训练、表演、介绍宾客等正式场合。

——鞠躬礼：行礼者并步自然站立，两手垂于体侧中线，手心向内，中指贴于大腿外侧中线，神态自然，双目注视受试者；上体以45度左右前倾斜，目朝视前下方。

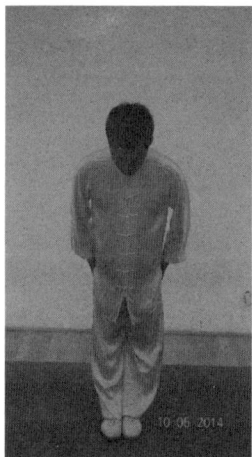 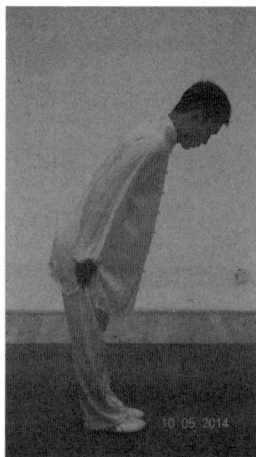

图6－3(1)　鞠躬礼　　　图6－3(2)　鞠躬礼（侧面）

应用：鞠躬礼主要用于非正式场合中的晚辈向长辈行礼等。

——颔首礼：行礼者并步站立，双手自然垂于体侧中线，身体保持中正，神态自然、面带微笑，目视受礼者微微点头示意。

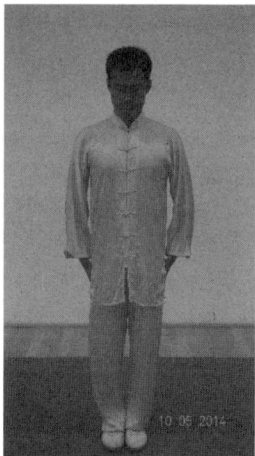 

图6－4(1)　颔首礼　　　图6－4(2)　颔首礼（侧面）

应用：一般用于在非正式场合中长辈对晚辈回礼。目前，武术套路竞赛为节省时间，裁判长常以额首礼的形式向运动员回礼。

——注目礼：行礼者并步站立，挺胸、收腹，两臂自然下垂于体侧中线，目视行礼方向。

图6-5(1) 注目礼　　　图6-5(2) 注目礼（侧面）

应用：此礼用于升、降国旗、会旗和唱国歌、会歌等正式场合。

2. 武术套路器械礼仪规范

器械礼仪是武术礼仪中的重要组成部分，本部分主要以剑、刀、枪、棍四种持械礼仪为代表进行说明。

——持剑礼：持剑者并步挺拔直立，左手持剑，剑身垂直贴于小臂外侧；两臂屈肘向胸前合拢双手，左手在内右手在外，右掌食指中节附于左手食指根节，两肘放松自然下垂，双臂撑圆，高与胸齐，剑身与左小臂外侧始终保持相贴，目视前方。

应用：持剑展示前后，例如，比赛（表演）准备上场、退场时，或者候分谢礼之时。

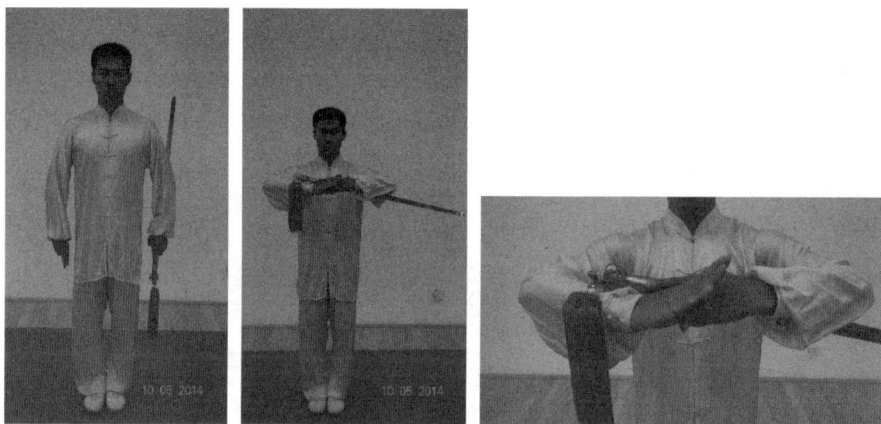

图6-6　并步持剑　　图6-7(1)　持剑礼　　图6-7(2)　持剑礼（特写）

——递剑礼：递剑者并步规范直立，双手自然平举于胸前，左手前指托于剑首，右手托剑身前段，使剑横于胸前，剑尖朝右，目视接剑者。

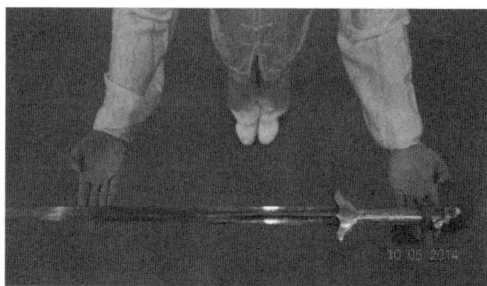

图6-8(1)　递剑礼　　　　图6-8(2)　递剑礼（特写）

——接剑礼：接剑者并步站立，两臂前伸于递剑者两手之间，左手掌心朝上托剑身中段，右手掌心向上托于剑柄；两臂自然屈肘，将剑顺势回托于胸前，目视递剑者。

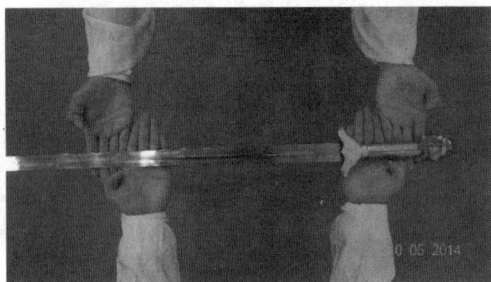

图 6 – 9(1)　接剑礼　　　　　　图 6 – 9(2)　接剑礼（特写）

应用：递剑礼与接剑礼合用，一般用于习武者之间交接剑器。

——抱刀礼：持刀者并步直立，两臂自然垂于身体两侧，左手中指与食指分于刀柄两侧抓扣护手盘，刀背贴于左前臂；双臂经两侧屈肘撑圆使刀横于胸前，两肘微下垂，刀刃斜向上，刀背仍贴于左前臂，右掌食指中节附于左手食指根节处，高与胸齐，目视前方。

图 6 – 10　抱刀直立　图 6 – 11(1)　抱刀礼　　图 6 – 11(2)　抱刀礼（特写）

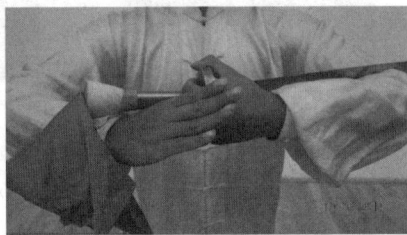

应用：持刀展示前后，例如，比赛（表演）准备上场、退场时，或者

候分谢礼之时。

——递刀礼：递刀者并步直立，两臂伸出，双手托刀横于胸前，左手托于刀首，右手托于刀身前段，刀刃面向自己，刀尖向右，目视接刀者。

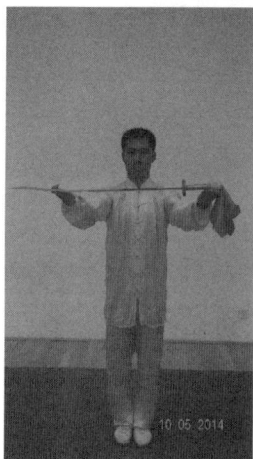

图6-12(1) 递刀礼

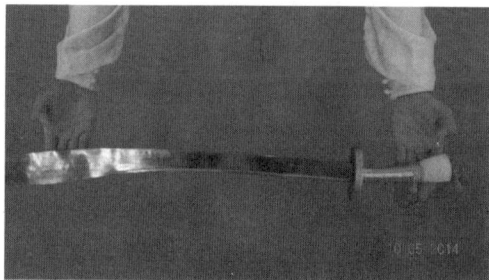

图6-12(2) 递刀礼（特写）

——接刀礼：接刀者并步直立，两臂前伸于递刀者双手之间，左掌心朝上托于刀身中段，右掌心向上托于刀柄处；两臂屈肘顺势将刀收于胸前，目视递刀者。

图6-13(1) 接刀礼

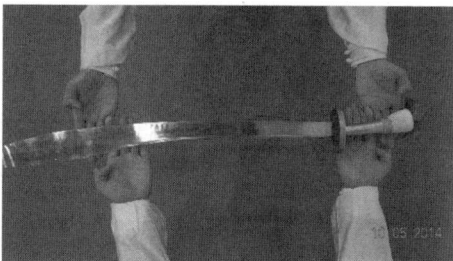

图6-13(2) 接刀礼（特写）

应用：递刀礼与接刀礼合用，一般用于习武者之间交接刀器。

——持棍礼：持棍者并步规范直立，两臂自然放松垂于体侧，左手反手伸中指握棍1/3处，并贴臂于身体左侧；两手向胸前合拢，棍身贴于左前臂内侧，同时右臂屈肘，右掌经体侧合于左手外侧，右手食指中节附于左手食指根节处；两臂撑开，目视前方。

图6-14(1) 并步持棍

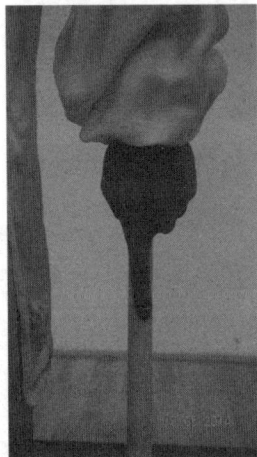

图6-14(2) 并步持棍（特写）

图6-15(1) 持棍礼

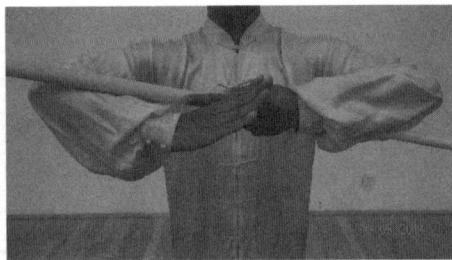

图6-15(2) 持棍礼（特写）

应用：持棍展示前后，例如，比赛（表演）准备上场、退场时，或者候分谢礼之时等。

——递棍礼：递棍者并步直立，两臂伸出，双掌心向上横托棍于胸前，棍梢端向右，左掌靠近把端，双掌距离大于肩宽，目视接棍者。

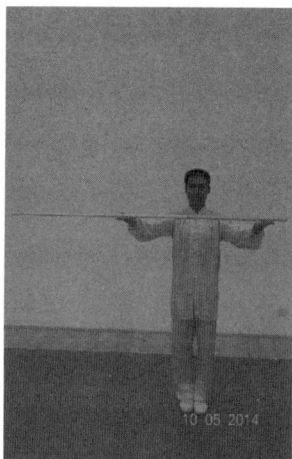

图 6 – 16(1) 递棍礼

图 6 – 16(2) 递棍礼（特写）

——接棍礼：接棍者并步规范直立，两臂自然向前伸出，双掌心向上托棍于递者双手之间；双臂屈肘，顺势收棍于胸前，目视递棍者。

图 6 – 17(1) 接棍礼

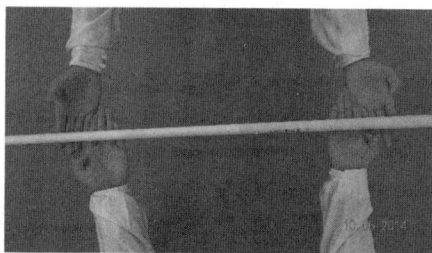

图 6 – 17(2) 接棍礼（特写）

应用：递棍礼与接棍礼合用，一般用于习武者之间交接棍器。

——持枪礼：持枪者并步直立，两臂自然垂于体侧，左手反手伸中指握枪 1/3 处，贴臂于身体左侧；两手向胸前合拢，枪身贴于左前臂内侧，同时右臂屈肘，右掌经体侧合于左手外侧，右手食指中节附于左手食指根节处；两臂撑开，目视前方。

图6-18　并步持枪　　图6-19(1)　持枪礼　　图6-19(2)　持枪礼（特写）

应用：持枪展示前后，例如，比赛（表演）准备上场、退场时，或者候分谢礼之时等。

——递枪礼：递枪者并步直立，两臂伸出，双掌心向上横托枪于胸前，枪尖向右，左掌靠近把端，双掌距离大于肩宽，目视接枪者。

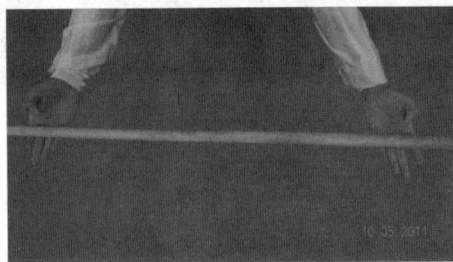

图6-20(1)　递枪礼　　　　　图6-20(2)　递枪礼（特写）

——接枪礼：接枪者并步规范直立，两臂自然向前伸出，双掌心向上托枪于递者双手之间；双臂屈肘，顺势收枪于胸前，目视递枪者。

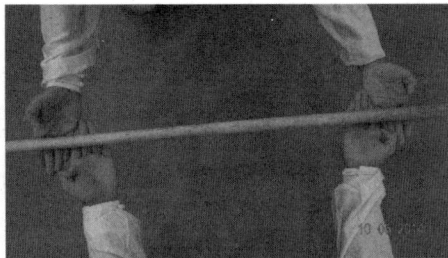

图6-21(1) 接枪礼　　　　　图6-21(2) 接枪礼（特写）

应用：递枪礼与接枪礼合用，一般用于习武者之间交接枪器。

3. 武术套路教学训练礼仪规范

武术套路教学与训练课的礼仪相同，下面以教学课为例进行说明。

技术课（训练课）礼仪

——上课礼仪：

课堂常规：

班长整队。班长站于队伍正中前方，与队形成正三角形。教师（教练）站在队伍的右前方。

图6-22 整队时教师与班长站位

（注：♦为学生，▲为班长，★为教师或者教练）

班长向教师（教练）报告班级（运动队）考勤情况。班长转向教师（教练）方向，向其报告队伍考勤情况，具体操作为"报告老师，我班应到几人，实到几人，某某请假等，报告完毕"，教师（教练）则应答

"上课"。

班长与教师（教练）就位。班长听到教师发出"上课"指令后，转体面向队伍，并发出"稍息"口令，然后半面向左转，向队伍排头右侧空位跑步前进；到位后立定，向后转；教师（教练）随即走向班长原来站立位置，并面向队伍向左转。

师生行抱拳礼问好。待教师（教练）面向队伍站立稳定后，班长向队伍发出口令"立正"，全体学生立正后，教师（教练）向同学们问"同学们好"，全体同学向教师（教练）行抱拳礼，同时说"老师好"，教师（教练）向同学们行抱拳礼回礼，等教师（教练）礼毕后，同学们自行礼毕。

开始授课。教师（教练）发口令"稍息"，开始正式上课。

——课中请教礼仪：

举手示意。课程中，学生如需向教师（教练）请教问题或处理特殊情况，首先应面向教师（教练）立正直臂举起右手示意，右手立掌，掌心向左，掌指向上。

解决问题。教师（教练）看到学生举手示意后，应以稍快于平时走路的速度走到学生面前，听取学生报告问题并给予耐心解答。

谢礼与回礼。教师（教练）指导解决问题后，学生应面向教师（教练），右脚先行后退一步，左脚并右脚，行抱拳礼，教师（教练）行抱拳礼回礼。待教师（教练）走后，学生自行礼毕，回归原位进行练习。

——下课礼仪：

教师（教练）整队，站于队伍正中前方，与队形成正三角形，进行整队。

口令"下课"。教师（教练）总结完毕后，向队伍下达"立正"口令，等学生全体立正后，向同学们下达"下课"口令。

师生再见。同学们立即行抱拳礼，并向教师（教练）喊"老师再见"；教师（教练）回行抱拳礼，同时回"同学们再见"。

击掌成功。同学们待教师（教练）礼毕后，自行礼毕，并于体前下方击掌以示成功。

下课。学生自行解散。

理论课礼仪

——上课礼仪：

学生起立。教师进入教室走上讲台，站定后发口令"上课"，随即班长发口令"起立"，全体同学起立。

师生问好。班长发口令"敬礼"，同学们集体行抱拳礼，并喊"老师好"，教师回抱拳礼，并喊"同学们好"。

学生就座。教师礼毕后回"同学们请坐"，同学们自行礼毕就座。

——课中请教礼仪：

举手示意。课程中，学生如果需要回答教师提问、请教问题或处理特殊情况，需举手示意。具体要求为举右手，右手肘紧贴桌面，掌指向上、掌心向左，左臂屈肘90度平铺于桌面，左掌指贴右肘内侧。

伸手回应。教师颔首向学生示意，同时直臂伸出右手，掌指向举手者。

站立回答。等教师同意回答后，学生起立，立正站好发言。

学生请坐。发言完毕后，教师发口令"请坐"后，学生就座。

——下课礼仪：

口令下课。教师口令"下课"。

学生起立。班长听到教师下课口令后，立即向全班发口令"起立"，同学们全体起立。

师生再见。同学行抱拳礼，同时喊"老师再见"，教师抱拳礼，回

"同学们再见"。

学生解散。待教师礼毕后，同学们自行礼毕，下课。

4. 武术套路竞赛礼仪规范

——裁判员入场礼仪规范

入场。在宣布裁判员入场后，裁判长带领裁判员队伍由比赛场地右侧开始逆时针绕场一周，最后站立在评判席前面。

介绍裁判。大会主持人自竞赛监督委员会、仲裁委员会、裁判逐一介绍，竞赛监督委员会主任至副总裁判长站于桌前立正行抱拳礼；播音员介绍评判席前裁判员，被介绍裁判员应左脚向前一步，右脚随即跟上并步站立，同时行抱拳礼。礼毕后右脚向后退一步，左脚撤步与右脚并步站立。

裁判就座。竞赛监督委员会、仲裁委员会、总（副总）裁判长直接就座，裁判长带领裁判员向右转，一路纵队走到裁判桌后就座，裁判长到裁判长席就座。

——运动员上场礼仪规范

候场。运动员进入指定区域等待比赛。

行礼。当播音员指令上场时，运动员左脚向前上一步，右脚跟上并步站立，向裁判员方向行抱拳礼（或持器械礼）。礼毕后，右脚同时向后撤一步，随即左脚并步站立。

入场。进入比赛场地进行比赛。

——运动员退场礼仪

运动员在完成比赛内容后，立正站好，向裁判长方向行抱拳礼（或持器械礼），然后退场在候分区并步直立等待成绩。

——运动员致谢礼仪规范：运动员在完成比赛内容退场后，到指定区域等待分数。当裁判员给出比赛最终得分时，运动员左脚向前上步，右脚并步直立站好，向裁判员方向行抱拳礼（或持器械礼），然后离开场地。

——运动员受奖礼仪规范：

按要求站位。颁奖时，运动员按要求排列队形，站到既定位置。

行抱拳礼。接受奖牌时，运动员先向颁奖者行抱拳礼，主动配合与颁奖者握手。

领奖。运动员前倾身体，低头配合嘉宾给自己戴上奖牌，接好奖杯或奖牌，面带微笑并主动握手致谢。

5. 武术套路着装礼仪规范

裁判员的着装规范要求：

根据赛事的规定和要求，裁判员应统一规范着装。

运动员的着装规范要求：

根据赛事的规定和要求，运动员应着武术服装和武术鞋参加比赛。

6. 武术套路表演礼仪规范

向观众行礼。表演开始前，演武者立正站好，向现场观众行抱拳礼。

谢礼。结束表演后，演武者立正站好，再次向现场观众行抱拳礼致谢。

7. 武术套路日常礼仪规范

在日常生活中的非正式场合，晚辈见到长辈应立正，行鞠躬礼；长辈回颔首礼。

武术散打相关礼仪与武术套路相同部分不再赘述，与武术套路不同的特殊礼仪主要有以下 3 个方面：

1. 戴拳套的抱拳礼

行礼者朝向受礼者并步直立；双手由体侧向胸前合抱，左右拳套上下相触，左拳套在上，右拳套在下，左拳套拳心对右拳套拳背，两拇指向内，肘尖略下垂，双臂外撑为椭圆形。

应用：手戴拳套的抱拳礼为散打运动员比赛场上的正式礼仪，主要适用于对抗双方的相互行礼，向裁判员、教练员、观众行礼。

图 6 – 23(1)　手戴拳套的抱拳礼　　图 6 – 23(2)　手戴拳套的抱拳礼（特写）

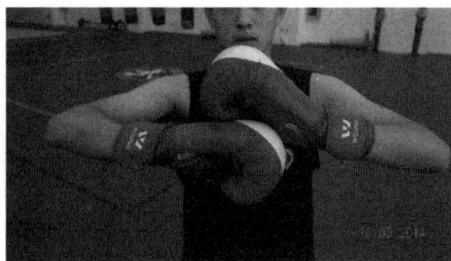

2. 进入散打场地的着装要求

凡进入散打擂台或者训练场地，运动员须脱鞋赤脚上场进行比赛或练习；同时，不允许穿戴任何饰物及带有尖锐物品的服装。

3. 武术散打竞赛礼仪规范

比赛前：

行抱拳礼向本方教练员。在每场比赛开始之前，运动员上擂台并步站好，向本方教练员行抱拳礼，本方教练员回抱拳礼。

向观众与裁判员行礼。每场比赛开始前，介绍运动员时，运动员立正站好，向观众席方向行抱拳礼，然后转向裁判席方向行抱拳礼。

向对手行抱拳礼。正式比赛前，在场上裁判示意下，运动员双方立正站好，向对手行抱拳礼。

比赛后：

运动员站于对方一侧：当场上裁判员站好之后，运动员双方交换位置，站于场上裁判员两侧。

向对手行礼。裁判长宣布比赛结果，待场上裁判举手示意某方获胜后，运动员相向立正站好，相互行抱拳礼。

向台上裁判员行抱拳礼。运动员双方面向台上裁判员立正站好，行抱拳礼，台上裁判员回抱拳礼。

向对手教练员行抱拳礼。运动员转向对手教练员，并步站好，行抱拳礼。对方教练员回抱拳礼。

场中边裁判员调换：

边裁调换。边裁判员换人时，准备执裁裁判员站于桌子左侧，被调换裁判员起立站于桌子右侧，双方相向立正站好，行抱拳礼后，准备执裁裁判员就座，被调换裁判员退场。

二、拜师礼仪

1. 拜师礼仪的意义与前期准备

一脉相承，拜师礼是武术文化薪火相传的需要。殿堂之下，面对武术列祖列宗的神像，心神合一，庄严肃穆，承前启后。拜师礼仪通过共同认可的伦理关系价值而形成稳固的师徒关系。稳固的师徒关系体现很强的凝聚力，很容易形成文化价值认同。小范围的师徒结合而形成的凝聚力在一定程度上会形成门户之争。但目的都是传承中国武术，对于其合理部分形成的文化认同是弘扬武术内在的驱动力。尊师重道是中国传统文化的道德典范，也是拜师礼的重要体现，徒弟通过拜师礼，表达对师父的尊重和对知识的重视，以此形成的中华传统道德典范进而薪火相传。拜师礼也是传承"真功夫"的需要，武术的多样性和习练难度，需要形成一个长期稳定的师徒关系，确保长时间地学习武术。此外，在武术传承中，师父作为"父亲"的角色，对徒弟爱之切切，授之殷殷，尽心传授武术的精髓，并且一对一精英式地教学，有利于武术的传承与发展。

搭建师父与徒弟的桥梁，确定中间人，民间俗称引师。通过引师，师与徒相互了解，内容为：师父了解徒弟是否有为人处世的道德心和习武的执着心，徒弟了解师父的武学造诣及为人处世所展现的道德修养和明辨是非的勇气。在了解清楚的基础上形成师徒关系，准备拜师帖，确定拜师仪式的见证人，民间俗称保师，最后择黄道吉日举行拜师礼。

2. 拜师礼仪程序与内容

第一项：拜祖奏告。师父服装得体，面貌整洁，向师祖或传承谱系中传承人的挂像行礼，奏告开门收徒。提倡行鞠躬礼。

第二项：递帖。徒弟（或代表）宣读拜师帖。服装得体，神态庄重，吐字清楚。

第三项：行拜师礼。徒弟向师父行拜师礼，提倡行鞠躬礼。

第四项：回帖。师父回帖，激励徒弟尊师重道、勤学苦练。

第五项：宣读门规。师父（或大师兄代表）宣读门规。

第六项：拜师宴。拜师礼结束。

3. 现代拜师礼仪应当注意的问题

基本常识

（1）遵守社会公德，尊重地方风俗习惯和文化差异。

（2）准点到达规定地点。晚点是失信的表现，不提倡太早到达。

（3）服装得体、整洁，容貌干净，精神积极向上。

（4）举止端庄，行为规范，不大声喧哗、不与人勾肩搭背、不抖腿等。

（5）礼节规范，问候语得当。礼节包括抱拳礼、鞠躬礼、点头礼，在问候或交谈中多用敬语。

和谐传承

（1）树立良好师德风范

第一，德艺双馨。师父努力做一个技艺高超、德行高尚且受人尊重的人。

第二，传业授道。教授徒弟武术技能本领，规范徒弟行为品行，肩负徒弟道德教育责任。

第三，谨慎收徒。以防滥用武力，保持宁缺毋滥的态度，加强对徒弟德行和人品的考察。

（2）尊师重道

第一，尊师重道。尊重自己的师父，不可做出对师父无礼的行为。

第二，勤学苦练。向师父学习真本领，刻苦磨炼武技，追求高尚的道德操守。

第三，诚心拜师。诚心拜师学艺，传承武术，莫有贪图名利之心。

（3）礼仪规范

在尊重地方文化风俗习惯的基础上，提倡鞠躬礼和抱拳礼。

三、节庆武术礼仪

节庆武术礼仪是武术节庆活动中武术人和主办方的行为和制度规范。以主办方的角度，节庆武术礼仪主要包括组织礼仪和庆典武术礼仪。

1. 组织礼仪

（1）确定出席人员名单

根据节庆武术的规模和性质，在上级领导、社会赞助负责人、社会精英人士、大众传媒、内部人员等范围内确定出席人员名单。

（2）确定时间和地点

依据民俗节日与年度工作安排，确定节庆武术的时间和地点。

（3）布置会场

依据当地风俗传统与武术节庆的规模和影响力，精心布置会场。在当地文化风俗的基础上体现武术节庆的特色、隆重和热烈的喜庆气氛。

2. 庆典武术礼仪

（1）礼宾次序

按照活动惯例，按出席者身份和职务进行排序。人数为奇数，1 号领导排在主席台最中间，其余领导以 1 号领导为中心，左右排列；人数为偶数，1 号与 2 号领导在主席台最中间，2 号领导在 1 号领导的左边，然后左右排列。

（2）庆典武术仪式

庆典武术仪式有两种，一种是升国旗，奏国歌，要求全体起立且行注目礼；第二种是根据当地风俗传统不同，举行集体朝拜仪式，提倡行鞠躬礼、抱拳礼。

（3）表演礼仪

根据不同地方的节庆特色，安排舞龙舞狮、武术、民间特色舞蹈类节目，展现不同的地方民俗文化。

第七章　武术服饰的标准化与多样性

第一节　武术练功服饰：打开武术普及推广一扇门

一、武术练功服饰：武术在民间普及与推广中的活广告

1. 传播武术的运动信息

　　武术服饰是武术发展中的文化现象，具有传播文化的功能和特征，通过武术服饰向人们不断地渗透信息，不但影响受众的价值取向，还影响人们的文化观念、文化心理。武术服饰能够示范、引导受众者的运动方式，推动武术文化的变迁，促进武术运动的交流。武术服饰发展过程中需要肩负传播文化的责任，使之在武术精神文明建设中发挥积极的作用。武术服饰能够反映相应武术运动的风格，能够将武术的技术特点迅速地传递给观看者和学习者，使得人们通过服装便能分辨出练习的拳种，武术服饰是武术运动传播中独特的载体，能够吸引众人的注意，它在武术运动与潜在的参与者之间起到了很好的桥梁作用。武术服饰的色彩、图案、标志、款式

等增强和扩大了武术品牌的效果。武术服饰的中华元素也为传播中华文化带来了良好的效应，在普及和推广中展现出了其独特的魅力。

2. 影响人们的运动行为

武术服饰能够有效地宣传武术运动，促使那些原本对武术运动不感兴趣或不了解的人群，对武术运动产生浓厚的兴趣，进而促进人们产生参与武术运动的冲动和欲望，激发他们主动参与、主动学习、主动购买等行为，特别是符合现代人们审美观的服饰在武术普及和推广中效果尤其显著。武术服饰能够有效地引导人们关于武术运动的行为，创造新的市场需求。需求与产品相互影响，人们对武术服饰的需求进一步影响武术服饰的发展，并根据这种需求创造出新的特点。武术服饰在指导运动者的行为过程中也起着创造时尚流行的作用，影响人们的运动观念。

3. 激发参与武术运动的兴趣

观看武术演练的受众在接收武术运动的信息时，对武术服饰所蕴含的文化内涵、结构理念、图饰寓意等形成积极的文化认同倾向。这种心理倾向是稳定的，伴随着满意的、愉快的情感体验。因此武术服饰能够引起受众参与武术运动的兴趣，创造出武术习练的良好氛围，使受众者带着肯定的情感去认识和欣赏武术服饰所包含的内容。武术服饰不仅有助于提高人们对武术运动的关注程度，更有助于激发人们参与武术运动的兴趣，服饰不仅可以传递武术文化的信息，还能够影响接收武术服饰信息者的消费行为和参与态度。武术服饰充分地展现了武术运动的各类风格和特点，激发人们参与武术运动的动机。武术服饰的制作需要从受众的需要、受众的情感、拳术运动风格、演练者的性格特征等方面考虑激发受众参与武术运动的兴趣。①

---

① 陈思. 营销心理学［M］. 广州：暨南大学出版社，2015：175.

4. 树立武术的品牌形象

武术服饰的形象是指通过服饰人们对武术运动产生的印象、看法和评价。武术服饰不仅要与拳术特征、习武者个性、练习的内外环境相融合，还对受众者的视觉形成冲击，必定给观看者留下一定的印象和评价，进而发挥武术服饰树立武术形象的功能。武术服饰的形象在武术发展的过程中起着良好的文化传递作用，是促进武术发展的一张名片，武术服饰的形象越来越凸显其文化功能。武术服饰对提高武术声誉、树立武术的整体形象起着重要的作用，武术服饰能够传递武术技能、武术风格、武术文化等相关信息，服饰所蕴含的图案、标志、工艺等文化元素，能够很好地将武术的形象展现在人们面前，突显武术的品牌，这样能够很好地巩固和发展武术的市场，同时武术服饰也更容易受到广大武术爱好者的欢迎。①

二、当代武术练功服饰在武术普及推广中的利弊论

武术是中国传统文化的重要组成部分，武术体系中的服饰也蕴含着丰富的中国文化思想，与武术练习者的精神追求和道德修养相融合，体现着武术练习过程中追求"天人合一"的境界。服饰作为武术推广的重要符号，传播着武术运动的文化内涵。在武术发展过程中，人们对武术技术和规则做了深入的分析，但对于能够直接反映中华审美观的武术服饰研究较少，致使武术服饰在武术的推广过程中没有发挥其有效的宣传功能。以下对武术服饰发展中的优劣进行分析，以对武术服饰更好地发展起到推动作用，进而为武术的传播服务。

---

① 钟天朗. 体育经营管理：理论与实务（第 3 版）［M］. 上海：复旦大学出版社，2017：154－155.

1. 优势

（1）体现"天人合一"思想

武术服饰中蕴含着中华文化"天人合一"的思想观念，组成武术服饰的各类要素需要与武术运动的内外环境自然和谐。武术服饰配合武术动作的演练，就如同水墨画一样，重在表达武术练习的意境，而不是机械地练习武术动作，充分地体现了习武者的精神境界和道德修养。在武术服饰悬垂美、轻盈美、图案美、款式美的衬托下，突出武术练习者人与自然融合，物我相融的练习境界。

（2）体现"色彩"艺术观

中国道家推崇"无色而五色成焉""五色令人目盲"等消色倾向观念，中国艺术上则表现为追求倾向黑色回归的无色的美，色彩上的艺术更加倾向平淡的青色、白色、黑色等。在这种色彩艺术思想的影响下，武术服饰的色彩选择区别于西方竞技体育服饰的色彩倾向，不过于追求衣服五颜六色，基本上是"暗淡""自然"以至于无色基调。通过武术衣服的色彩倾向，武术运动时展现武术运动奔放与含蓄、刚强与婉转、朦胧与典雅的艺术特点，在淡雅和古朴的色调中彰显武术的魅力。

（3）体现"中和"审美观

武术服饰穿着表现了习武者的行为举止大方、厚道、文雅，凸显了武术练习者忍耐包容的性格特征。武术服饰的创作讲究对称美，强调以中央为尊贵，注重以冠、衣为中心的身体上部空间。身体中正偏上的躯干为身体的重心位置，故武术服饰的上衣款式、工艺、颜色等变换多样，同时对衣领的设计通常作为衣服创作的点睛之处，相反下身服饰的模式变换较少。例如，武术长拳类的服饰，以中式的立领对襟小褂为主，体现了中国传统文化下的服饰特色。武术服饰的特征反映了中国儒家讲究的"中正""正衣冠"的思想，儒家的"中和"审美观对武术练习者穿着服饰的风格起着支配的作用。①

2. 劣势

（1）武术服饰与时代步伐脱节

目前武术服装主要是悬垂飘逸、宽大肥硕的样式，渲染着中国文化博大精深的特点。武术服饰虽然展示了武术运动的文化内涵，但是不能凸显人体运动的健与美。目前多数武术练习者服饰穿着都以灯笼裤、中式大褂、对襟小褂、对襟中式散打服或其他运动服为主，即使参加比赛展示的运动员在服饰的款式上几乎较少创新。随着人类命运共同体的构建，世界逐渐融为一体，文化形态呈多元化发展，现有的武术服饰已与时代步伐脱节，难以满足现代人们的审美需求。

（2）质量方面缺乏统一的标准

我国政府在 2010 年全面推行了 GB18401 - 2010《国家纺织产品基本安全技术规范》，制定了我国纺织产品的技术要求、检验规格、试验方法，对我国纺织产品进行质量监督。目前武术服饰的制作还存在规模小、生产乱、经营差的现象，造成中国武术服饰在卫生、安全、环保等方面难以达到我国纺织服装产品的基本要求。武术服饰的大小号码与国际的服饰大小号码也不匹配，这也加大了武术练习者对练功服饰进行选择的难度。武术服饰应按照国家对纺织品及服装制作的要求进行生产，使其质量达到标准的要求，便于武术服饰的推广，利于武术运动的传播。

（3）武术服饰缺少品牌形象

武术运动拥有广泛的群众基础，练习武术的人群涉及社会的各个层次。随着中国的强盛，民族文化自信越来越高，加之武术运动的健身功能、防身功能、修身功能等，参与武术运动的人数越来越多，武术服饰的

---

① 崔怀猛. 浅谈武术服装的文化内涵及其发展 [J]. 搏击·武术科学, 2009 (5): 16 - 17.

需求也越来越大。武术服饰品牌的建立有利于维系武术服饰市场的有序运行，有利于对武术服饰市场的监控，有利于发展武术的市场经济。品牌具有短期利益和监控长远的效应，是武术服饰在市场经济下竞争的核心元素。我国武术不仅在国内广受欢迎，而且在国际上，参与武术运动的人群也越来越多，国内外武术大型活动和赛事也非常丰富，但目前武术服饰的品牌影响力还较小，这与中国武术的发展非常不协调，阻碍了武术的开展和推广，武术服饰的产业化、品牌化还有待提升。①

（4）种类繁多，难显民族特性

武术项目博大精深，种类繁多，加上人们的性格、年龄、性别、地域、种族的不同，武术服饰的样式丰富多样，武术服饰的制作面料、工艺也丰富多彩。目前武术服饰的种类包含太极拳服、南拳服、长拳服、散打服、创意武术服饰、刺绣武术服饰、武术灯笼裤；一些武术文化衫包括太极文化衫、精武文化衫、武术 T 恤、武术纪念 T 恤衫等；相同种类的服饰还有长袖、短袖、无袖款式的区分等。面料的种类包含柔软类、轻盈类和大众类。柔软类面料包括闪光缎、真丝绸、丝绒等。轻盈类面料包括蝉翼纱、纱罗、巴厘纱等。大众类包括纯棉、天然混纺织物等。相同款式相同的面料还有工艺的不同，如不同的图案（龙、凤、花）、文字（尚武、和谐、太极）、徽饰（青龙、银龙、金龙）等。这些各种各样的服饰种类，虽然满足了不同人群对武术服饰的需求，但难以使人们从武术服饰传播中获取文化认同感，不利于反映中国传统文化的民族特性。

（5）丝绸类质地柔软，难显刚毅品质

受中国传统文化的影响，武术服饰发展的款式以肥硕宽大、悬垂飘逸为主，以至于所选用服饰的面料多为丝绸类材质，质地柔软轻盈、悬垂静

---

① 张杰，张家彬. 对武术服装现存问题及发展对策的研究 [J]. 搏击·武术科学，2012（9）：7–8，23.

定，与武术的运动融为一体，显示着中国"天人合一""内敛含蓄"的思维特点。一方面这类面料较适合太极柔和缓慢类的拳术，但是其难以与阳刚迅猛的拳术风格相适应；另一方面这类面料过于柔和的特征，并不能够展现习武者所蕴含的英雄气概，与武术中提倡的阳刚之气相违背，不利于凸显习武者的刚毅之品质。故武术服饰的面料材质需要进一步改良，丰富其种类，以适应不同需求。

3. 一点思考

（1）武术服饰兼顾东西方文化

武术服饰在设计时不仅要表现我国传统武术服饰的风格与特色，又要兼顾将西方审美特点的特定维度融入其中。做到"中服为体，西服为鉴"，以求顾及最大受众范围的审美意识。一方面，人们在观赏武术比赛或锻炼时，了解我国武术服饰文化以及所蕴含的丰富内涵；另一方面武术表演中练习者的服饰，对周围人造成直接的视觉冲击，彰显武术服饰的吸引力，引起周围人群的心理共鸣，进而引发观看者对武术运动的兴趣。武术服饰发展的落脚点需要融合东西方文化，结合人们对武术服饰的实际需求，设计便于推广、利于宣传、经济实用的武术服饰。

（2）运用传媒强势进行宣传

武术服饰的发展可通过电视、网络、快手、抖音等现代媒体进行推广和宣传。各类媒体可将武术的风采传播给观众，同时将各类独具特色的武术服饰展现在人们的眼前，观众将会对武术服饰的款式、图案、色彩留下深刻的印象，加深对武术服饰的了解，让观众体会到武术服饰的巨大魅力。并且可以运用刊物、报纸等媒介，图文并茂地对武术服饰进行宣传，展现武术服饰之美。[①]

---

① 姜婵. 武术服饰对武术传播的效应 [D]. 西安：西北师范大学. 2011：35.

（3）加快武术服饰的产业升级

在市场经济全球化和新型技术革新下，武术服饰也要跟随时代的步伐，改进升级武术服饰的产业，摒弃不利于宣传推广的因素，吸收武术服饰发展的有利元素。武术服饰的产业升级不仅体现在面料的改进、款式的更新、颜色的改良等内在因素，还要对先进的制造技术进行引进，学习国内外先进的服饰生产模式，实现合作创新和自主创新。一方面是武术服饰产业流程的升级，引进先进技术，重新组织生产系统，提高加工流程的制作效率；另一方面是武术服饰的产品升级，改进已有的劣势产品，引进新型的优势产品，凸显武术服饰的差异化和精准化，灵活应对市场对武术服饰的需求。①

三、美中之王：武术练功服饰与武术技术的完善融合

1. 服饰元素彰显刚柔变化

武术的每个拳种都注重劲力的刚柔变化，刚柔变化是武术运动的重要技术特征，也是各类拳种劲力区别的主要体现。武术劲力方法表现在蓄力、刚发、顺劲、柔化等方面，要求发劲和顺完整。武术服饰通常设计为宽松肥大，恰恰迎合了武术刚柔变化的技术特征，武术练习者穿上这种宽松肥大的服饰，在武术刚健有力、勇猛快速的动作中，迅速地舞动服饰，在柔和缓慢的动作中，服饰缓慢地移动，在劲力不断的变化中，宽松肥大的服饰能够突显出一种灵动飘逸的效果。武术服饰本身就具有柔软、悬垂、宽松的特点，有利于掩饰武术劲力的过于迅猛刚健，衬托柔缓动作的静逸状态，充分展现武术劲力柔中带刚、刚中寓柔的技术特征。

---

① 张杰，张家彬. 对武术服装现存问题及发展对策的研究［J］. 搏击·武术科学，2012（9）：7–8，23.

2. 服饰结构服务于动作技巧

武术服饰的悬垂之美主要体现在服饰的肥硕宽大和自然下垂的褶皱。除了服饰面料和制作款式利于悬垂特点外，还需要武术练习者的动作处于静止或柔和缓慢的运动状态，方可表现出武术服饰悬垂的效果。这种静止所表现出来的悬垂之美与遒劲有力的武术动作相呼应，给人一种勃发的生命气息。武术动作的定式或造型，在武术服饰的衬托下，更能够表现出蓄力的气势和动作的寓意。

3. 服饰制作追求内外和谐

受中国传统文化"一天人，合内外"思想的影响，武术也不例外地将"内外和谐"作为练习的最高标准，不仅要求武术动作的上与下、内与外的高度配合，同时也要注重与周围环境的和谐统一，服饰的特征也必然是武术习练者追求"内外和谐"的重要组成部分。武术服饰注重空间与人体的整体和谐，通过宽松的服饰遮掩人体，进而展现一种庄重、含蓄之美。"天人合一"被视为练习武术的最高境界，"天"寓意宏大和无限，由此在中华传统文化中"大"也是美的一种境界。植根于中华文化土壤中的武术必然蕴含着东方哲学思想，其服饰也以宽大肥硕为美。如练习太极拳、形意拳、八卦掌等所穿着的服饰一般不束腰，以充分展现服饰的肥硕宽大之美。练习武术时穿着宽大的服饰，结合精湛的武术攻防动作，便可在做动作时形成巨大的面，以展示其盛大磅礴和威震四方的气势。

武术服饰彰显了武术内在的力量和外在的表现，如练习长拳、太极拳时以薄、软、宽、松的服饰为主，以表现舒展大方和沉静飘逸之美。练习南拳时以紧身束腰的服饰为主，以表现动作的敏捷和肌肉的刚劲。武术服饰与动作幅度：武术服饰的设计应与武术技术风格特点相适应，在各类武术技术练习过程中，各自的运动幅度也有一定的差异，故服饰的尺寸对运动的幅度也有一定的影响。武术运动过程中，翻转、蹬伸、腾跃等运动形式，势必对服饰具有更高的要求，要对武术运动的标准动作、姿势和运动形态做最优的设计，以适合相应的武术运动技术，达到内外和谐统一。①

第二节　武术练功服饰的标准化

一、武术练功服饰标准化：武术普及推广步入高阶

随着武术竞赛活动、武术展演形式、武术影视节目的日趋增多，武术服饰在武术发展中起着传播文化的媒介作用。武术服饰需要更有效地发展，应遵循发展与继承相结合的原则，为武术事业发展起到助推的作用。武术服饰标准化是为了适应武术体系科学发展，合理管理，有效组织的需要，在服饰制作方面要体现中华儒雅文化的特点，符合武术运动的技术特征，注重衣服与环境的内外和谐。标准化发展有利于武术服饰文化认同感的产生，树立武术服饰的品牌，是武术发展走向规范化的重要体现，使武术普及推广步入高阶。

二、武术练功服饰标准化准则

1. 体现中华民族儒雅气质

中国素有"礼仪之邦"的称号，建立一种礼仪秩序来治理社会稳定是儒家治世的根本，儒家的"礼仪观"影响着中国文化的方方面面。中华武术的发展受"礼仪观"的影响，在武德方面得到了充分的体现，所谓习武先习德，武术所遵循的道德规范是武术练习者在社会活动中应体现的道德

---

① 李静. 根植闽南武术的南拳服饰外观设计分析 [J]. 泉州师范学院学报，2014
(1)：99 - 102.

品质。传统武德精神实际上是对中国传统伦理精神的一种体现。"礼"贯
串习武的始终，具有一定的实践意义，指导着习武者"应该做什么，应该
怎么做"的行为表现。如"抱拳礼"表达了人们之间的敬意，展现了五湖
四海来交友的心胸。不仅武术的武德、武术的技击特征受中华传统文化儒
雅思想的影响，而且武术服饰的发展也充分地体现了儒家的思想观念。如
汉服饰有一套完整详细的服饰制度，提倡服饰必须合乎人们的礼仪规范，
不仅要重视服饰外在美的表现，还应注重服饰内在的社会功能。要求人们
通过衣冠穿戴的"合礼性"来注重个人的言行举止。因此武术服饰的发展
要求穿着大方得体，突出了对他人的一种尊敬。"有服章之美谓之华，有
礼仪之大故称夏"，各类典礼形式上都对服饰礼仪提出了严格的要求，展
现了"礼乐制度，衣服正之"的意识形态。①

　　武术服饰蕴含了中华几千年发展的礼仪标准，武术服饰中的"正衣
冠"表达了武术练习者刚正不阿的行为举止，在意识上则表达出大方、文
雅、厚道、忍耐的优秀品质，这种中华文化的儒雅观念对武术服饰的发展
起着重要的支撑作用。

　　武术服饰多为真丝类和介于丝绸与帆布之间的布料，其制作的服饰质
感轻柔飘逸，表现的含蓄矜持、庄重威严美与中国传统文化所提倡的中
庸、和谐的思想观念相统一，着力渲染了中华武术的博大精深。武术服饰
柔软、轻盈的面料，加上传统服饰的肥硕宽大，使武术服饰垂下的部分形
成自然垂直的褶皱，犹如山溪陡然直泻，结合明净清澈的衣面和动静相
兼、刚柔并济的武术动作，给人一丝东方文化的神秘感，体现了武术服饰
中"天人合一""自然和谐"的思想观念。②

---

① 王甜甜，王媛. 武术文化与服饰文化的内在联系探究 [J]. 武术研究，2018 (4)：
　　36－38.
② 张继生. 中华武术礼仪 [M]. 北京：中国旅游出版社，2012：264.

2. 体现武术运动的风格与特点

（1）体现武术运动的技击特点

武术是以技击内容为核心的运动体系，多方位地再现和表现技击特点，构成了武术技术的主要特征。各类拳种的技击特征，演练风格各异。如猛、钻、硬、挫的无阻挡型之形意拳，挨膀挤靠的八极拳，放长击远的通臂拳，行云流水的八卦掌，步伐稳固动作刚烈的南拳，圆活柔进顺势而为的太极拳，对抗形式的散打等。武术服饰的款式需要符合各类拳术的运动风格，如太极拳的服饰款式应宽松，面料应柔软，颜色避免过于鲜亮，荷叶领，对襟盘扣，一般是按照中国民间传统服装样式制作，体现太极拳圆活缓慢的技击特点。南拳的服饰款式应利于展示动作的刚劲有力、快速威猛的运动特点。南拳的服饰以沉稳的颜色为主，上衣常用无袖装，给人精壮勇猛的感觉，下装为灯笼裤，另外常配以腰带来束腰，体现南拳刚劲有力、快速威猛的技击特点。散打的服饰一般为背心或短袖，下装为短裤，给人们一种活力四射的感觉，体现散打快、准、狠，动作干净利索的技击特征。在武术服饰的工艺方面也要顺应拳术的风格特点，如太极服的刺绣或印花以太极图或展现太极文化的图案，与太极拳的技击特点相适应。由于武术动作的闪、展、腾、挪、劈、挂、摆、撩等动作，对身体的运动幅度有一定的要求，特别是运动幅度较大的动作，需要服饰的面料具有较好的伸缩性，拥有较强的抗变形功能，以利于武术动作技击技术的展现。

（2）体现武术运动诗意审美的特点

中国文化自古就有一种诗情态度或诗情思维，是一种审美文化，善于将日常生活中的各类事物加以高雅清远地美化，体现出了中国传统文化善于将技术艺术化的特点。武术套路的艺术化是通过动与静、招与势、快与慢的交替，表现势断意连、形断气连的生动气韵，呈现中国人对攻防技击技术的丰富想象，表现为对格斗技术的巧妙、精细、多样化的追求。武术套路的运动强调内在的"精神、力、气、功"与外在的"手、眼、身法、步"相结合，同时武术服饰也要与武术运动的特点相结合，展现武术运动追求"内外和谐""天人合一"的境界。武术服饰美主要表现在形式美和意蕴美两个方面。武术服饰形式美充分体现了中国传统文化中"美好和谐"的哲学思想，通过款式的均衡对称，颜色的对比呼应，面料的舒适轻盈，工艺的精美装饰，来体现服饰美的艺术性。武术服饰的制作要求其款式、颜色、工艺和面料与拳术的运动风格、外界的练习环境、习练者的个性特点相和谐、相统一。武术运动对神韵、气韵、意境的追求，透射出了人们对武术意蕴美的向往，武术服饰应与武术运动的意蕴美相融合，武术服饰的意蕴美则体现在服饰的图形、线条、颜色等各个方面，如南拳服饰上龙的图案，在练武者流畅的运动中带动了图案的舞动，为龙的图形注入了生命力，生动形象地展示出龙的翻滚腾跃，为南拳的演练增添了光彩，表现了武术运动由内到外对意境美的高度追求。

（3）体现内外和谐、刚柔变化的特点

王阳明总结中国人的思维"不离日用常行内，直到先天未画前"，内省自己，反观行为，完善自身，讲究个人修养，表现出中国文化内倾性的特征。中国武术的发展自然也离不开内外兼修的内倾性文化模式，武术在练习过程中不仅要追求技艺的精深，而且注重道德修养，遵规守矩，陶冶境界的内在约束与追求。未曾习武先习德、礼仪为上、宽容谦和、尊师重道、伸张正义、自强不息等，生动地阐明了武术自我内修的文化特点。中国式摔跤的三点着地即输，太极推手的艺术形式，武术"点到为止"的技艺切磋，都是对儒家"仁"心境的一种真实体现。武术服饰的制作应体现武术内倾性的文化特点，通过服饰陶冶自身情操，内省自我德艺。一般传统武术服饰款式肥硕宽大，体现了中国文化不张扬不外显，内敛含蓄的内倾性特征。武术服饰的印花、刺绣多表达自律、和善的内心修养，如印制或刺绣的文字（尚武、崇德）对自己的德行进行约束，与内外环境和谐统一的图画陶冶练武者的情操，无不表达着中国传统文化"自强不息、厚德载物"的精神内核。

（4）体现武术运动整体艺术感

武术练习的终极目标不是制胜，而是手、眼、身法、步的整体协调。无论从动作角度、劲力角度、运动形式，还是从动作连接、动作要求、动作路径来看都体现着对整体协调的追求。如做动作时要做到身体内外上下与躯干的统一协调。劲力运用时要求每个动作都能够调集全身的力量来聚集到某一点上。运动形式上要求起伏转折、动静疾徐、虚实相生、神形兼备、协调统一。动作连接上讲究"形断意连，势断气连"，犹如长卷。武术服饰也应凸显武术运动的整体艺术感，通过服饰更能够衬托出精神、节奏、风格中整体的意境，从武术服饰的颜色、线条、悬垂等要素对比出武术运动的和谐统一。如衣服的悬垂与动作的沉稳相统一，衣服的轻盈飘动与动作的流畅自然相统一，衣服的抖动与动作的疾速快猛相统一。武术服饰的穿着要与外在的环境、内在的气质及拳术的特征相适应，注重武术运动的整体协调性。① 武术服饰的结构、衣襟、图饰等设置一般要求对称协调，整体统一，表现着社会秩序的祥和、安定、统一；体现着中国传统"中正""中和""中庸"思想；表达着大方、雍容、庄重、华贵之品德风貌。

3. 符合人体攻防运动

武术项目是由人体在运动中的姿势、移动、起跳、滚翻和跃扑等动作基础上，做踢、打、摔、拿、击、刺等攻击动作，做护、掩、躲、闪等防

---

① 邱丕相. 武术初阶 [M]. 上海：上海教育出版社，2012：21－35.

守动作。武术的这些攻防运动要求人体肢体的运动幅度较大，因此衣服的款式要有利于这些动作的舒展性，需要衣服伸缩性大、耐磨性好，且不易变形。武术各类拳术都有独特的攻防特点，如猛钻硬挫的形意拳、圆活柔进顺势的太极拳、大劈大砍的壁挂拳。武术服饰面料的松紧度、款式的长短性，褶皱处及边饰效果，需要衬托拳术的攻防运动特点。针对武术器械类中的斩、刺、撩、挂、缠、绕等运动，武术服饰的款式不宜过于肥硕宽大，避免挂衣、截衣等现象的发生，影响器械攻防运动的演练。武术动作进攻防守时多运用的部位为拳、掌、肩、肘、膝、腿等，穿着衣服的款式不易遮挡拳、掌、脚等，避免影响攻防动作的发力。演练武术动作时，特别是肩、肘、膝、腿等部位与服饰的摩擦大，服饰的抗摩性、抗变形性要好。因此武术服饰要符合人体攻防运动的特征是服饰标准化考量的重要因素。

三、武术练功服饰标准化体系

武术练功服饰标准化要素主要包括服饰的面料、服饰的款式、服饰的颜色、服饰的工艺四个方面。每个要素不仅要发挥其功能，还需互相组合、互相衬托，形成整体的艺术效果，符合武术运动技术风格，表现中国文化特征，形成文化认同感。

1. 武术服饰的面料

武术服饰对身体的保护应体现在物理上和心理上两个方面，物理方面表现为身体运动自如舒适，能够有效地排除运动时身体产生的热气和湿气。心理方面表现为能够表达武术运动技术的风格，突出习练者的个性特点。

根据当前武术服饰的发展，其面料的运用可分为柔软类、轻盈类和大众类。柔软类面料包括闪光缎、真丝绸、丝绒等，轻盈类面料包括蝉翼纱、纱罗、巴厘纱、麻纱等，大众类包括纯棉、天然混纺织物等。每一种面料在武术服饰制作中都有其选取的价值。如轻薄、柔软、爽滑、透气的丝绸，通常被太极服饰所采用，不仅富有光泽、色彩绚丽，而且更能显示出动作的轻盈飘逸和练习者的儒雅气质。吸汗透气、悬垂性好、重量轻盈的混纺织物，通常被散打、长拳等高强度的运动项目所采用，其价格相对较低，较受普通武术练习者的欢迎。同时还有抗皱性能好、吸汗透气性能强的聚酯纤维运动型面料。具备悬垂性能和防静电效果的中高档面料，高档的面料更能显示练习者的挺括身姿，其材质更加柔软，富有弹性，光泽柔和自然，穿着舒适。①

　　武术服饰的色彩、工艺、款式都必须依附于面料而存在，不同种类的面料具有其独特的质感特性，具有不同的功能和外观效果。在选择武术服饰面料时，不仅要考虑面料的舒适性和功能性，还要考虑练习内容的运动特征、技术特点和练习风格，根据消费水平综合选择适宜的面料，以满足练习者的不同需求。如太极拳运动服饰应选用轻柔、自然、舒适、悬垂的仿真丝、真丝棉、真丝面料，以面料特有的柔顺质感，凸显太极拳的松柔圆活、连绵不断的技术特点。并且选用丝绸面料制作的服装，极富中华民族传统特色，穿着给人以雍容高贵的视觉美感。

　　2. 武术服饰的款式

　　武术服饰的款式是指服饰的形状和式样，是造型的重要组成部分，一般由结构、质地和流行元素三个方面组成。由于武术体系庞大，其服饰的款式没有统一的标准，根据长拳、太极拳和南拳三大类进行划分，可反映出不同的款式特点。长拳的运动具有舒展大方、节奏鲜明、动作灵活、起伏转折、闪展腾挪、蹿蹦跳跃等特征，技术特点表现为放长击远、以快取

---

① 李佳瑾. 武术服装改革之思考——以胡服骑射为视角［J］. 搏击·武术科学，2013（1）：10－12，15.

胜、主动出击、以刚为主。因此随着武术的发展，除了原来的长袖，增加了现在的短袖或无袖，便于展现长拳的运动特征和技术特点。太极拳的运动具有连贯圆活、缓慢柔和、沉稳轻灵等特征。技术特点表现为以静制动、以柔克刚、避实就虚、借力发力。因此服饰运用上多选用宽松肥硕的衣服，便于展现太极拳圆活连贯、行云流水的运动风格。在长拳和太极拳的习练过程中还多用中式立领和对襟小褂，袖口采取连袖护腕的样式，在练拳中平添了一种玉树临风的气质。南拳习练中上肢动作多于腿法动作，步法稳固，拳势猛烈，体现了南拳运动的阳刚特性。因此南拳服饰多采用短袖或无袖的样式，衬托练习者的健硕和威猛，在习练过程中彰显其力量和爆发力。①

武术习练讲究"天人合一"，追求自然和谐、物我统一。在武术服饰的发展过程中，如服饰的纽扣、褶皱也体现追求统一、对称，强调宽松自然，不受约束的理念。武术服饰的款式多表现为宽大肥硕，不仅有利于动作幅度的施展，也充分地体现了武术运动的含蓄、飘逸、流畅之美。武术服饰的款式在设计上要与时节、场地、器械相适应，同时要与拳术的技术风格特征相协调，需要色彩搭配、量体裁衣，以体现和谐统一的理念。

3. 武术服饰的颜色

武术服装色彩的选择需要根据拳术的技术特征、运动风格、演练环境，习练者的体貌、性别、肤色等进行整体搭配，才会在武术演练过程中起到画龙点睛的作用。服装的色彩主要有冷色调、中性色和暖色调。冷色调主要包括紫色、蓝色、绿色；中性色主要包括黑色、灰色、白色；暖色调主要包括黄色、红色、橙色。无论是多种色彩还是单一色彩，大多数人在色彩心理倾向性方面有着共同的色彩倾向，即给人以健康、华丽、兴

---

① 曹金儒. 武术服装的发展研究：以长、太、南拳类运动员竞赛套路服装为例 [D].
武汉：华中师范大学，2013：9－10.

奋、轻快感觉的暖色调。冷色调则具有收敛感，给予人们流动、深远、崇高的感觉。如果武术习练者的身型属于瘦矮短小型，就应该选择浅色类的服饰，以便凸显其高挑、宽阔。习练者属于高挑并微胖的身型，就应该选择深色类的服饰，便于收敛体形弥补练习者体形的不足。练习者的肤色偏白，演练武术时宜选择暖色调的服饰。练习者的面色红润，演练武术时宜选择不饱和色调的服装。练习者的肤色稍偏暗，演练武术时宜选择冷色调的服饰来搭配。

武术服饰的颜色适应不同的拳术技术风格。南拳、长拳等钢筋威猛的拳种，其服饰更加倾向于高纯度、高明度的面料，以展现拳种动作的技术节奏、线条的流畅，给人以视觉的冲击。太极拳等轻柔缓慢的拳种，其服饰更加倾向于低亮度、低纯度色彩的面料，以产生弱化人们的视觉效应，衬托习武者演练过程中平静祥和的心境状态，也利用周围观众的欣赏形成连绵不断、行云流水的运动风格。武术服饰颜色的选择也需要结合习武者的性格特征，每个人对服饰的偏好均有不同，穿着不同颜色的武术服饰给人留下初步的性格印象，无形中也影响着习练者性格的展现。

4. 武术服饰的工艺

武术服饰的制作工艺是实现从图形的设计到具体的实物的关键环节，在合理设计服饰款式、选取适当的服饰材质的基础上，服饰制作工艺的好坏直接影响着武术服饰的制作效果。同时由于生产设备、生产能力、生产条件及社会人文因素的影响，武术服饰的工艺具有多样性、相对性和多因性的特点。服饰的面料和辅料是武术服饰的物质基础，掌握服饰的原料、辅料的性能特征，能够合理地采用相关的有效的技术措施，可避免生产过程中对武术服饰制作效果产生影响。如在采用滚、烫、镶、嵌等制作工艺时，要对所选用的材料进行严格的色牢度测试，避免制作过程中的褪色影响服饰的质量。

（1）盘口

盘口是中华服饰发展过程中独特的工艺，也是武术服饰的重要组成部分，一个盘口是对一根绳，经穿、编、绕、缩、抽等技法按照一定的顺序制作而成。一般盘口的素材以模仿植物的花蕾、树叶、果实，模仿动物的形状或具体的实物，以及编结成文字的喜字扣和福字扣等，蕴含着美好的寓意。中华文化对奇数、偶数的寓意有一定的讲究，如奇数为阳，偶数为阴。受此影响，武术服饰上的盘口一般均为单数，体现了人们乐观向上的生活态度。随着人们观念的改变，在武术服饰的制作中盘口也有偶数的出现，这也突显了人们对个性特点的追求。

（2）刺绣

受中华传统文化的影响，武术服饰制作过程中常附着相应的图案（龙、凤、花）、文字（尚武、和谐、太极）、徽饰（青龙、银龙、金龙）等，以传达练习者的理念、信仰、追求和技术水平等信息。刺绣工艺经常运用于武术服饰的制作中，刺绣的基础方法主要包括平绣（按照一定的图形结构，在布料上一上一下进行穿刺，呈现平行状的刺绣方法）、缎纹绣（针迹长短交替，类似于平绣，呈扇状和平行状，有光泽感）、绕针绣（线在针上绕2至3圈，然后在出针的位置旁边将针穿入面料）、套结绣（从1点出针，2点入针，3点出针时不要将针从布料中拔出，将线在针上绕圈，然后用手轻轻压住绕线，另一手将针拔出，靠近4点位置入针固定）、轮廓绣（按照图形的方向进一针、退半针，交替前进的刺绣方法）、直线绣（1点出针、2点进针、3点再出针，呈现放射状）、织补绣（相邻两排交错排列的针迹，线迹长度在正反两面相等）、双套绣（左右两针相互交替，中间线迹呈现突出的瓣状）、人字绣（针迹在左右两排各自平行，并呈现一定的角度）、打字绣（先平缝一针，再在此针上绕结两次，然后穿入布料进行固定）。随着科学技术的进步，在服饰工艺上的手工刺绣逐渐被电脑绣花机所代替，无论在色彩上还是在图形的构成上，提高了服饰刺绣工艺的效率，丰富了武术服饰刺绣的题材。如自然界的动物、植物、图案、字体等，进一步满足了人们对武术服饰刺绣的需求。武术服饰上的刺绣可体现在衣服的胸前、袖子、后背，以及裤子的前侧、底边等处。

（3）印花

同刺绣工艺一样，印花工艺也经常运用到武术服饰的制作上，印花工艺是指把染料通过特定的方法，将确定的图案印制到面料上的技术，以此来凸显武术服饰的美感，表达不同的寓意，彰显武术运动技术的风格。按照所用的染料印花工艺可分为水印、胶印、油墨印花、烫金烫银、植绒。按照工艺的手法可分为转移印花、皱缩印花、平网印花、圆网印花、颜料印花。印花工艺有多种方法，各种印花方法可独自使用，也可混合使用。

除刺绣工艺、印花工艺，还有裁剪工艺、手针工艺、机缝工艺、熨烫工艺、洗水工艺，在武术服饰的制作过程中，根据面料、款式、结构的不同进行运用，工艺技术的水平对武术服饰的质量具有一定的影响。①

（4）边饰

边饰是服装展示独特民族风格的象征，能够有效地展示身体的立体感和曲线美。边饰也是武术服饰的重要组成部分，一般表现为开衩和滚边两种形式，滚边包括单滚边、多滚边、双滚边、滚边加挡、滚边加镶线等，武术服饰以单滚边为主，常出现在袖口、衣领和服饰的边缘。滚边的颜色和类型可使衣服更加典雅和高贵，凸显衣服的质感。开衩通常运用在衣服的两侧和袖口处，在武术运动中凸显动作的动态美、流畅美、含蓄美、线性美等。

---

① 刘晓刚，顾雯，杨蓉媚. 服装学概论［M］. 上海：东华大学出版社，2016（修订版）：161-183.

（5）褶皱

"意在天成，意在完整，意在留褶"体现了中国服饰的设计特点和审美境界。在中国服饰发展中主要表现为人工褶皱和自然流露褶皱两种，人工褶皱是指利用抽褶或打褶等方法，收去面料局部多余的空间，凸显人体的立体造型。自然流露褶皱是指利用系扎、缠绕和披挂等方法，展现服饰不同的效果。褶皱运用到武术服饰的制作中，凸显了武术服饰的立体感，蕴含着中华文化的柔韧性、包容性、变换性等特征。服饰的褶皱使得人们在武术练习过程中，不会因为动作的闪展腾挪、蹿蹦跳跃、跌扑翻滚等大幅度动作而出现衣服的紧绷，进而显得动作更加具有韵律感和流动感。①

利用某种工艺技术对选用的服饰材料进行加工制作，可有效地满足不同武术爱好者对武术服饰的要求。影响武术服饰面料可塑性的因素主要包括材料的回弹力、抗压力、抗褶皱、伸缩力，材料的垂、悬、摆、荡等。如清爽飘逸的丝绸面料易起褶皱怕挤压，易变形怕高温，所以在熨烫时应用力轻柔、运行缓慢等，目的是将丝缕顺正，避免服饰悬皱不平，影响武术习练时的效果。武术服饰的造型主要由结构和款式的设计决定，故不能过分依赖制作服饰的工艺技术，在服饰设计时应适当考虑面料线条改变和整体形状变化的可能性，准确把握面料的悬垂与坚挺、轻柔与挺阔的差异。同时，武术服饰工艺受多种因素的制约，在选取某种工艺时，不仅要考虑材料的局限性、造型的有限性，还应考虑制造机械的优越性、制作的合理性等要素。

---

① 曹金儒. 武术服装的发展研究：以长、太、南拳类运动员竞赛套路服装为例［D］. 武汉：华中师范大学，2013：13－15.

第三节　武术练功服饰的多样性

一、武术练功服饰标准体系下的多样性

武术拳种可谓博大精深，拳术的种类庞杂、风格迥异、技术不一，其服饰的类型也丰富多彩、琳琅满目、五光十色。每类服饰便是一种符号的象征，传达着人们的意识形态，也是武术生存和发展的本能所致。武术服饰通过自身的华丽多彩、形式多样，表达着其蕴含的审美特性，使得武术与技术融合的同时，获得自身的象征意义。武术服饰的艺术语言和练习者的身体语言互相融合，使得人们对武术服饰的本身意象拓展视觉的意境。在武术服饰的创作过程中应吸取传统武术服饰的精髓，运用特殊的工艺技术，结合现代的流行元素，来表达喜庆吉祥，满足习武者的精神需求，寄予理想与希望。①

武术运动是中华优秀文化的一部分，拥有深厚的文化底蕴，同时武术服装也是武术发展中的重要组成部分，它作为武术文化的一种特殊符号，在武术的推广和传播过程中起着重要的作用。随着武术的发展，对武术比赛场上运动员的服饰进行了相关的要求，由于武术发展中的服饰款式多样，布料和颜色也丰富多彩，相关的规定难以将武术服饰形成统一的标准。在大众健身方面，武术服饰更加琳琅满目，让人眼花缭乱，该现象失去了武术服饰的象征意义，失去了武术服饰的辨别性和审美性，人们难以从武术服装中寻找到中华武术文化，不利于武术的传播及推广。因此，武

---

① 刘聪. 文化学视阈下武术服饰艺术的文化符号象征性研究［J］. 搏击·武术科学，2015（6）：38－40.

术服饰应制定其标准化特征，让习练者和观看者都能够通过武术的服饰来了解武术的文化内涵、拳术特征和技术等级等。①

1. 武术服饰"标准化"发展模式

"标准化"是指针对潜在的或现实的问题，供有关各方面进行重复运用而规定的限制性活动，其主要目的是使事物在给定的范围内达到最佳的程度。武术服饰的标准化是通过外力，对现实武术服饰发展的现状制定创作的规则，有利于武术推广过程中产生服饰的品牌效应，便于武术的竞技比赛和武术在民间的传播，进而向国际推广，让更多的人通过武术服饰来了解武术的运动特征、文化内涵、技术水平和个性特点。武术服饰的"标准化"有利于激发人们参与武术锻炼的兴趣，培养武术习练者的运动自信心和民族自豪感。武术服饰的"标准化"主要包括：体现中华传统文化内涵，展现武术不同项目的风格，突出运动员的个性特点，辨别运动员的技术水平四个方面。

（1）"标准化"体现中华传统文化内涵

在中华文化土壤中发展的武术服饰必然蕴含着深厚的中华传统文化思想，其中"天人合一""和谐发展""礼仪之邦"等思想，深刻影响着武术服饰款式的发展。武术服饰款式的制定要突出中华文化内涵，体现服饰的民族性、本土性的特点，结合人们强身健体的需求，便于武术进行更广泛的推广。

（2）"标准化"展现武术不同项目的风格

中国武术运动内容体系庞大，拳术种类繁多，单一的武术款式难以满足不同的拳术需求，但可根据武术运动的特点对其进行分类，对相同类别的运动风格进行服饰款式的标准化规定，以符合不同运动类别的特点。如

---

① 李佳瑾. 武术服装改革之思考——以胡服骑射为视角［J］. 搏击·武术科学，2013（1）：10－12，15.

长拳类的武术运动服饰应凸显该类动作"蹿蹦跳跃、跌幅翻滚"的特点，便于凸显练习者动作的干净利落、舒展大方和明快利索的动作风格。南拳类的武术服饰应结合该类动作手法灵活多变、步伐刚劲稳固，以气催力的运动风格，利于展现练习者的勇猛快速、刚健有力的技术特征。太极拳类的服饰应结合该类动作圆活连贯、心静体松、轻灵沉着的运动特点，利于展现练习者的绵里藏针、柔中寓刚，以柔为主的发力技巧。

（3）"标准化"突出运动员特点

武术服饰的款式不仅要考虑中华传统文化内涵和武术不同项目的运动风格，还应考虑练习者的个性发挥。个性特点主要体现在性别、年龄、信仰、种族等方面。在款式的设计上，应体现练习者的性别差异。女士练功服要展现出女性的美，可将服装的对襟改为斜襟，在新式太极服装上的披肩、敞襟、裙摆、广口袖等充分体现了这一特点。此外，武术服饰的款式还应起到辨别运动员的技术水平的作用，这主要针对武术比赛场上运动员的展示，观看者可从服装的款式上分辨出场上运动员的技术级别。

（4）武术服饰颜色的"标准化"

在各民族发展过程中，对服饰的色彩追求也体现着民族的文化内涵，武术服饰中色彩的应用应考虑"天人合一""诗意审美""内外兼修"的思想。在当今科技迅速发展的世界，各地交流融于一体，各民族在推广自己的过程中都体现着独特的文化符号。武术服饰在武术运动的推广中起着重要的作用，拥有其独特的魅力。中国武术服饰的色彩感情，要追溯到古代人们对"五色""五行"的模仿，具有中华民族特色的服饰色彩观念。武术服饰色彩的选用离不开中国传统文化的熏陶，要符合本民族对服饰色彩的观念倾向。

武术服饰的色彩应突出不同拳术的风格特点，与其运动特征相适应。如太极拳类的服饰宜采用透明度低、洁净光滑、色彩柔和的颜色，与太极拳的体松心静、缓慢柔和、连绵不断、自然圆活、协调完整的技术特征相一致。南拳类的服饰宜采用具有厚重感的深色调，与南拳的气势浑厚、沉稳固实、铿锵有力的技术特征相辉映。长拳类的服饰宜采用高透明度，色泽鲜艳、明亮悦目的颜色，利于展示长拳练习者的机智、勇猛、刚毅的个性特征，展现出动作演练的神韵，形成强大的艺术感染力。

武术服饰的色彩应考虑练习者的个性特征，主要表现在性别和年龄两个方面。一般男女练习者在服装色彩的选用上都有各自的情感倾向，受中国传统文化对服饰色彩的影响，往往女士更倾向于大红、桃红、橘红、中国红、魅力紫等颜色为练习服饰的主调。男士通常选用金黄色和庄重黑为练习服饰的主题色。年龄特征也影响着练习者对服饰颜色的倾向，往往年幼者以鲜艳、亮丽的红色和黄色作为服饰的主基调。年长者一般以柔和、严肃、沉稳的颜色为主题色。随着社会的发展，色彩的选择也逐渐打破性别、年龄的倾向，更加凸显了武术练习者的个性特点。

（5）武术服饰工艺的"标准化"

武术服饰工艺标准化技术主要包括武术服饰工艺标准化模式和工艺要素标准化。武术服饰工艺标准化模式是把服饰的盘扣、刺绣、印花、褶皱、边饰等要素之间的功能、效果相互联系、相互对应起来，对服饰的整体效果进行创作。工艺要素各要素的标准化是指盘口、刺绣、印花等要素单独制定成规范或标准，可使每个要素的工序得到重复使用。武术服饰通过刺绣、印花的工艺将不同的图案（蝴蝶、莲花、凤凰、梅花、菊花、兰花通常被女士选用，游龙、猛虎通常被男士选用）、文字、徽饰等印制到服饰上，以表达练习者的理念、信仰、追求、技术水平等信息。同时，武术服饰的制作易采用盘口、边饰（开衩、滚边）、褶皱（人工褶皱、自然流露褶皱）的工艺展现武术习练的动态美、流畅美、含蓄美、线性美等特征，传达美好的寓意，体现中国服饰的设计特点和审美境界。

2. "多样化"发展模式

武术服饰的"多样化"发展是由武术运动庞杂的体系决定的，主要体现在传统武术服饰和现代休闲武术服饰两个方面。

（1）传统武术服饰"多样化"

传统武术服饰深受中华传统文化的影响，蕴含着中华文化"天人合一""礼仪之邦""内敛含蓄"的思想，展现了中华文化的儒雅气质和审美情趣。传统武术服饰类型主要包含太极拳服、南拳服、长拳服、散打服、创意武术服饰、刺绣武术服饰、武术灯笼裤等，常运用于武术的训练和比赛中，便于凸显和衬托武术运动的技术特征。

（2）现代休闲武术服饰"多样化"

休闲武术服饰是传统武术服饰的补充，它符合现代人们的审美视角和生活习惯。相对于传统武术服饰而言，休闲武术服饰的优势表现在两个方面。第一，休闲武术服饰符合现代人们的消费观念，它是经济发展的产物。第二，休闲武术服饰不仅可以训练，还可以在日常生活中穿着，便于武术运动的推广和普及。休闲武术服饰主要是指一些武术文化衫，如太极文化衫、武术 T 恤、精武文化衫等。

（3）服饰设计要素"多样化"

武术服饰的"多样性"主要体现在服饰的应用功能上，其设计要素对于服饰的"多样性"也起着重要的作用。可通过创新服饰的款式，增加面料的现代化元素，打破原有的单一色彩观念等，丰富武术服饰的类型。如新派女子太极拳服饰中披肩、裙摆、敞领的出现。在设计要素上还要考虑练习者的体形、肤色、运动水平、性格特征，选用不同样式的盘口、刺绣、印花等，提高武术运动的观赏性。

武术项目本身存在众多的差异性，同时受不同地域、不同民族、不同性别、不同个性的影响，这就使得武术服饰的制作要具有多样化的特点。

北方地域的武术服饰偏重于厚、重、浓，而南方地域的武术服饰则偏重于浅、薄、轻。从沿海到内陆，武术服饰特点表现为由宽敞开放型向包裹封闭型逐渐过渡。各类拳术服饰也有一定的区别，以体现拳术的运动特征和文化理念。例如，中式对襟长袖与灯笼裤搭配，虽然通常在练习太极拳时进行穿着，但是在练习传统拳术、传统器械、武术对练和集体项目时，也有习武者穿此类款式的衣服。中式短袖与灯笼裤搭配，通常被运用到长拳类的套路练习，其他类型的武术套路也有采用。中式对襟圆领无袖与灯笼裤搭配，适合男子南拳类武术项目采用，中式对襟圆领短袖与灯笼裤搭配，适合女子南拳类武术项目采用。

3. "标准化"与"多样化"相结合的发展模式

武术服饰不同于普通的服饰，其需要表达中华文化思想，凸显武术运动攻防技击、内外兼修、刚柔变化的技术特征，武术需要按照一定的规格和模式来进行传播和推广，因此武术的服饰需要有统一的规格，体现其整体性特征，通过武术服饰的文化传播形成武术文化的认同感。武术服饰仅从标准化模式下进行发展，难以突出武术文化的特殊性和复杂性，难以体现武术各类项目的特征、练习者的性格特点和思想观念的差异，会抑制中华武术传统文化的传播，造成一些文化内涵的流失。故武术服装的标准化与多样化是相辅相成、互为补充的关系，这样才能够达到更好的传播效果。武术服饰的"标准化"可以保证武术推广的特点及优势，武术服饰的"多样化"可以保证服饰制作的针对性和务实性，满足习武者的多样化需求。"标准化"与"多样化"相结合的发展模式，是由武术繁杂的项目，练习者的民族、性别、年龄、地域和环境的复杂性和多样性决定的，是武术服饰发展的内在规律所要求的。武术服饰的发展必须在遵循统一标准的前提下突出武术服饰多样化的特性，在有效传播中华武术文化内涵的同时不失对个性的凸显。

二、武术练功服饰多样性下的分类整合

1. 体现柔和缓慢类拳种风格的服饰

真丝绸缎类面料主要是以桑蚕丝为原料的织品，如双绉、电力纺、香云纱、杭纺、乔其纱等。其优点为质地爽滑、光泽、平整、轻薄和手感好。功能特点为吸湿性能良好，保湿性能良好，穿着凉爽、柔滑、透气、轻盈、舒适，染色性能亦佳，色泽鲜艳，色谱齐全。其缺点为真丝绸怕虫蛀，耐光性差，易生霉，如长时日晒，则强度下降，面料脆化。真丝绸缎面料具有悦目、明亮、柔和的光泽，绸面洁净光滑，制作的服饰具有华贵富丽的效果。蚕丝外表层由丝胶包裹，对丝朊有一定的保护作用，因而真丝绸缎具有一定的耐磨性。①

真丝绸缎类面料制作的武术服饰轻薄舒适、平整爽滑、色泽柔和，特别适合于柔和缓慢类的武术拳种。如太极拳的架势比较平稳，轻薄舒适的服饰更衬托出了其运动的轻灵、沉稳、圆活。平整爽滑的面料更加彰显了太极拳的运动犹如行云流水一样。色泽柔和与太极拳克服动作直来直往的僵硬相匹配，从内至外均体现了太极拳运动的圆活自然。因此，在练习柔和缓慢类的武术拳种时，穿着真丝绸缎类的服饰，能够有效地展现此类拳种的体松心静、柔和缓慢、连绵不断、圆活自然、协调完整的运动特点。

真丝绸缎类面料制作的武术服饰明亮悦目，彰显华丽富贵，武术练习者穿着此类面料的服装，凸显了习武者言谈举止的温文尔雅，体现习武者的儒雅气质。武术服饰中的盘口、褶皱、刺绣、印花、边饰的各方面细节与华丽悦目的真丝绸缎类面料相结合，体现了习武者对崇尚道德和自由精神的追求，凸显了习武者的贵族气质。

---

① 冀党生. 家用商品选购技巧［M］. 沈阳：东北工学院出版社，1989：81.

2. 体现快速勇猛类拳种风格的服饰

丝绸类面料比较柔软，适合松静缓慢类的武术拳种，相对于快速勇猛类的武术拳种，选择丝绸类的面料略显柔和，难以突出拳术的刚劲威猛、快速有力的动作特征。帆布面料在服饰的制作中被广泛地应用，其特点为坚牢耐磨、紧密厚实、布面整齐、手感硬挺，但由于布身过于厚实坚硬，在武术练习过程中如穿着帆布制作的服饰，难以展现拳法的刚柔变化、行云流水、动静相兼的运动特征。针对快速威猛类的武术拳术，在服饰的制作中可选择介于丝绸类和帆布类之间的布料，如轻盈类面料（蝉翼纱、纱罗、巴厘纱等）、大众类面料（纯棉、天然混纺织物等）。以南拳的服饰制作为例，选择介于丝绸和帆布之间的面料，制作的服饰不会过于柔软或硬挺，既能展现出南拳的拳势刚劲、气势浑厚、沉稳固实、铿锵有力的动作特点，也能突出南拳动作的干净利落、手法清晰、步法稳固。介于过柔和过硬之间的布料，与快速勇猛类拳种柔中带刚、刚中带柔的技术特征相适应，彰显了练习者的光明磊落、豪雄刚强的特色气象，在外表仪态上必能有凛然不可侵犯的雄风。

三、武术练功服饰多样性下的层级划分

武术服饰的等级划分，是指通过武术服饰辨别习武者的技术水平，具体方法可通过对武术服饰的款式、颜色、配饰、图案、徽饰等进行层级划分，以建立规范的武术服饰体系。中国武术段位制根据习武者的练武年限，掌握武术技术和理论的水平、武德修养及对武术发展做出的贡献，将习武者的技术层级分为三级九段：段前级一、二、三级，初段位一、二、三段，中段位四、五、六段，高段位七、八、九段。武术段位以徽饰上的颜色及动物来区分习武者的水平。高段位从高至低依次为金龙、银龙、青龙；中段位从高至低依次为金虎、银虎、青虎；初段位从高至低依次为金

鹰、银鹰、青鹰；段前级从高至低依次为金熊猫、银熊猫、青熊猫。①

　　武术服饰的不同样态与武术段位等级相结合，使武术服饰逐渐标准化和规范化。服饰的结构方面，可通过服饰的开襟线、缝合线、口袋线、纽扣线以及腰带、裤带等来帮助我们区分习武者的技术等级。服饰的颜色方面，可规定某种颜色代表武术的某一技术层级。武术的配饰方面，可通过腰带的款式、颜色、布料来代表习武者现阶段的技术水平。武术服饰上的图案方面，可通过不同图案的结构、图案代表的寓意、图案的颜色等来确定武术某一技术层级。建立规范的武术服饰等级体系，通过服饰的特殊性质评价习武者的水平，对推广武术的发展具有积极的作用。

　　武术练功服饰在武术普及推广中蕴含的中国"天人合一"、"中和"审美、"色彩"艺术的思想观念，对树立武术服饰的品牌形象，形成武术文化认同感具有积极的作用。武术服饰的发展需要与武术技术完善融合，彰显武术刚柔变化追求内外和谐的技术特征。武术服饰标准化准则应体现中华民族儒雅气质，体现武术运动风格与特点，体现人体攻防运动。

---

　　① 花妙林. 中国武术段位制高校教程［M］. 上海：复旦大学出版社，2015：7－9.

参考文献

［1］周玉芳，孟少华，申国卿，等．对中国武术运动普及与推广的思考［J］．北京体育大学学报，2007（01）：27 – 29.

［2］周丽娟．传统武术的推广模式构建与比较分析［J］．山东体育学院学报，2013（04）：27 – 30.

［3］李莉．中国武术的推广路径与前景分析［J］．中国体育科技，2005（06）：63 – 66.

［4］王艳．论奥运后武术项目的推广与普及［J］．首都体育学院学报，2009（03）：317 – 321.

［5］郭玉成，李守培．体育强国视域下的武术发展方略［J］．上海体育学院学报，2012（02）：54 – 58.

［6］陈永辉，白晋湘．非物质文化遗产视角下我国民间武术的开发［J］．沈阳体育学院学报，2008（06）：118 – 120.

［7］李世宏，王岗，邱丕相．少林武术文化品牌的培育与推广［J］．成都体育学院学报，2012（05）：57 – 59.

［8］杨海琴，雷鸣．论跆拳道运动的推广策略对我国武术发展的启示［J］．西北师范大学学报（自然科学版），2008（01）：109 – 112.

[9] 中共中央党史和文献研究院　中央"不忘初心、牢记使命"主题教育领导小组办公室. 习近平关于"不忘初心、牢记使命"重要论述选编 [M]. 北京：党建读物出版社 中央文献出版社，2019：11.

[10] 朱熹撰，苏勇校. 周易本义 [M]. 北京：北京大学出版社，1992：109－110.

[11] 蒋金锵. 文化自信：中国自信的本质 [N]. 光明日报，2016－10－26（13）.

[12] 费孝通. 费孝通论文化与文化自觉 [M]. 北京：群言出版社，2005：295.

[13]（清）王宗岳. 太极拳论 [M]. 北京：人民体育出版社，1991：24－25.

[14] 庄子. 南华经 [M]. 周苏平，张克平，注释. 西安：三秦出版社，1995：441，470－471.

[15] 陈铁生. 精武本纪 [M]. 上海：精武体育会，1919：1，2，47，65，68，70，序.

[16]（汉）班固撰，（唐）颜师古注. 汉书 [M]. 北京：中华书局，1962：2369，3015.

[17]（西汉）司马迁. 史记 [M]. 北京：中华书局，2007：347，361，1915.

[18]（唐）杜佑. 通典 [M]. 北京：中华书局，1988：354.

[19] 梁启超. 饮冰室专集之二十四 [M]. 上海：中华书局，1936：17－23.

[20] 张岱年，方克立. 中国文化概论（第2版）[M]. 北京：北京师范大学出版社，2004：322－324，356，7.

[21] 冯友兰. 中国哲学简史（第2版）[M]. 涂又光，译. 北京：

北京大学出版社，1996：8，7.

　　[22] 中国武术大辞典编委会. 中国武术大辞典 [M]. 北京：人民体育出版社，1990：435 - 436.

　　[23] 马剑. 燕赵武术 [M]. 北京：人民体育出版社，2010：16 - 17，194 - 197，57 - 60.

　　[24] 杨天宇. 礼记译注 [M]. 上海：上海古籍出版社，1997：1079，1083，5.

　　[25] 张双棣，等，译注. 吕氏春秋 [M]. 北京：中华书局，2007：132.

　　[26] 李佩弦. 精武体育会简史 [J]. 体育文史，1983 (01)：34.

　　[27] 中国近代体育史编辑委员会. 中国近代体育史 [M]. 北京：人民体育出版社，1985：267 - 268.

　　[28] 林伯原. 中国近代体育史资料 [M]. 成都：四川教育出版社，1988：340.

　　[29] 中国武术百科全书编纂委员会. 中国武术百科全书 [M]. 北京：中国大百科全书出版社，1998：380.

　　[30] 吴绪. 北京体育研究社与近代中国武术的发展 [J]. 体育文化导刊，1990 (06)：34 - 37.

　　[31] 成都体育学院体育史研究所. 中国近代体育史资料 [M]. 成都：四川教育出版社，1988：342.

　　[32] 国家体委武术研究院. 中国武术史 [M]. 北京：人民体育出版社，1997：361 - 362，409，447，305.

　　[33] 林柏原. 中国武术史 [M]. 台北：五洲出版社，1996：473，491.

　　[34] 国家体委政策研究室. 体育运动文件选编 (1949—1981) [M].

北京：人民体育出版社，1982：167，24.

[35] 习云太. 中国武术史 [M]. 北京：人民体育出版社，1985：193 - 196.

[36] 刘万春. 河北武术 [M]. 北京：北京体育学院出版社，1992：246.

[37] 张路平，等. 门惠丰教授访谈录 [J]. 北京体育大学学报，2018（04）：134.

[38] 张文广. 我的武术生涯 [M]. 北京：北京体育大学出版社，2002：162 - 168，38 - 39.

[39] 徐才. 徐才武术文集 [M]. 北京：人民体育出版社，1995：11.

[40]《沧州武术志》编纂委员会. 沧州武术志 [M]. 石家庄：河北人民出版社，1991：215 - 220，412.

[41] 王国琪，任海，黄凌海，等. 我国武术馆校之研究 [J]. 体育科学，2001（06）：24 - 27.

[42] 晓阳. 美国风行武术太极拳将上太空 [J]. 体育博览，1985（11）：44.

[43] 贺俊. 内外兼修 侠之大者——记美国环保科技国际集团董事、美国国家武术总会主席吴廷贵 [J]. 国际人才交流，2007（07）：26 - 27.

[44] 康戈武. 全面梳理太极拳发展脉络 [J]. 中华武术，2001（03）：5 - 9.

[45] 李自力. 关于日本武术太极拳联盟成立过程和发展的研究 [J]. 少林与太极（中州体育），2011（12）：41 - 43.

[46] 徐才，韩宁，马明达，等.21 世纪太极拳文化的继承与发展 [J]. 体育学刊，2004（05）：2.

[47] 王霞光. 秋高气爽 惠风和畅 天安门广场万人表演太极拳 [N]. 人民日报, 1998 - 10 - 16 (08).

[48] 金硕. 全民健身日 北京3万人表演太极拳 [N]. 人民日报海外版, 2009 - 08 - 10 (01).

[49] 董伟. 万人太极拳表演破吉尼斯纪录 [N]. 中国青年报, 2009 - 08 - 13 (06).

[50] 李建华. 全球百万"拳友"同练太极拳 [N]. 河南日报, 2015 - 10 - 19 (01).

[51] 马学智. 中国民办武术学校可持续发展研究 [D]. 北京：北京体育大学, 2010：6, 4.

[52] 王龙飞. 传承与超越：武术在登封 [M]. 开封：河南大学出版社, 2016：72 - 73.

[53] 王军建. 山东省武术馆校生源现状调查与研究 [D]. 石家庄：河北师范大学, 2010：19 - 21.

[54] 王霞光. 首届中国武术散打王争霸赛将推出 [N]. 人民日报, 2000 - 01 - 13 (08).

[55] 向武云. 中国武术散打王争霸赛市场运行内部因素与现存问题之研究 [D]. 北京：北京体育大学, 2004：9.

[56] 苏奕敏. WMA消亡与《武林风》热播对武术斗赛事节目发展的启示 [D]. 武汉：武汉体育学院, 2016：15.

[57] 佚名. 昆龙决 [EB/OL], 昆仑决官方网站, 2020 - 03 - 01.

[58] 孙亮. 中视体育牵手奥康集团打造康龙"武林大会"——当民族的力量凝聚在一起 [EB/OL]. 央视国际, 2007 - 11 - 01.

[59] 祁海琳. 武林大会 谁的江湖 [EB/OL]. 央视国际, 2007 - 05 - 21.

[60] 古柏. 关于武术散打及其发展的思考——首届深圳国际武术擂台邀请赛观后感 [J]. 武魂, 1989 (01): 2.

[61] 费孝通. 反思·对话·文化自觉 [J]. 北京大学学报 (哲学社会科学版), 1997 (03): 15-22.

[62] 马剑, 邱丕相. 武术境界论 [J]. 体育学刊, 2007 (05): 68-72.

[63] 龚建新. 传统武术揭开神秘的面纱 [J]. 中华武术, 2002 (12): 2-3.

[64] 马剑, 邱丕相. 广义语境下武术概念的解读及定义 [J]. 上海体育学院学报, 2007 (04): 42-47, 52.

[65] 龚建新. 武术为什么叫好不叫座 [J]. 中华武术, 1999 (11): 6-8.

[66] 许伟. 沧州地区武术套路竞赛市场现状与发展对策研究 [D]. 石家庄: 河北师范大学, 2011: 15.

[67] 曲宗湖, 王文成. 加快学校武术运动的发展 [J]. 中华武术, 1995 (04): 5-7.

[68] 吕韶钧, 彭芳. 学校武术课程的改革与建议 [J]. 北京体育大学学报, 1997 (04): 54-58.

[69] 国家体育总局武术研究院. 我国中小学武术教育改革与发展的研究 [M]. 北京: 高等教育出版社, 2008: 1-3.

[70] 李小伟. 如何让武术真正走进校园 [N]. 中国教育报, 2013-12-25 (03).

[71] 姜霞. 武术怎样阔步进校园 [N]. 中国体育报, 2014-09-05 (06).

[72] 吴兆基. 诗经 [M]. 北京: 宗教文化出版社, 2001: 313.

［73］郭玉成，等．中国武术与国家形象［M］．北京：高等教育出版社，2015：10.

［74］蔡仲林，周之华．武术（第3版）［M］．北京：高等教育出版社，2015：75.

［75］（明）戚继光．马明达点校．纪效新书［M］．北京：人民体育出版社，1988：307－325.

［76］唐豪．行健斋随笔 唐豪太极少林考［M］．太原：山西科学技术出版社，2008：23.

［77］姜容樵．形意母拳［M］．太原：山西科学技术出版社，2003：10－11.

［78］康戈武．中国武术实用大全［M］．北京：中华书局，2014：677.

［79］马剑．一种发展武术的准则秩序——基于中国武术段位制运行机制的比较解读［J］．北京体育大学学报，2016，39（05）：12－17，23.

［80］武勇成．从微观角度解析现代跆拳道运动的推广策略［J］．广州体育学院学报，2009，29（04）：47－50.

［81］崔秉珍．论中国武术的国际化发展［D］．上海：上海体育学院，2009：35－58.

［82］厉爽．跆拳道运动的中国本土化及其传播特征研究［D］．苏州：苏州大学，2019：26.

［83］李守培，郭玉成．中国武术与日本空手道、韩国跆拳道段位制标准化水平比较研究［J］．体育科学，2015，35（08）：86－91.

［84］郑飞飞．民办教育培训机构连锁管理模式研究［D］．南昌：江西师范大学，2018：9.

［85］邹文龙．论跆拳道的推广策略对中国武术发展的启示［D］．西

安：陕西师范大学，2014：11-28.

[86] 杜杰.中国武术与日本武道之比较研究 [D]. 北京：北京体育大学，2013：71-72，101.

[87] 郭玉成.跆拳道、空手道、柔道传播对武术传播的启示 [J]. 上海体育学院学报，2004（02）：44-48.

[88] 王家忠.文化回归与自信：论空手道在中国高校的开展 [J]. 安徽师范大学学报（自然科学版），2019，42（01）：80-83.

[89] 王宇新，高亮.日本"武技"国际化传播的经验及启示 [J]. 体育文化导刊，2017（12）：32-36.

[90] 刘宏伟.武术、空手道、跆拳道内容及形式的比较分析 [J]. 沈阳体育学院学报，2007（05）：120-122.

[91] 江小涓.体育产业发展：新的机遇与挑战 [J]. 体育科学，2019，39（07）：3-11.

[92] 张仪婷.空手道运动对我国青少年的教育功能分析 [D]. 北京：北京体育大学，2013：6-17.

[93] 邱丕相.武术文化与教育研究的当代意义 [J]. 体育科学，2005（02）：封二.

[94] 张林.中国国家文化主权及其战略构建论要 [J]. 理论导刊，2017（09）：91-96.

[95] 艺衡.文化主权与国家文化软实力 [M]. 北京：社会科学文献出版社，2009：12.

[96] 贾立政.习近平文化战略思想 [J]. 人民论坛，2014（08）：14-15.

[97] 王纯，王伯利.国家文化建设中武术文化认同研究 [J]. 成都体育学院学报，2015（41）：63-67.

［98］习近平．决胜全面建成小康社会 夺取新时代中国特色社会主义伟大胜利——在中国共产党第十九次全国代表大会上的报告［R/OL］．中华人民共和国中央人民政府官网，2017 - 10 - 27．

［99］国务院办公厅．国务院办公厅关于印发体育强国建设纲要的通知：国办发〔2019〕40 号［A/OL］．中华人民共和国中央人民政府官网，2019 - 09 - 02．

［100］梁启超．饮冰室合集［M］．上海：中华书局，1989：文集之三十九．

［101］徐震．苌氏武技书［M］．上海：上海书店，1990：59 - 61．

［102］李凌霄．昆吾剑谱［M］．天津：天津古籍出版社，1988：1 - 2．

［103］（汉）许慎．班吉庆，王剑，王华宝校点．说文解字校订本［M］．南京：凤凰出版社，2004：259．

［104］李洛能（飞羽）遗著．形意拳拳谱［M］．太原武术挖掘整理组翻印，清乾隆壬寅年（1782）：8 - 9．

［105］杨天才，张善文．周易［M］．北京：中华书局，2011：8．

［106］梁启超．饮冰室合集［M］．上海：中华书局，1936：蒋序．

［107］姜晓辉．智力全书［M］．北京：中国城市出版社，1997：10 - 16．

［108］邵志卿．体育运动对大脑发育及智力开发的促进作用［J］．甘肃教育，2018（17）：72．

［109］邱丕相，蔡仲林．中国武术导论［M］．北京：高等教育出版社，2010：80 - 88．

［110］曾于久，肖红征．对武术概念及层次分类的研究［J］．体育科学，2008（10）：86 - 91．

［111］阿姆斯特朗，科特勒．市场营销学［M］．吕一林，等，译．

北京：中国人民大学出版社，2010：189.

　　[112] 电影杂志社. 香港电影海报之父阮大勇：我画了三十几年李小龙 [A/OL]. 界面，2017 - 08 - 23.

　　[113] 马剑. 武术的人文逻辑 [D]. 上海：上海体育学院，2006：82.

　　[114] 金恩忠. 国术名人录 [M]. 太原：山西科学技术出版社，2000：97 - 98.

　　[115] 陈竹，霍仟. 武术课如何摆脱叫好不叫座 [N]. 中国青年报，2013 - 10 - 21（03）.

　　[116] 李萌. 基于普及与推广视域下幼儿阶段武术传习方案的实验研究 [D]. 石家庄：河北师范大学，2016：10 - 12，31.

　　[117] 全国体育院校教材委员会审定. 中国武术教程 [M]. 北京：人民体育出版社，2004：242，279.

　　[118] 李玉. 儿童武术传习方案的设计与实验研究——以四年级小学生为例 [D]. 石家庄：河北师范大学，2018：47，29 - 30.

　　[119] 李伟光. 基于普及与推广视域下少年阶段武术传习方案的实验研究 [D]. 石家庄：河北师范大学，2016：11 - 12，34.

　　[120] 蔡龙云. 少林寺拳棒阐宗 [M]. 杭州：浙江科学技术出版社，1983：7 - 75.

　　[121] 宋亚洲. 普及与推广视域下大学生武术传习方案的实验研究——以形意拳为例 [D]. 石家庄：河北师范大学，2019：16 - 19，63.

　　[122] 连美雪. 短兵运动竞赛办法的设计与实验研究 [D]. 石家庄：河北师范大学，2020：28 - 30，61.

　　[123] 赵改秀. 普及与推广视阈下中老年人武术传习方案设计与应用研究——以太极拳为例 [D]. 石家庄：河北师范大学，2020：17 - 19，

61 - 62，30.

[124] 张继生. 中华武术礼仪 [M]. 中国：中国旅游出版社，2012：12，59，264.

[125] 康戈武. 中国武术实用大全 [M]. 北京：今日中国出版社，1990：768.

[126] 唐芒果. 古代武术标准化思想与实践的研究 [J]. 首都体育学院学报，2014，26（04）：301 - 305.

[127] 周鸿雁. 仪式华盖下的传播：詹姆斯·W. 凯瑞传播思想研究 [D]. 上海：上海大学，2011：65 - 68.

[128] 魏俊威，刘静. 仪式传播观视域下武术文化的传播与认同 [J]. 体育科学研究，2018，22（06）：11 - 14.

[129] 腾利员. 传统武术拜师仪式的文化认同研究 [J]. 武术研究，2020，5（03）：39 - 42.

[130] 陈思. 营销心理学 [M]. 广州：暨南大学出版社，2015：175.

[131] 钟天朗. 体育经营管理：理论与实务（第 3 版）[M]. 上海：复旦大学出版社，2017：154 - 155.

[132] 崔怀猛. 浅谈武术服装的文化内涵及其发展 [J]. 搏击·武术科学，2009（05）：16 - 17.

[133] 张杰，张家彬. 对武术服装现存问题及发展对策的研究 [J]. 搏击·武术科学，2012（09）：7 - 8，23.

[134] 姜婵. 武术服饰对武术传播的效应 [D]. 西安：西北师范大学，2011：35.

[135] 李静. 根植闽南武术的南拳服饰外观设计分析 [J]. 泉州师范学院学报，2014（01）：99 - 102.

［136］王甜甜，王媛．武术文化与服饰文化的内在联系探究［J］．武术研究，2018（04）：36－38．

［137］邱丕相．武术初阶［M］．上海：上海教育出版社，2012：21－35．

［138］李佳瑾．武术服装改革之思考——以胡服骑射为视角［J］．搏击·武术科学，2013（01）：10－12，15．

［139］曹金儒．武术服装的发展研究：以长、太、南拳类运动员竞赛套路服装为例［D］．武汉：华中师范大学，2013：9－10，13－15．

［140］刘晓刚主编，顾雯，杨蓉媚编著．服装学概论（修订版）［M］．上海：东华大学出版社，2016：161－183．

［141］刘聪．文化学视阈下武术服饰艺术的文化符号象征性研究［J］．搏击·武术科学，2015（06）：38－40．

［142］冀党生．家用商品选购技巧［M］．沈阳：东北工学院出版社，1989：81．

［143］花妙林．中国武术段位制高校教程［M］．上海：复旦大学出版社，2015：7－9．

后　记

　　这项研究经过六年的积淀终于要出版了。在出版之前，我仍然诚惶诚恐。这项研究我虽然付出了那么多的时间，但仍然存在很多不足。首先，研究跨度大，从对"印象武术"哲学思辨的理性认知，到武术传承方案的实证；从民国之后的武术普及推广历史梳理，再到人文视野下的武术价值标定；从武术本体转移到武术本体之外的延伸。如此大跨度的研究，难免出现系统关联性不周密的问题。其次，在不同年龄阶段的武术传承方案教学实证过程中，实验过程缺乏一定的缜密性，尤其在单盲与双盲实验的选择上处于两难境地，双盲固然好，但会造成不熟悉研究理念及不同教授者产生内在差异等不足，而单盲则显现其客观性不足。再次，由于时间问题，关于武术礼仪与武术服饰还有很大空间进行挖掘整理与提升，尤其缺乏一定的实证性研究以支撑。最后，本研究之初衷正如其标题一般立意高远，但其内容体系缺乏系统性整合与支撑。

　　原本计划再进行一次深度的修改与完善，但文不厌改，修改与完善永远在路上。丑媳妇儿终要见公婆。就让这次的研究作为厚积薄发之作吧。

　　最后，敬请各前辈、武术界同道批评指正。

马　剑

2021 年 1 月 31 日于石家庄